초보 구글 애즈 광고주를 위한 맞춤 가이드!

구글 광고 하는 여자

GOOGLE ADVERTISEMENT

| 유수정(디디) 저 |

DIGITAL BOOKS
디지털북스

| 만든 사람들 |

기획 IT · CG 기획부 | **진행** 양종엽 · 박소정 | **집필** 유수정(디디)
표지 디자인 D.J.I books design studio | **편집 디자인** 이기숙 · 디자인 숲

| 책 내용 문의 |

도서 내용에 대해 궁금한 사항이 있으시면
저자의 홈페이지나 디지털북스 홈페이지의 게시판을 통해서 해결하실 수 있습니다.

디지털북스 홈페이지 digitalbooks.co.kr
디지털북스 페이스북 facebook.com/ithinkbook
디지털북스 인스타그램 instagram.com/digitalbooks1999
디지털북스 유튜브 유튜브에서 [디지털북스] 검색
디지털북스 이메일 djibooks@naver.com
저자 이메일 appsody@appsody.co.kr
저자 유튜브 유튜브에서 [구글광고하는 여자] 검색

| 각종 문의 |

영업관련 dji_digitalbooks@naver.com
기획관련 djibooks@naver.com
전화번호 (02) 447-3157~8

※ 잘못된 책은 구입하신 서점에서 교환해 드립니다.
※ 이 책의 일부 혹은 전체 내용에 대한 무단 복사, 복제, 전재는 저작권법에 저촉됩니다.
※ 유튜브 [디지털북스] 채널에 오시면 저자 인터뷰 및 도서 소개 영상을 감상하실 수 있습니다.

차례

프롤로그 • 08
    인터넷 광고의 뉴노멀, 구글 애즈 • 08
    내가 광고와 친해진 방법 • 11
    이 책을 잘 활용하는 방법 • 15

Chapter 01 큰 코 다치기 전에 알아야 할 구글 광고 주의 사항 • 17

1.1 1인 1닭처럼 1광고주 1계정 • 18
1.2 광고 없이 구글 애즈 계정 만들기 • 21
1.3 구글 애즈 계정관리 ABC • 28

Chapter 02 구글 광고를 시작하기 전에 • 33

2.1 구글 애즈의 브레인은 바로 여기, 스패너 모양 도구 • 34
    2.1.1 전환 • 36
    2.1.2 잠재고객 관리자 • 39
2.2 게임처럼 구글 광고 동맹 맺기, 연결된 계정 • 44
    2.2.1 구글 애널리틱스 • 46
    2.2.2 유튜브 • 50
2.3 묻지도 따지지도 말고 구글 애널리틱스 먼저 세팅 • 55
    2.3.1 이벤트와 전환 만들기 • 61
    2.3.2 잠재고객 정의 • 69
2.4 끝없는 밀당, 구글 애즈의 독특한 과금 정책 • 75

Chapter 03 광고를 네이버로 배운 사람 필독 • 81

3.1 내 광고의 자리는 어디인가? • 82

3.2 물 들어온다 노를 저어라, 못 말리는 인공지능 • 90

3.3 키워드와 검색어가 달라? • 95

3.4 잠재고객 타깃팅은 처음이지? • 105

Chapter 04 구글 애즈와 친해지기 • 119

4.1 첫 화면으로 왕초보 구분하는 법 • 120

4.2 캠페인, 광고 그룹, 광고의 계층 관계 • 123
    4.2.1 캠페인 • 124
    4.2.2 광고 그룹 • 128
    4.2.3 광고 • 129

4.3 아이돌 센터만 밀어준다, 자비 없는 인공지능 • 133

4.4 구글 광고 초보 킬러 – 추천, 날짜, 필터, 행 • 138

4.5 파리의 에펠탑, 모든 캠페인 • 146

Chapter 05 맨 처음 구글 광고는 쉽게 • 149

5.1 미리 준비해야 할 광고 소재 • 150
    5.1.1 오롯한 광고주의 영역, 광고 소재 • 151
    5.1.2 구글 애즈의 광고 흥행 공식, 다다익선 • 154
    5.1.3 광고 종류별 광고 생성 Tip • 155

5.2 캠페인의 목표 • 162

5.3 구글 광고의 종류 • 164
    5.3.1 검색 • 166
    5.3.2 디스플레이 • 170
    5.3.3 쇼핑 • 172
    5.3.4 동영상 • 174
    5.3.5 앱 • 177

　　　　5.3.6 스마트 • 177
　　　　5.3.7 지역 • 178
　　　　5.3.8 디스커버리 • 178

　5.4 **입찰의 종류** • 184
　　　　5.4.1 전환수 최대화 • 185
　　　　5.4.2 전환수 최대화와 클릭수 최대화 • 186
　　　　5.4.3 전환 가치 극대화 • 187
　　　　5.4.4 수동 CPC와 타깃 CPA • 188
　　　　5.4.5 CPV와 CPM • 189

　5.5 **타깃팅의 종류** • 192
　　　　5.5.1 타깃팅의 종류 • 193
　　　　5.5.2 타깃팅 설정 시 주의점과 바람직한 태도 • 195

　5.6 **광고 애셋은 기본 3개** • 199

　5.7 **비승인 광고 대처법** • 204

Chapter 06 광고 데이터 보기 • 209

　6.1 견디자! 인공지능 학습기간 • 210

　6.2 내 광고, 어디에 노출되었는지 알아보자 • 213
　　　　6.2.1 검색 광고의 게재위치 • 213
　　　　6.2.2 디스플레이 및 동영상 광고의 게재위치 • 219

　6.3 원치 않는 노출은 제외하기 • 222

　6.4 데이터 보따리를 풀어보자, 분류와 열 수정 • 227
　　　　6.4.1 원하는 전환의 비용만 뽑기 • 227
　　　　6.4.2 캠페인 열 수정 활용 Tip • 233

Chapter 07 구글 광고 성과가 안 나올 때 • 243

　7.1 구글 광고 내가 해봤는데 효과 없어 • 244

7.2 0과 1, 광고가 할 수 있는 것과 없는 것 • 254

7.3 왜 전환은 네이버에서만 날까? 플랫폼끼리 줄 세우기 • 259

7.4 구글 광고 예산 얼마로 할까? • 265

7.5 구글 광고 할 때 나쁜 습관 Top 5 • 269

에필로그 • 275
　광고 대행의 미래 • 277
　Google First • 278
맺음말 • 285

일러두기

- 이 책에 사용된 음표 모양 로고는 저자가 운영하는 기업 'Appsody'의 로고입니다.
- 이 책은 유토이미지(utoimage)에서 무료 제공하는 봉숭아틴트 폰트를 일부 사용하였습니다.
- 이 책에 등장하는 광고 관련 용어는 대부분 우리말 표기법에 맞춰 표기했습니다. 따라서 구글 애즈나 구글 애널리틱스의 표기와 다소 다를 수 있습니다. (예: 타겟팅 → 타깃팅)
- 이 책의 광고 사례는 저자가 직접 운영했거나 저자가 광고 대행 서비스를 운영하며 관리한 광고를 토대로 합니다. 고객 정보 보호상 구체적인 광고 성과는 밝힐 수 없기에, 독자 여러분께 참고가 될 정도의 정보만 공유합니다.
- 이 책에서의 광고 사례, 구글 애즈의 기능 설명 등 모든 정보는 2022년 2월까지의 시점을 기준으로 합니다. 다만 이 책은 구글 애즈의 사용법이 아니라 방법론에 초점을 맞추었기 때문에, 구글 애즈 버전에 크게 좌우되진 않습니다.
- 2쇄부터는 '구글 애널리틱스 4(GA4)'를 기준으로 설명합니다. 기존 유니버설 애널리틱스(Universal Analytics, GA3)에서 GA4로 이전하시는 분들을 고려해서 UA와 GA4의 차이를 곁들여 설명합니다.

프롤로그

인터넷 광고의 뉴노멀, 구글 애즈

인터넷 광고의 중요성

사업자들에게 마케팅은 필수입니다. 그리고 마케팅의 특정 분야인 광고를 통해 브랜딩과 매출 상승을 꾀합니다. 회사가 성장하려면 마케팅과 광고를 겸하는 것은 당연해 보이겠지만, 마케팅은 하는데 광고는 하지 않는 경우들이 있습니다. 왜 그럴까요? 네이버 블로그, 페이스북 페이지, 인스타그램, 유튜브 채널 등의 Owned Media 마케팅을 꾸준히 해온 회사들은 광고의 필요성을 잘 못 느끼거나 광고 의존도가 낮은 편입니다. 물론 Owned Media 마케팅이 효과를 보려면 엄청난 노력과 시간이 필요하죠.

==작은 회사의 경우 TV, 라디오, 잡지 같이 거액이 필요한 광고를 쉽사리 하기는 어렵습니다.== 그런데 이러한 Owned Media 마케팅보다는 짧은 시간에, Mass Media 광고보다는 소액으로 성과를 낼 수 있는 광고가 있다면 어떨까요? 당연히 많은 회사들이 그 방법을 이용하려 할 것입니다. 이러한 이유로 인터넷 광고는 적은 비용으로 쉽게 접근할 수 있는 광고로서 급속도로 성장했고 계속해서 광고 시장 점유율을 높이고 있습니다.

이제는 배너 문구, 동영상 광고를 접해보지 않은 사람이 거의 없을 정도입니다.

그리고 코로나 팬데믹으로 모바일 앱이나 인터넷 이용 시간이 늘어남에 따라 인터넷 광고의 영향력은 더욱 커질 것으로 보입니다.

왜 구글 애즈인가?

국내에서는 인터넷 광고를 네이버 검색 광고로 시작하는 경우가 대부분입니다. 국내 포털사이트 중 점유율이 높은데다 빠르고 간편한 광고 시스템을 가졌기 때문일 것입니다. 네이버 검색 광고는 ROAS$^{Return\ On\ Ad\ Spend,\ 광고비\ 대비\ 매출액}$ 측면에서는 안정적인 성과를 냅니다. 그러나 업계의 경쟁이 치열할수록 핵심 키워드의 CPC$^{Cost\ Per\ Click,\ 클릭당\ 비용}$가 매우 높아 브랜딩 측면에서는 비용 부담이 너무 큽니다.

한편 네이버 검색 광고에 비하면 말도 안 되는 소액 광고 예산으로, TV나 라디오 같이 불특정 다수가 아니라 타깃팅된 잠재고객 10만, 100만 명에게 노출하기 좋은 광고가 있습니다. 바로 구글 애즈입니다.

> 구글 애즈(Google Ads)는 대표적인 PPC(Pay-per-click) 광고 중 하나로, 클릭당 지불이라는 개념을 처음 도입하고 전 세계 최초로 이를 이용한 광고를 론칭한 광고 서비스 플랫폼이다.
>
> PPC 광고는 21세기형 광고의 시작점이라 봐도 무방하다. 이 광고의 출현을 기점으로 광고 산업과 트렌드 등이 변화하였기 때문이다. 이전에는 TV, 라디오, 팜플렛, 잡지 광고 등 불특정 다수에 대해 예상 노출 및 파급력을 '추측'하여 일괄적인 금액으로 측정된 광고비를 쏟아붓고, ROAS가 잘 나오길(적자가 안 나오길) 기도하는 마음으로 광고를 진행했다. 하지만 PPC 광고가 출현한 이래로 섬세한 노출 타깃팅, 비딩 시스템(광고가 게재된 후에야 과금이 되는 구조) 등이 등장하였는데, 이는 21세기형 광고의 시작점이라고 할 수 있다.
>
> [출처: 위키백과]

구글 애즈의 초창기 이름은 구글 애드워즈^{Adwords}였습니다. 구글 '애드워즈'에서 구글 '애즈'로 변화한 이유는 검색 광고의 굴레를 벗겠다는 뜻일 겁니다. 한편 대다수 네이버 광고주의 경험은 검색 광고에 머물러 있습니다. 네이버 배너 광고는 엄청나게 비싸기 때문입니다. 인터넷 광고를 네이버로 배우셨나요? 그렇다면 이 책은 여러분께 새로운 경험을 공유하는 데 도움이 될 것입니다. 유튜브 등 구글 자체 서비스를 연동해 다양한 유저 데이터 모으기, 상상을 초월하는 고도의 타깃팅, 인공지능 기반의 스마트한 광고로 효율을 끌어올리는 구글 애즈. 여러분이 맛보지 못한 광고의 경험을 생생히 전달해 드립니다.

내가 광고와 친해진 방법

단맛 쓴맛 다 보며 겪은 구글 광고

원래 제가 운영한 회사는 다이어트 앱 3종을 개발한 스타트업이었습니다. 스타트업으로 잘 되었더라면, 구글 광고는 저에게 여러 마케팅 잡기 중 하나가 되었을 텐데, 어쩌다 보니 '구글 광고하는 여자'라는 유튜브 채널을 운영하는 구글 광고 에이전트가 되었습니다.

팀 빌딩만 하다 끝나는 스타트업도 매우 많다는 것을 생각하면 저는 그나마 운 좋게 프로덕트(애플리케이션)가 있어서 광고 마케팅을 해볼 수 있었습니다. 그때가 2015~2016년, 페이스북이 광고 플랫폼 신흥 강자로 떠오른 반면 구글 애즈는 아직 국내에서 힘을 못 쓸 때였습니다. 하지만 저는 앱 광고를 해야 하니까 페이스북과 구글 애즈로 광고를 해야 했습니다. 누가 가르쳐준 것도 아니고, 어디서 배운 것도 아니고 맨 땅에 헤딩을 하듯이 광고를 진행했습니다. 그런데 놀랍게도 진행하는 광고마다 소위 '대박'을 터트렸습니다. 광고 데이터로 나오는 숫자를 누구에게 물어보고 확인할 필요도 없을 만큼!

페이스북 게시물 광고는 페이스북 회원들이 친구들을 태깅하며 쏟아내는 대화가 앱 설치 93%(그림 0_2)로 이어졌고, 참여당 비용은 2~4원이었습니다. 페이스북 페이지를 키우기 위해 만든 페이지 좋아요 광고 역시 당시 블랙마켓에서 팬 1만 명당 형성된 가격이 300만원이라는 설이 돌 때, 페이스북 좋아요 광고로 1명당 75원 선으로 페이지 팬을 7,000명 이상으로 늘렸습니다.

이런 저런 디테일한 광고 데이터를 보는 재미는 단연 구글 광고입니다(그림 0_1). 클릭률 24%, 전환율 36%, 전환당 비용 55원!

클릭률 (CTR)	전환율	평균 CPC	모든 전환당 비용
23.89%	36.49%	₩20	₩55
23.89%	36.49%	₩20	₩55
23.89%	36.49%	₩20	₩55

[그림 0_1] 구글 애즈 앱 광고

[그림 0_2] 안드로이드 개발자 콘솔

반응이 매우 좋은 광고였지만 정작 앱에 수익 모델이 없었습니다. 그래서 돈 버는 쇼핑몰을 시작해야겠다는 생각을 하였고, 수익 모델이 있는 쇼핑몰을 시작하게 되었습니다. 광고를 잘하면 쇼핑몰의 물건이 많이 팔릴 줄 알았죠. 하지만 그 기대에는 빨간 불이 켜지고 말았습니다.

이 경험을 겪고 나서야 처음 구글 광고하는 사람들이 흔히 겪는 Pain(고통)을 알게 되었습니다. 만약 이 쇼핑몰이 저의 첫 구글 광고 경험이었다면 지금의 저는 없었을지도 모릅니다. 멋모르고 이룬 성공의 경험이 있었기에 할 수 있다는 확신을 갖고 고통의 구간을 통과한 것 같습니다.

Pain(고통)이 있는 곳에 서비스가 있죠. 저는 스타트업 출신이니까요! 그렇게 Pain Killer로서 크몽(전문가 중개플랫폼)에 구글 광고 대행 서비스를 등록하고, 사람들에게 광고 대행이라는 명목으로 광고 세팅을 대행했습니다. 그리고 광고 세팅 대행을 하며 또 다른 사실을 발견했습니다. 진짜 Pain은 광고 세팅을 할 때가 아니라, 광고 세팅 후 첫 1주 동안이 가장 크다는 것입니다. 이 점을 깨닫고부터는 광고 세팅을 마치면 항상 광고주와 전화로 구글 광고의 특징을 설명하는 시간을 가졌습니다. 그렇게 하다 보니 광고 대행보다 전화 서비스에서의 만족도가 훨씬 더 높은 걸 발견했고, 그렇게 1:1 레슨 서비스도 시작하고 유튜브 채널도 개설해서 구글 광고 경험을 공유하고 있습니다.

구글 광고에서 중요한 것

여러분! 광고 데이터는 전혀 어렵지 않습니다. 광고 데이터가 어렵다면 그건 여러분이 아직 광고로 목적을 이루지 못했기 때문입니다. 광고 데이터는 어려운 것이 아니라 답답한 것에 더 가깝습니다.

제 경험상 성공적인 광고를 만드는 방법은 사실 단 하나입니다. 광고 소재, 즉 크리에이티브입니다. 데이터 분석 기술도 구글 애즈 같은 솔루션도 없었던 시대부터 있던 광고 소재를 빼놓고는 성공적인 광고를 논할 수 없습니다. '순풍에 돛단 듯이'라는 말처럼 구글 애즈라는 순풍에 광고 크리에이티브라는 돛을 올려야 데이터 분석도 할 맛이 납니다.

구글 애즈에서 주목할 것은 타깃팅과 전환 학습입니다. 우선 맛보기로 한 가지 예를 보여 드리겠습니다. 아래 [그림 0_3], [그림 0_4]는 같은 광고 소재에 같은 입찰 조건을 가지고 집행한 광고입니다. 차이점은 타깃팅뿐이지만 이에 따라서도 광고 데이터가 확 달라질 수 있음을 보여주는 사례이죠. [그림 0_3]은 5주, [그림 0_4]는 1주 동안의 데이터임을 유의해서 보세요.

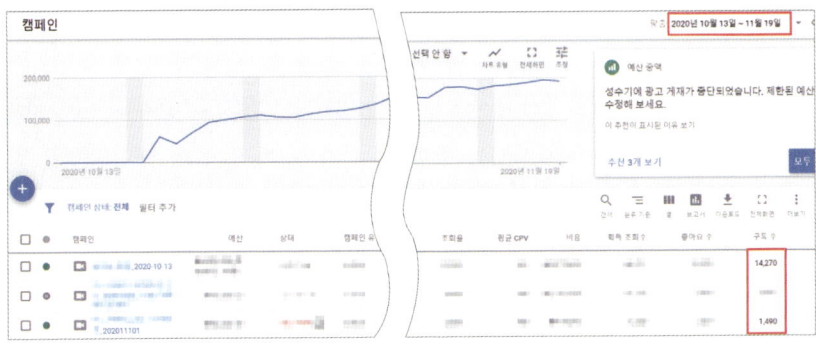

[그림 0_3] 타깃팅 수정 before

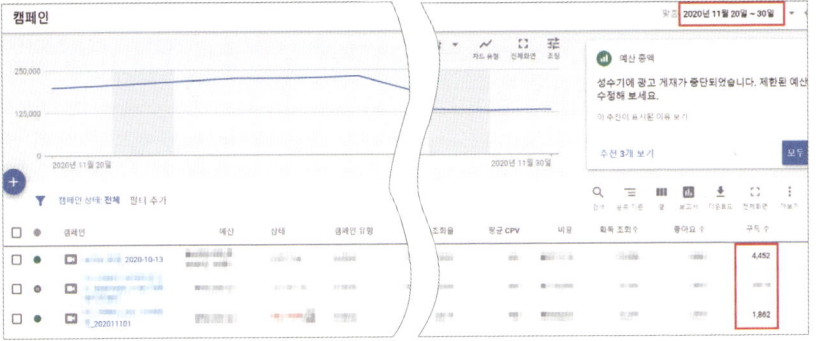

[그림 0_4] 타깃팅 수정 after

다만 요즘 구글 애즈는 사람이 설정하는 타깃팅보다 AI가 주도하는 타깃팅을 권장하는 추세입니다. 타깃팅보다 전환 학습이 훨씬 중요해진 것입니다. 그러므로 구글 광고에서 중요한 요소인 만큼 AI의 전환 학습이 이 책 곳곳에 등장할 것입니다.

이 책을 잘 활용하는 방법

저는 광고를 전공하지도 않았고 광고 대행사 근무 경력도 없습니다. 그래서 용어의 사용이 정확하지 않을 수 있고, 근본 없어 보일 수도 있습니다. 단지 광고 전문 지식 없이 구글 광고를 처음 시작하는 분들의 입장에서 이해할 수 있는 실전 광고 지식과 경험을 나누어 도움을 주고자 합니다. 따라서 이 책은 학술이 아니라 제 구글 광고 경험 공유를 목적으로 합니다. 이 책의 내용은 1:1 레슨 당시 다룬 것으로, 많은 분들이 적지 않은 비용을 지불하고 약 3~4시간 동안 배우며 만족하셨고, 광고 전문가는 아니어도 구글 광고에서는 탑으로 인정해주신 내용들입니다.

사실 이제는 구글 광고뿐 아니라 다른 모든 인터넷 서비스 분야에서 무작정 따라하기 방식의 책은 나오기 힘듭니다. 물리적인 버전 개념이 사라지고 수시로 업데이트되는 서비스 사이트에 접속하는 시대이기 때문입니다. 이 책을 쓴 동안에도 구글 광고의 UI가 변경되었고, 언제 어떤 새 광고 상품이 나올지 모를 일입니다. 그러거나 말거나 이 책은 네이버 검색 광고와 완전히 다른 인공지능 광고에 대처하는 우리의 자세에 대한 이야기입니다. 구글 애즈의 UI나 광고 상품이 계속 바뀌어도 변함없을 것들 말입니다. 이 책에 캡처된 화면을 많이 수록했지만, 이것은 손가락으로 짚어가며 따라하는 용도는 아닙니다. 각 화면 캡처의 의미를 파악하시어 정답 없는 구글 광고에 이 책이 부디 해답이 되기를 바랍니다.

Chapter 01

큰 코 다치기 전에 알아야 할 구글 광고 주의 사항

구글 애즈는 구글이 제공하는 광고 서비스입니다. 국내 토종 광고 서비스와는 여러모로 다른 광고 개념을 지니며, 특히 계정 관리에 관해서는 엄격한 정책을 가집니다. 계정 관리는 직원의 퇴사와 입사, 대행사 변경이 있으면 수시로 변경해야 하는 작업입니다. 아직 구글 광고에 익숙하지 않은 광고 대행사도 많으니, 이미 구글 광고를 운영 중인 광고주더라도 돌 다리 두들기듯이 내용을 꼭 정독하고 가시기 바랍니다.

1.1 1인 1닭처럼 1광고주 1계정
1.2 광고 없이 구글 애즈 계정 만들기
1.3 구글 애즈 계정관리 ABC

1.1
1인 1닭처럼 1광고주 1계정

 내 구글 광고, 누구의 구글 애즈 계정에서 운영되고 있나요?

Q 광고 대행사를 통해서 구글 광고를 하고 있습니다. 그런데 광고를 제대로 하고 있는 건지 궁금합니다.

A 도와드릴 부분이 있는지 한번 살펴보겠습니다. [도구] 〉 [설정] 〉 [액세스 및 보안]에서 읽기 권한으로 abce@gmail.com을 사용자 초대 해주세요.

Q 초대했습니다. (5분 후)

A 초대 메일이 오지 않네요, 권한이 없으신 것 같습니다. 구글 광고비는 어떻게 충전하시나요?

Q 광고 대행사로 입금합니다.

A 구글 애즈 계정부터 만드셔야겠군요.

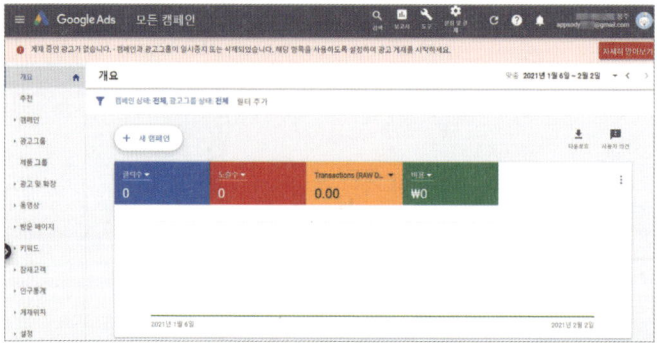

[그림 1.1_1] 구글 애즈 첫 화면

[그림 1.1_1]은 구글 애즈의 첫 화면입니다(2021 기준). 구글 광고를 하고 있지만 이 화면을 처음 보신 분들이 계실 테고, 정상적인 구글 광고주라면 '구글 애즈 접속 화면을 어떻게 한 번도 못 볼 수가 있지?' 하는 생각이 드실 겁니다.

왜 이런 케이스가 생기느냐 하면, 구글 애즈에 접속하지 않고도 광고를 운영할 수 있는 API 서비스가 있기 때문입니다. 우선 유튜브 채널 운영자들이 유튜브 스튜디오에서 영상 홍보를 할 때 구글 애즈를 모르고 광고를 하게 됩니다. 또, 우리나라에 Shopify쇼피파이가 서비스를 시작했죠? API를 적극 활용하는 쇼핑몰 플랫폼이라 Shopify 사용자들 역시 구글 애즈를 모르고 구글 광고를 하는 경우가 많습니다. 정상적인 경우이긴 한데, 바람직하지는 않습니다. 그런 식으로는 구글 애즈의 알짜배기 기능들을 사용할 수 없기 때문입니다.

한편 바람직하지도 않고 정상적이지도 않은 케이스도 있습니다. 묻지마 식으로 구글 광고를 대행하는 경우인데, 광고 대행사가 구글 광고 명목으로 대행비 포함 광고비를 받고 광고 리포트만 발행하는 것입니다. 이러면 광고주는 [그림 1.1_1]의 구글 애즈 화면을 볼 수 없습니다. 광고 대행사 담당자를 방문하면 보여주거나, 읽기 권한(3장에 설명)으로 볼 수만 있게 해줍니다.

광고비 이야기가 나온 김에 광고 대행 수수료에 대해 잠깐 짚고 넘어가 보겠습니다. 우리나라 광고 대행 서비스를 경험해 봤다면 혹시 이런 생각을 해 본 적 있나요!? "광고 대행 수수료는 따로 청구되지 않는 건가?" 당연히 광고 대행은 무료가 아닙니다. 먼저 네이버 광고의 경우, 광고주가 네이버에 광고비를 결제하면 네이버가 광고비의 일부를 광고 대행사에 수수료로 지급합니다. 결제 과정에서 광고비와 수수료를 구분하지 않기 때문에 광고주들이 네이버 광고는 광고 대행 수수료가 없다고 생각하기 쉽습니다. 그렇다면 구글 광고는 어떨까요? 광고 대행사가 구글 광고 대행을 할 때 네이버 광고 대행과 달리 수수료를 요구하면 광고주는 거부감을 느끼겠죠. 그러니 광고비 명목으로 입금을 받고 광고 대행사가 수수료를 뗍니다. 네이버가 해 주던 것을 광고 대행사가 직접 한다는 차이만 있을 뿐이죠.

하지만 광고비, 광고 대행 수수료까지 주면서 광고의 현황을 바로 알 수 없다는 건 광고주 입장에서 손해가 너무 큽니다. 더군다나 구글 광고는 인공지능 광고입니다. 광고비를 태워서 인공지능을 가르치는 거죠. 그렇게 가르친 인공지능은 누구의 것이어야 할까요? 피 같은 돈을 태워서 기껏 가르쳤더니 대행사를 바꾸면 AI도 다시 학습시켜야 한다? 이건 아니지요!

그러니 구글 광고를 시작하려면 광고주는 구글 애즈 계정을 만들어야 합니다. 1인 1닭처럼 1광고주 1계정을 만드는 거죠. 그리고 관리자로 광고대행사를 추가('1.3 구글 애즈 계정 관리 ABC'에 설명)합니다. 이제 이해 되었나요?

광고 대행 수수료 명목이 있든 없든 공짜 광고 대행은 없습니다. 수수료 명세가 붙으면 안 써도 되는 추가 비용으로 느껴진다면, 수수료 이름표를 붙이지 않고 두루뭉술하게 청구하는 대행사와 거래하시면 됩니다. 세상에는 아는 게 힘이 되는 사람도 있고, 모르는 게 약인 사람도 있습니다.

구글 광고 대행비를 요구하지 않는 대행사도 있기는 합니다. 이 경우는 구글 애즈와 전략적 파트너십이 있는 거대 광고 대행사로 국내엔 몇 되지 않습니다. **전략적 파트너십과 파트너 배지*는 다릅니다.** 구글 애즈 파트너 배지는 2021년 기준으로 회사 직원 최소 3명이 구글 애즈 스킬샵(Skillshop)을 수료하고 테스트를 통과하면 획득할 수 있습니다. 하지만 대행비가 없다고 무조건 이득은 아닙니다. 이와 관련해서는 '3.3 키워드와 검색어가 달라?' 편을 참조해 주세요.

---

* 구글 파트너 배지

1.2 광고 없이 구글 애즈 계정 만들기

 구글 광고를 준비하는 단계로, 구글 애즈 계정 생성부터 결제 프로필 완성까지 진행합니다.

> Q 구글 디스플레이 광고를 하고 싶습니다.
> A 구글 애즈 계정은 만드셨나요?
> Q 아니요. 없습니다.
> A 구글 애즈 계정부터 만드시고, 관리자 계정에 추가해 주세요.
> Q 또 준비해야 할 건 어떤 게 있나요?
> A 광고 소재를 제공해 주시면 됩니다. 디스플레이 광고를 하실 거니까, 배너 사이즈 2종과 광고 제목, 설명문이 필요합니다.
> Q 네, 그렇게 준비하겠습니다.
> A 구글 애즈 계정부터 만드시지요. 지금 원격으로 도와드리겠습니다. 구글 애즈 계정만 만드는 데는 5분이면 됩니다. 광고 없이 구글 애즈 계정 만들기가 의외로 어려워서 혼자 하시다가 몇 십 분 쩔쩔매실 수 있어요.

구글 애즈 계정 만들기는 쓸데없이 복잡한 면이 있습니다. 계정만 만들면 되는데 클릭을 하다 보면 어느새 광고를 만들어야 끝이 나는 덫에 빠지기 십상입니다. 광고 준비를 완료하고 계정을 만드는 광고주는 거의 없기 때문에 구글 애즈 계정을 만들 때에는 이와 같은 덫에 빠지지 않도록 유의해야 합니다. 만약 광고 준비 없이 이 덫에 걸리게 되면 구글 애즈에 접속해도 앞 절의 구글 애즈 첫 화면(그림 1.1_1)과 다를 수 있습니다. 이 경우는 유튜브 구글 광고하는 여자 채널에서 '초.초.초보를 위한 구글 애즈 #5 스마트모드, 전문가모드로 전환하는 법' 영상을 참조하시기 바랍니다.

[그림 1.2_1] 스마트 모드, 전문가 모드로 전환

생각할 것도 많고 준비할 것도 많은 광고는 나중에 만들기로 하고, 이 절에서는 구글 애즈 계정만 딱 만들어 보겠습니다. 초보 광고주가 스마트 모드로 빠지지 않고 전문가 모드로 바로 시작하는 법입니다.

먼저 크롬 브라우저를 열고 구글 애즈에 들어가면 아래와 같은 화면이 나옵니다(그림 1.2_2). 여기서 [시작하기]를 눌러 바로 구글 애즈 계정 생성 만들기를 시작해도 됩니다만, [로그인]을 클릭해 보세요. 지메일 계정이 있다면 새로 만들 필요가 없습니다. 로그인할 계정이 없으면 [시작하기]로 이동합니다.

[그림 1.2_2] 광고 없이 구글 애즈 계정 만들기 ①

이제부터는 잘 보이는 것 말고 잘 보이지 않는 작은 파란 글씨를 찾습니다. [그림 1.2_3]과 같이 [전문가 모드로 전환]을 클릭해 주세요.

(※ 책 집필 중에 화면이 개편되었습니다. [그림 1.2_3]과 다른 화면이 나온다면 [그림 1.2_4]를 참조해 주세요.)

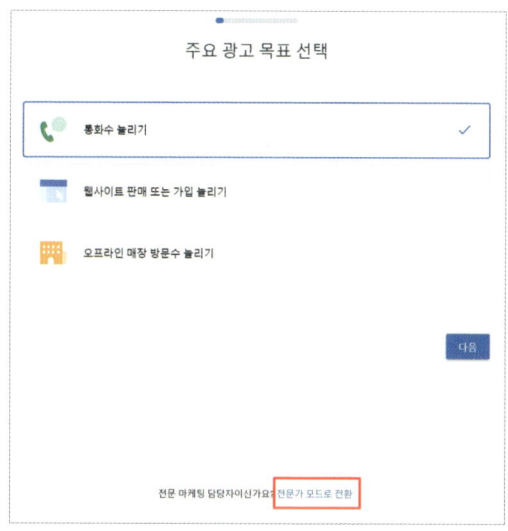

[그림 1.2_3] 광고 없이 구글 애즈 계정 만들기 ②-1 (구버전)

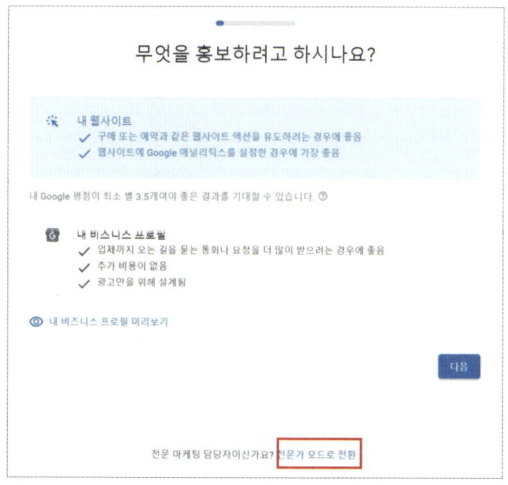

[그림 1.2_4] 광고 없이 구글 애즈 계정 만들기 ②-2 (신버전)

[그림 1.2_5]와 같이 [캠페인 없이 계정 만들기]를 클릭해 주세요.

[그림 1.2_5] 광고 없이 구글 애즈 계정 만들기 ③

이후에는 [그림 1.2_6]과 같이 고객 비즈니스 정보를 확인 후 제출합니다. 이때 **'통화'를 꼭 확인하시길 바랍니다**(왜 그런지는 '통화 선택의 중요성'을 참고해 주세요).

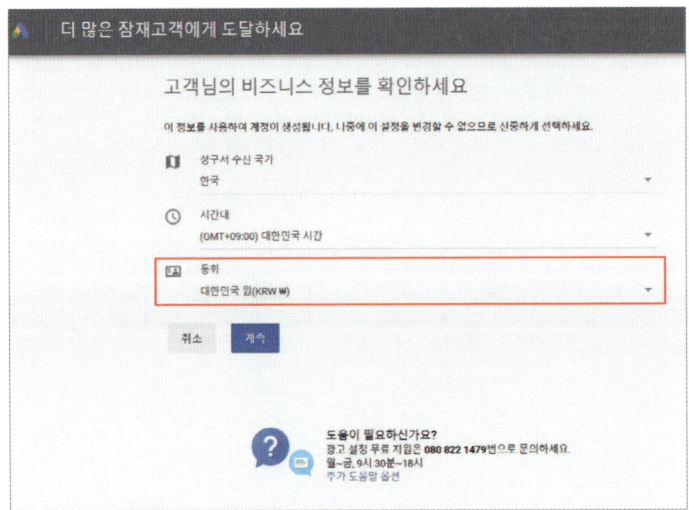

[그림 1.2_6] 광고 없이 구글 애즈 계정 만들기 ④

통화 선택의 중요성

대형 광고주라면 서비스, 브랜드별로 구글 애즈 계정을 분리해서 예산 관리를 쉽게 할 수 있습니다. 만약 광고 예산을 국내외 지역별로 분리해야 한다면 통화 선택을 신중히 하는 편이 좋습니다. 계정을 만들 때 선택하는 통화는 한 번 만들면 수정할 수 없기 때문입니다. 또한 계정 생성 시 지정한 통화는 구글 애즈 지원 국가 결정에 영향을 줍니다. 예를 들어 통화를 호주 달러로 하면 계정 담당자 배정이나 고객센터 문의 시에 구글 애즈 호주가 연결됩니다. 영어 사용에 문제가 없고 호주의 현지 사정에 밝은 지원을 원한다면 호주 달러로 계정을 만들고, 영어 문제로 외국 광고지만 구글 애즈 코리아의 지원을 원한다면 통화를 원화로 선택하는 것이 좋습니다.

구글 애즈 계정을 만들었으면 결제 프로필을 완성하면 됩니다. 결제 프로필에서 결제 방식을 설정하고 광고비를 결제할 카드를 등록할 수 있습니다. 구글 애즈 화면 상단에서 [도구] 〉 [결제] 〉 [설정]을 클릭하면 아래 그림과 같은 화면이 나옵니다.

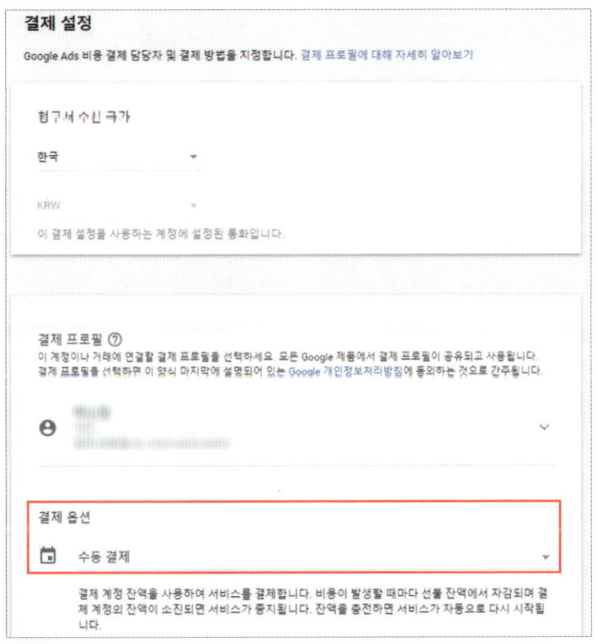

[그림 1.2_7] 구글 애즈 결제 프로필 완성하기

- **수동 결제**: 광고비를 미리 충전하는 방식으로, 세금계산서를 발행할 수 있습니다. 예를 들어 99만원을 충전하면 90만원만 광고비로 소진됩니다. 수동 결제 방식 중 무통장 입금은 추천하지 않습니다. 해외 송금이기 때문에 입금 확인까지 최대 10일(보통 3일)이 소요됩니다. 수동 결제 시에는 충전 부족으로 광고 운영이 중단되는 일이 없도록 각별히 주의하셔야 합니다.
- **자동 결제**: 신용카드로 광고비를 사용한 만큼 후불 결제하는 방식으로, 99만원을 광고비로 사용하면 99만원이 청구됩니다. 참고로 신용카드 매출 전표와 세금계산서는 중복 발행이 불가하니, 신용카드 정보 등록 후 세금계산서 발행을 원한다면 구글 애즈 고객센터에 결제방식 변경을 요청하세요. 또한 신용카드 결제 시 해외 결제 수수료가 발생할 수 있으니 이 부분도 구글 애즈 고객센터에 확인하시면 좋습니다.

사업부나 브랜드별로 광고 예산을 분리해야 할 경우, 광고 예산을 편리하게 관리하려면 구글 애즈 계정을 필요한 수만큼 만드는 것이 좋습니다. 구글 애즈 화면에서 오른쪽 상단의 프로필 사진(그림 1.2_8)을 클릭하면 해당 지메일에서 만든 다른 여러 구글 애즈 계정으로 전환할 수 있습니다.

[그림 1.2_8] 구글 애즈 계정 전환

구글 애즈의 결제 프로필은 광고를 태워준 만큼 비용을 청구해야 하기 때문에, 구글 애즈 입장에서도 중요합니다. 한편, 광고주 입장에서는 세금계산서 발행과 해외 결제 수수료 발생 여부를 초기에 한 번만 잘 결정해 두면 이후에는 거의 신경쓸 필요가 없습니다. 다만, 나중에 결제 프로필에 변경 사항(신용카드 추가, 삭제 등)이 생기면 사용자 권한 문제가 발생할 수 있습니다. 그러니 다음 절(1.3)의 '구글 애즈 계정관리 ABC'도 꼭 확인하시기 바랍니다.

1.3 구글 애즈 계정관리 ABC

구글 애즈에서는 회사 지메일 공유가 해킹과 같습니다. 건전한 계정 관리를 위해 사내 업무 환경을 점검합니다.

> ⚠ 귀하의 계정이 운영중지되었습니다. - 계정이 취소되어 광고가 게재되지 않고 있습니다.

Q 계정이 정지됐어요!
A 혹시 구글 애즈 계정 아이디와 비번을 돌려 쓰시나요?
Q 아니오. 저만 사용합니다.
A 계정 정지 사유는 정확히 알 수 없습니다. 새로 만드는 수밖에요. (다음 날)
Q 계정이 또 정지됐어요!
A 정말 구글 애즈 계정에 혼자만 접속하시나요?
Q 네!!
A 이상하네요. 구글 애즈에 어떻게 접속하는지 설명해 주시겠어요?

국내 회사들은 대부분 공용 네이버 아이디, 구글 아이디가 있어서 그 비번을 거의 전 사원이 공유합니다. 이러한 관습 때문인지 우리나라의 인터넷 서비스 역시 아이디와 비밀번호 공유에 대해 무심한 편입니다.

반면에 구글 같은 외국 서비스는 공유와 해킹을 엄격히 구분합니다. 서비스 제공자가 정한 방법 외의 공유는 해킹으로 간주합니다. 규칙을 어긴 사용자에 대해서는 처우를 엄중히 합니다. 구글, 페이스북, 유튜브 모두 마찬가지입니다. 유튜브 채널을 운영하다가 유튜브 정책 위반으로 채널 계정이 정지되면 그 사람은 평생 유튜브 할 생각은 말아야 한다고 하지요? 그 정도로 정책에 엄격합니다. 계정 정지 이력을 감추려고 노트북을 바꾸고 IP를 바꿔도 요즘 세상에 귀신을 속이지, 마음 먹은 글로벌 IT 회사를 속이는 거의 불가능합니다. 그러니 다음을 참고해서 구글 애즈 계정 액세스를 확실하게 알고 철저하게 관리해 주세요.

계정 액세스 관리는 구글 애즈 우측 상단에서 [도구 및 설정] 〉 [설정] 〉 [액세스 및 보안]을 클릭합니다.

[그림 1.3_1] 구글 애즈 계정 액세스 관리 ① – 액세스 및 보안

[그림 1.3_2]와 같이 파란색 +(플러스) 버튼을 클릭합니다.

[그림 1.3_2] 구글 애즈 계정 액세스 관리 ② – 사용자 초대

초대할 사람의 이메일을 입력하고 알맞은 권한을 체크한 후 [초대장 보내기]를 누르면 초대장을 보낼 수 있습니다.

	이메일 전용	결제	읽기 전용	표준	관리
캠페인 보기 및 계획 도구 사용			✓	✓	✓
캠페인 수정				✓	✓
결제 정보 보기		✓	✓	✓	✓
결제 정보 수정		✓		✓	✓
보고서 보기	✓		✓	✓	✓
보고서 수정			✓	✓	✓
사용자, 관리자, 제품 링크 보기			✓	✓	✓
이메일 전용 사용자 추가			✓	✓	✓
사용자, 관리자, 제품 링크 수정					✓

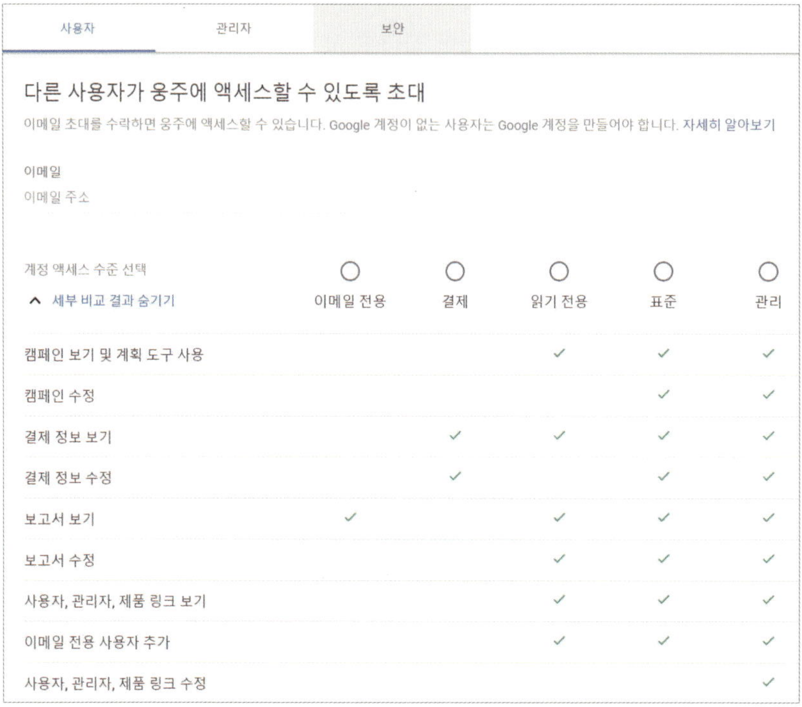

[그림 1.3_3] 구글 애즈 계정 액세스 관리 ③ – 초대장 보내기

서비스 사용에 '권한'이라는 표현이 생소하실 수 있을 텐데, 우리나라와는 달리 구글 애즈나 페이스북 페이지의 계정에는 우리가 생각하는 소유의 개념이 없습니다. 신분증, 사업자등록증, 등기부등본 이런 것으로는 소유 증명이 안 됩니다. 중요한 것은 계정을 누가 만들었느냐가 아니라 누가 어떤 권한을 가졌느냐 입니다. **외국 서비스에는 '권한'의 개념이 있다**는 것을 꼭 기억하세요!

사용자 추가/삭제 관리 권한은 아무에게나 주는 것이 아닙니다!

수년 전 페이스북 마케팅이 한창일 때 팬이 수십만 되는 페이지를 도둑맞았다는 소문을 들어 보셨나요? 페이스북 페이지 관리자도 같은 방식으로 권한을 주고 초대하는데, 이때 신뢰할 수 없는 사람에게 관리 권한을 주었다가 그 사람에게 나의 액세스 권한을 삭제 당한 것입니다.

구글 애즈의 액세스 권한도 이와 마찬가지입니다. 앞의 [그림 1.3_2]는 표준 권한일 경우 오른쪽 작업 열의 '액세스 권한 삭제'가 비활성화되지만, 관리 권한을 가진 경우에는 활성화되어서 [그림 1.3_2]의 사용자 5명을 모두 삭제할 수 있습니다. 예를 들어 구글 애즈 계정에 1천만 원을 충전해두고 나까지 모든 액세스 계정을 삭제되었다고 한 번 생각해 보세요. 충전금 1천만 원을 환불 받을 수 있을까요? 구글 애즈 고객센터에서는 모든 문의 응대 시에 구글 애즈 계정 숫자 10자리와 접속 이메일을 확인하고 구글 애즈 로그인 상태에서만 가능한 절차가 있기 때문에, 1천만 원은 포기해야 할 듯싶습니다. 그러니 이처럼 낭패를 보지 않으려면 사용자 추가/삭제 권한을 줄 때 신중히 결정하셔야 합니다.

관리 권한에 대해 하나 더 알려 드리자면, 액세스 권한 삭제가 아니더라도 여차저차 휴대폰 번호 인증이 안 되어서 구글 애즈에 연결된 지메일로 로그인이 안 될 수도 있습니다. 그런데 구글 애즈 관리 권한이 나에게만 있다면, 나를 새 지메일로 초대해줄 권한을 가진 사람이 아무도 없게 됩니다. 따라서 신뢰할 만한 사람 2~3명과 함께 관리 권한을 갖는 것이 안전합니다.

보통 구글 애즈에 추가할 사용자 이메일은 gmail.com이 기본값입니다. 지메일 외의 이메일이나 회사 이메일로 사용자를 추가하려면 [그림 1.3_3]의 상단에서 [보안] 탭을 선택해서 원하는 이메일을 [그림 1.3_4]와 같이 추가합니다.

[그림 1.3_4] 계정 액세스 및 보안, 허용된 도메인

마지막으로 광고 대행사를 추가하는 방법입니다. 광고 대행사에 프로필 사진 왼쪽의 숫자 ID 10자리를 알려주세요. 광고 대행사 담당자가 계정 연결을 요청했다고 알려주면, [관리자] 탭으로 이동해서 요청에 [동의]하면 됩니다(그림 1.3_5). 이렇게 해서 사내외의 광고 관련자들은 ID/PW를 공유하지 않고 구글 애즈가 정한 방식으로 모두 각자의 PC에서, 각자의 지메일로 로그인한 크롬 브라우저로 각각 구글 애즈에 접속할 수 있습니다.

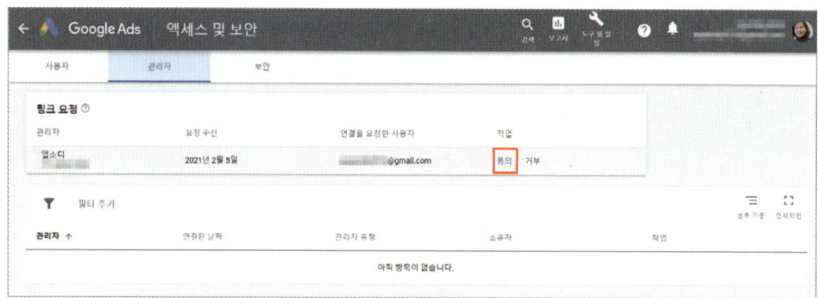

[그림 1.3_5] 대행사 추가

앞 대화문의 광고주는 왜 계속해서 구글 애즈 계정이 정지되었을까요? 혼자만 사용하는 구글 애즈 계정이어서 다른 누구와도 아이디 비번을 공유하지 않은 것은 맞습니다. 그런데 그 광고주는 회사에서 앉는 자리마다 그때그때 다수의 PC에서 잠깐잠깐 접속하는 습관이 있었습니다. 구글 애즈 계정은 하나인데 여기저기서 접속하면 실제 사용자가 한 사람이어도 해킹된 계정으로 여겨질 수 있습니다. 그 광고주에게는 특정 PC에서만 구글 애즈를 사용하도록 안내하였고 계정 정지 문제는 해결되었습니다.

Chapter 02

구글 광고를 시작하기 전에

처음 한번 잘 설정해 두면 어지간해서는 변경할 일이 없는 작업들을 상세히 살펴보고, 이와 관련된 개념을 알아봅니다. 구글 광고가 익숙하신 분들은 이 장을 건너 뛰어도 좋습니다.

2.1 구글 애즈의 브레인은 바로 여기, 스패너 모양 도구
2.2 게임처럼 구글 광고 동맹 맺기, 연결된 계정
2.3 묻지도 따지지도 말고 구글 애널리틱스 먼저 세팅
2.4 끝없는 밀당, 구글 애즈의 독특한 과금 정책

2.1 구글 애즈의 브레인은 바로 여기, 스패너 모양 도구

 구글 광고하는 사람에게 구글 애즈의 [도구] 메뉴는 셰프의 칼과 같습니다. 이 절에서는 칼날을 예리하게 하는 구글 애즈의 도구를 알아봅니다.

Q 우리 회사 구글 광고는 한 번을 못 봤는데, 경쟁사 광고는 노상 나옵니다. 도대체 광고비를 얼마를 써야 그렇게 할 수 있습니까?
A 경쟁사 광고는 아마 리마케팅 광고일 겁니다. 경쟁사 사이트 방문해 보셨죠?
Q 네.
A 그 방문 정보로 타깃팅하는 리마케팅 광고일 것 같습니다.
Q 우리도 그 리마케팅 광고 할 수 있나요?
A 네, 할 수 있습니다.

[그림 2.1_1] 구글 애즈 버전별 상단 기능과 아이콘

[그림 2.1_1]을 보면 스패너 모양의 아이콘은 하나인데 계정마다 아이콘의 위치나 아이콘에 부여된 이름이 모두 다른 것을 볼 수 있습니다. 앞절에서 봤던 계정 액세스의 추가 위치가 어디였는지 기억나나요? 계정 액세스는 [도구 및 설

정] 또는 [설정 및 결제]의 '설정'에 들어 있습니다. '설정'은 다음 절(2.2)에서 알아보도록 하고, 이 절에서 우리가 주목할 것은 바로 '도구'입니다. 가히 구글 애즈의 브레인이라고 할 만한 '도구'의 엄청난 실체를 파헤쳐 보겠습니다.

> **외부 플랫폼에서는 '도구'의 활용도가 떨어지므로 주의하세요!**
>
> '1.1 1인 1닭처럼 1광고주 1계정'에서 유튜브 스튜디오나 Shopify 같은 플랫폼에서는 구글 애즈에 접속하지 않고도 광고를 운영할 수 있지만 바람직하지 않다고 했습니다. 그 이유는 바로 외부 플랫폼에서는 구글 애즈의 브레인인 '도구'의 활용도가 떨어지기 때문입니다.

화면 상단에서 스패너 모양 [도구]를 클릭하면 [그림 2.1_2]와 같이 구글 애즈의 살림살이들이 나옵니다.

[그림 2.1_2] 도구

첫 번째 열 [계획]에서 네 번째 열 [측정]까지가 도구의 기능인데, 그중에서 우리가 눈여겨볼 곳은 [측정]의 전환과 [공유 라이브러리]의 잠재고객 관리자입니다. 다음으로 넘어가 각각의 목적과 쓰임을 자세히 알아보겠습니다.

> 😊 **광고 용어와 친해지기**
>
> 전환과 잠재고객에 대해 알아보기 전에 전환과 관련한 광고 용어를 먼저 소개합니다. 구글 애즈를 사용하면서 앞으로 자주 만나게 될 용어들입니다. 지금은 가볍게 쭉 훑어보고, 이번 절을 학습하면서 의미를 알고 친해져 봅시다!
>
> CPC(Click Per Click, 클릭당 비용) / CTR(Click Through Rate, 클릭률)
> 전환(Conversion, 광고 목표) / 전환 액션(특정 전환) / CPA(Cost Per Action, 전환당 비용)
> 리마케팅(사이트 방문자 타깃팅)

2.1.1 전환

구글 애즈에서의 전환은 무엇일까요? 우리(광고주)가 우리 사이트에 방문한 사람에게 원하는 행동을 의미합니다. 예를 들어 운영하는 서비스가 쇼핑몰이면 구매, 성형외과면 상담 신청, 호텔이면 예약, 앱이면 다운로드가 전환이라고 볼 수 있죠. 즉 전환은 우리가 광고를 하는 궁극적인 목표입니다.

그렇다면 구글 애즈의 전환 광고는 무엇일까요? 네이버는 우리가 네이버에 접속한 때만 행동을 분석할 수 있습니다. 하지만 우리가 이탈하면 네이버는 우리가 어떤 쇼핑몰에서 무엇을 사는지, 어떤 은행을 이용하는지는 모릅니다. 하지만 구글은 알 수 있습니다. 크롬 브라우저를 벗어나더라도 플레이 스토어, 유튜브 등 구글이 운영하는 서비스에 접속했다면 우리의 행동이 계속해서 분석되기 때문입니다. 구글 애즈는 그렇게 수집, 분석된 개인 정보를 고도의 기술력으로 세련되게 제공합니다. 개인 정보를 광고주에게 미주알고주알 말해주지는 않지만, 전환을 정의해주면 전환이 난 사람들의 특징을 알아내서 그러한 특징을 가진 사람에게는 더 높은 입찰로 강력하게 광고를 하는 것이죠. 이것이 구글 애즈의 전환 광고입니다.

이제 전환 설정 화면으로 넘어가 보겠습니다. [도구]의 네 번째 열 [측정]에서

[전환]을 클릭하면 전환 설정 화면이 나옵니다. 지금 막 구글 애즈 계정을 만든 상태라면 [그림 2.1_3], [그림 2.1_4]와 같이 텅 비어 있을 것입니다.

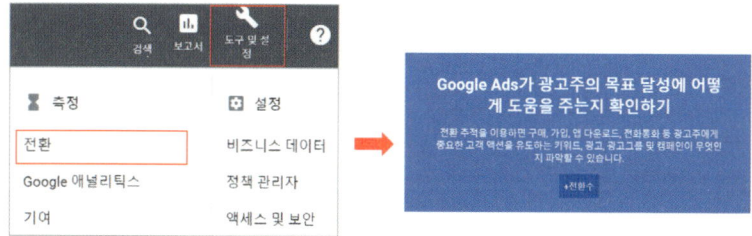

[그림 2.1_3] 전환 설정 전 화면 ①

[그림 2.1_4] 전환 설정 전 화면 ②

여기서 할 일은 AI가 학습할 정보(전환)를 정의해 주는 것입니다. 아무런 정보를 주지 않으면 AI는 광고주가 어떤 사업을 하는지, 원하는 바가 무엇인지 모르기 때문이죠. 우리 사업에서 원하는 목표와 행동(전환)이 무엇인지를 알려주어야 합니다.

> **전환 설정을 하지 않고 광고하면?**
>
> 전환 설정이 안 된 상태에서는 클릭 광고 밖에 못 합니다. 흔히 CPC^{Cost Per Click, 클릭당 비용}가 낮거나 CTR^{Click Through Rate, 클릭률}이 높은 광고가 좋은 광고가 됩니다. 하지만 CPC가 아무리 낮아도 광고로 유입된 방문자들이 광고주가 원하는 행동(전환)을 하지 않고 전부 이탈해 버린다면 어떨까요? 광고비를 다 버리는 셈이죠? 그러니 CPC가 좀 높더라도 일정 비율로 돈이 벌리는 광고를 해야 합니다. 그래서 전환을 설정해 광고하는 것입니다.

전환 설정을 하면 전환 여부와 전환수를 측정할 수 있는데, 전환수와 광고비를 토대로 CPA^{Cost Per Action, 전환당 비용}를 계산할 수 있어 목표 달성에 효과가 있는 광고인지 아닌지를 알 수 있습니다. 실제로 전환 설정을 한 예를 보면 좀 더 이해하기 쉬울 겁니다. 다음을 참고해 볼까요?

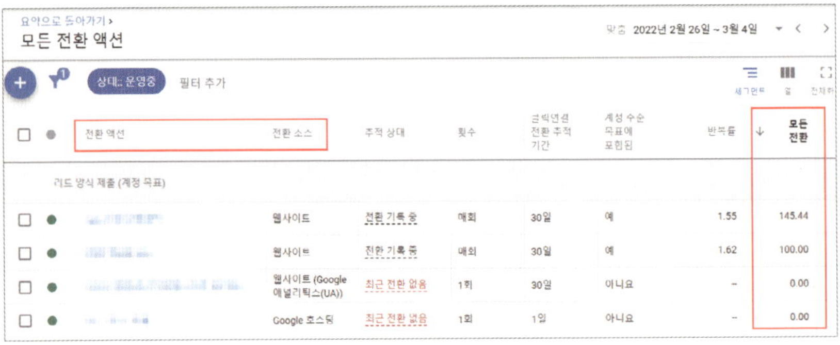

[그림 2.1_5] 전환 설정 화면

위 [그림 2.1_5]는 전환 설정을 완료한 상태로, 전환 설정 이후 전환의 개수가 일정량 이상이 되면 AI가 전환을 학습합니다(권장하는 전환의 개수는 최소 주 50개 정도지만, 구글 애즈 AI의 성능이 개선됨에 따라 그 수는 점점 작아질 수 있습니다). 그런데 여기서 전환 액션, 전환 소스라는 표현은 생소하실 수 있을 겁니다. 각각의 의미와 쓰임을 정리해 보겠습니다.

전환 액션은 사이트 방문자가 했으면 하는 행동 하나하나를 의미합니다. 쇼핑몰이면 구매가 가장 큰 전환 액션이겠지만, 장바구니 담기나 회원가입 등도 중요한 전환 액션이 됩니다. 경우에 따라서는 더 작은 전환 액션도 정의해줄 필요가 있습니다. 광고 효과가 좋아서 광고 클릭으로 100명마다 2, 30명씩 구매 전환을 한다면 아무 걱정이 없겠지만, 1명도 살까 말까 하다면 AI가 학습할 전환 사이즈에 도달하지 못합니다. 그럴 때에는 단순 유입보다 품질 좋은 유입, 조금이라도 더 구매 전환에 근접한 사용자 행동을 정의해 주어야 합니다.

전환 소스는 전환 측정의 출처로 '웹사이트'는 구글 애즈 태그를 직접 설치한 것을 의미하고 'Google 호스팅'은 구글 애즈 스마트 광고(100% AI 광고)를 만들때 AI가 스스로 전환을 정의한 것을 의미합니다. 그리고 '구글 애널리틱스'는 구글 애널리틱스의 전환 이벤트('전환 이벤트'는 구글 애즈의 '전환'과 같은 의미)를 가져온 것입니다. 전환 설정은 개발 지식이 없는 일반인이 오류 없이 완료하기 어려우니 대행사나 개발자의 도움을 받는 편이 좋습니다.

2.1.2 잠재고객 관리자

이번엔 잠재고객에 대해 알아보겠습니다. 잠재고객은 쉽게 말해 우리의 서비스나 상품을 구매할 가능성이 높은 있는 고객을 의미합니다. 그리고 잠재고객은 타깃팅 중 하나로, 주로 디스플레이 광고(검색이 필요 없는 배너 광고, 동영상 광고)에 사용합니다. 잠재고객에 항상 따라다니는 용어가 있는데, 바로 이 절(2.1)의 시작 예문에서 언급한 '리마케팅'입니다.

리마케팅은 인터넷 광고의 꽃이라고도 하며 사이트 방문자를 타깃팅하는 것을 의미합니다. 그리고 우리 사이트를 방문한 사람들을 대상으로 쫄래쫄래 따라다니면서 하는 광고를 리마케팅 광고라고 합니다. 리마케팅의 필수 요소가 잠재고객인데, 잠재고객을 어떻게 설정하느냐에 따라 광고의 성패를 좌우하게 되죠. 즉, 구글 애즈에서는 [잠재고객 관리자]가 바로 리마케팅의 주역입니다.

잠재고객과 리마케팅을 이해했다면 이제 [잠재고객 관리자]로 들어가 봅시다. 구글 애즈 화면 상단에서 [도구] 〉 [공유 라이브러리] 〉 [잠재고객 관리자]를 클릭하면 다음과 같은 화면이 나옵니다(그림 2.1_6). 여기서 [리마케팅] (또는 [데이터 세그먼트]) 탭이 보이죠? 이 또한 지금 막 구글 애즈 계정을 만든 상태라면 [전환]을 클릭했을 때처럼 이렇게 텅 비어 있을 겁니다. 전환을 정의하는 것과 마찬가지로 잠재고객도 정의를 해주어야 리마케팅을 할 수 있습니다.

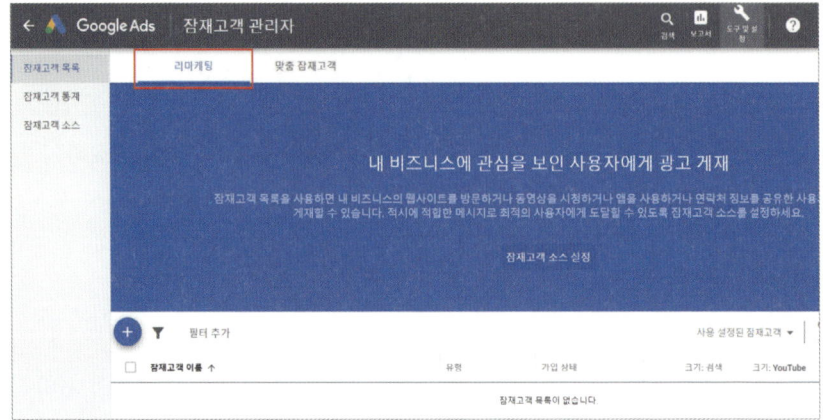

[그림 2.1_6] 잠재고객 설정 전 화면

[그림 2.1_6]에서 파란색 +(플러스) 버튼을 누르면 다음과 같은 선택지가 나옵니다(그림 2.1_7). 다음의 목록은 잠재고객 수집처 분류로, 이 중 하나를 선택해야 각 잠재고객 수집처별로 잠재고객을 정의하는 페이지로 이동하게 됩니다. 예를 들어 웹사이트에 관련해서 리마케팅 모수를 만들 거라면 '웹사이트 방문자'를 선택하면 됩니다. 이외에도 구글 애즈는 플레이 스토어, 유튜브 등과 연동해 다양하고 유연하게 잠재고객을 정의할 수 있습니다.

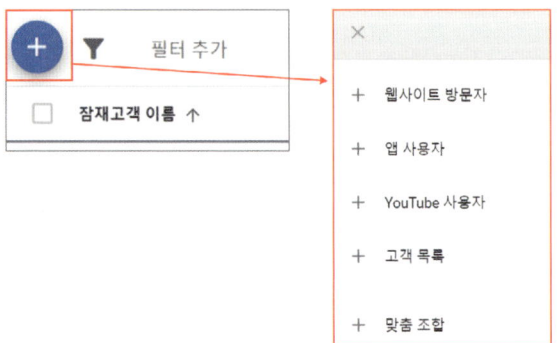

[그림 2.1_7] 리마케팅 목록 추가

[그림 2.1_8]은 잠재고객이 설정된 상태입니다. 그림의 '유형' 열을 보면 '자동으로 생성됨'이라는 메시지가 있습니다. 아무 설정을 하지 않아도 광고를 하다 보면 목록에 이것저것 생기기는 하지만, 정확하게 사이트를 방문한 특정 사람들을 따라다니는 리마케팅 목록(분류 기준)은 신경 써서 만들어야 합니다.

[그림 2.1_8] 잠재고객 설정 화면

리마케팅 목록은 사업에 따라 제각각 정의할 수 있어서 정의에 맞는 리마케팅 태그를 사이트에 설치하거나 구글 애널리틱스에서 가져올 수 있습니다. 이 부분은 전환 설정과 마찬가지로 전문가의 도움을 받는 게 좋습니다.

마지막으로 잠재고객을 정의할 때 주의할 점을 두 가지 짚고 가겠습니다. 첫 번째는 정확하게 하려고 잠재고객을 너무 세분화하면 안 된다는 것입니다. [그림 2.1_8]의 '크기' 열 하단에 '크기가 너무 작아 광고를 게재할 수 없음'이라는 주의 메시지가 보이나요? 여기서 크기(구글 애즈는 원문을 직역해 크기라고 표현하는데, 저는 편의상 '사이즈'라는 표현을 쓰겠습니다)란 리마케팅 광고를 볼 대상수를 의미합니다. 그리고 리마케팅 광고는 최소 1,000명 이상이어야 게재 가능하기 때문에 1,000명 이하의 목록에서는 이와 같은 메시지가 뜹니다.

그런데 이 1,000명은 액면가 그대로 우리 사이트를 방문한 1,000명이 아니니다. 사이트 방문자가 1,000명일 때 1,000명을 모두 리마케팅 할 수는 없다는 의미입니다. 이 사람이 그 사람인 걸 식별할 수 있어야 배너가 따라다닐 텐데, 로그인을 하지 않았거나, 쿠키 수집을 거부하는 등의 이유로 특정할 수 없는 사용자들이 60~70% 수준으로 훨씬 많기 때문입니다. 따라서 1,000명이 방문하면 리마케팅 모수는 고작 300~400명꼴이고 1,000명의 리마케팅 모수를 쌓으려면 대략 3,000명의 방문이 필요한 것이죠. 그저 방문만으로도 만만치 않은데, '특정 상품을 장바구니에 담았다가 구매하지 않은 고객'과 같이 잠재고객을 세분화하면 리마케팅 광고에 사용 가능한 사이즈를 만들기가 더 어려워집니다. 이처럼 **기술적으로는 고객 세분화가 가능하다 해도, 모든 경우에 활용 가능한 것은 아닙니다.**

> **잠재고객 목록은 타깃팅 제외 용도로도 활용 가능합니다.**
>
> 잠재고객 목록은 특정 사용자를 따라다니는 리마케팅 외에도 타깃팅에서 아예 제외하는 용도로도 사용할 수 있습니다. 여러 가지 측면을 고려해서 잠재고객 목록을 작성해 보시기 바랍니다. 예를 들면 재구매 가능성이 낮은 상품을 파는 쇼핑몰이라면, 상품을 구매한 사람들 목록을 차곡차곡 모아두어서 광고 노출 타깃에서 제외하는 것입니다. 물론 사이즈가 된다면 말이죠.

두 번째로 주의할 점은 리마케팅 모수 수집은 소급이 안 된다는 것입니다. 어제 방문자나 지난 주 방문자가 수만, 수십만 명이었어도, 구글 애즈의 리마케팅 목록은 만든 날부터 수집을 시작합니다. 그러니 지금 필요하지 않더라도 있으면 좋겠다 싶은 목록은 미리미리 생각해서 만들어두면 좋습니다.

이로써 구글 애즈의 브레인, '도구'를 주요 기능을 중심으로 알아보았습니다.

이제 계정을 연결하러 가봅시다!

구글 광고는 같은 종류의 광고를 같은 광고비로 태웠다 해서 모든 광고주가 다 같은 광고를 한다고 할 수 없습니다. 광고 효율도 제각각입니다. 그 이유는 전환과 잠재고객의 정의, 전환수와 잠재고객 수가 광고 효율에 미치는 영향이 크기 때문입니다. 이러한 점에서 구글 광고는 타 광고에 비해 전환과 잠재고객이 특별한 의미를 가집니다. 하지만 그렇다고 해서 전환과 잠재고객만 가지고 결론을 내는 것은 섣부른 판단입니다. 광고에서 가장 중요한 것은, 광고가 도착하는 사이트와 잠재고객에게 노출하는 '광고 소재'입니다. 이것은 구글 광고뿐 아니라 모든 광고에서 절대 진리입니다. 전환과 잠재고객만 가지고 씨름하는 것은 숲을 보지 않고 나무만 보는 것과 같음을 기억하세요.

게임처럼 구글 광고 동맹 맺기, 연결된 계정

구글 애즈에서 끌어올 수 있는 외부 자원에 대해 알아봅니다. 가용한 외부 자원과 불가용한 외부 자원의 구분은 마케팅 방향을 바꾸게 되니, 이 절을 참고해 가장 효율적인 마케팅 지도를 그려 보세요.

Q 저희 구글 광고 잘 하고 있나요?
A 네, 어디 한번 볼까요?
(클릭, 클릭(구글 애즈의 [도구] 〉 [설정]에서 여기저기를 클릭해 보는 소리))
Q 헛, 그쪽은 잘 클릭해 보지 않던 데라 왠지 긴장되네요.
A 음… 정말 구글 광고만 하고 계시네요. 먼저 계정 연결부터 해야겠습니다.

앞서도 언급했지만 구글 애즈는 외부 플랫폼들과 연동하면 더 큰 시너지를 낼 수 있습니다. 기왕이면 사람들이 많이 접속하는 유튜브, 구글 플레이 스토어 등을 적극 이용해보는 것이 좋겠죠? 그래서 보편적으로 구글 애즈는 구글 애널리틱스와 유튜브를 연동합니다. 그리고 웹사이트뿐 아니라 앱도 운영한다면 구글 플레이와 타사 앱 분석을 연결하고, 쇼핑몰을 운영한다면 구글 판매자 센터^{Google Merchant Center}를 추가로 연결을 합니다.

구글 애즈와 다른 서비스를 연결하는 과정은 간단합니다. 구글 애즈에서 서비스에 계정 연결을 요청하고, 해당 서비스에 로그인해서 연결 요청을 수락하면 계정 연동이 완료됩니다. 이 절에서는 구글 애널리틱스 그리고 유튜브와 연동하는 방법을 각각 알아볼 것입니다.

우선 구글 애즈에서 계정 연결을 요청하는 것부터 시작해 봅시다. [도구 및 설정] > [설정] > [연결된 계정]을 클릭합니다.

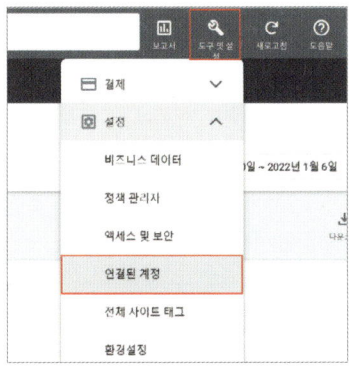

[그림 2.2_1] 계정 연결 요청하기 ①

그러면 구글 애즈와 연결할 수 있는 서비스 목록이 보입니다. 여기서 각 서비스의 [상세보기]를 누르면 해당 서비스를 연결할지 묻고 연결할 계정을 입력하는 창이 나옵니다. 여기에 계정을 입력하면 해당 계정으로 연결 요청이 가게 됩니다.

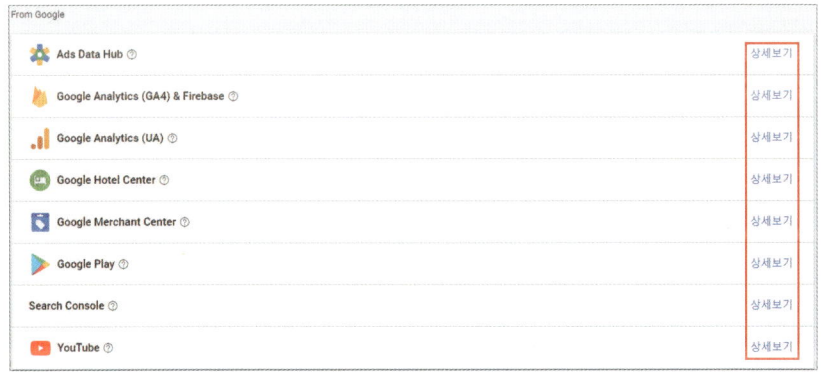

[그림 2.2_2] 계정 연결 요청하기 ②

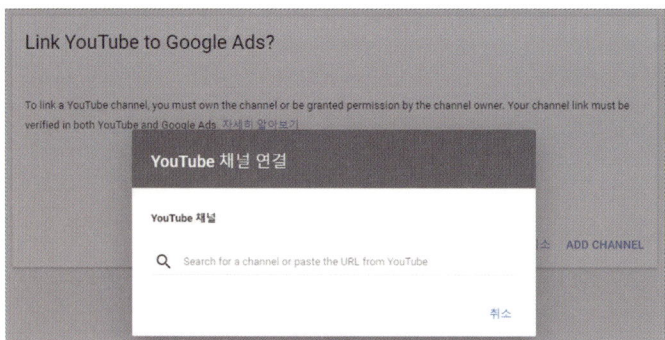

[그림 2.2_3] 계정 연결 요청하기 ③

이러한 방법으로 'YouTube'와 'Google Analytics (GA4)'에 각각 연결 요청을 합니다. 연결 요청을 보냈으면 이제 구글 애널리틱스와 유튜브에서 요청을 수락해 계정 연결을 마무리해 봅시다.

2.2.1 구글 애널리틱스

먼저 구글 애널리틱스와 구글 애즈를 연결해 보겠습니다. 구글 애널리틱스에 접속해서 페이지 왼쪽 하단의 [관리]로 들어갑니다.

[그림 2.2_4] GA4 연결 ①

다음과 같이 [Google Ads 링크]를 선택한 후 [연결]을 클릭합니다.

[그림 2.2_5] GA4 연결 ②

[Google Ads 계정 선택하기]를 클릭합니다. 구글 애널리틱스와 구글 애즈에서 같은 지메일을 사용 중이면 그 지메일로 연결된 구글 애즈의 모든 ID가 자동으로 리스트업 됩니다. 구글 애즈 숫자 ID 10자리를 확인하고 [다음]을 클릭합니다.

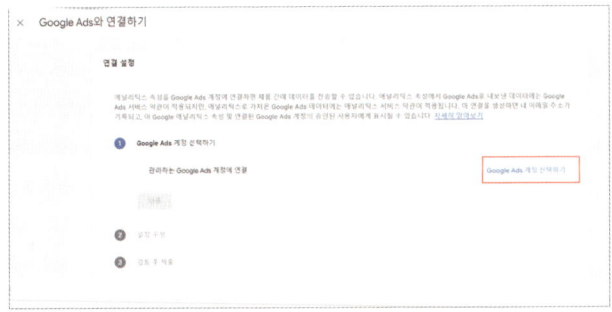

[그림 2.2_6] GA4 연결 ③

구글 애널리틱스와 구글 애즈에서 사용하는 지메일이 다르면?

구글 애널리틱스와 구글 애즈에서 사용 중인 지메일이 다를 경우에는 연결할 구글 애즈 ID가 보이지 않을 수 있습니다. 이럴 땐 구글 애즈로 가서 연결하려는 구글 애널리틱스의 지메일 계정을 사용자 추가 후 다시 시도해 보세요.

설정 구성 항목을 확인한 후 [다음]을 선택하고, 다음 화면에서 [보내기]를 클릭합니다.

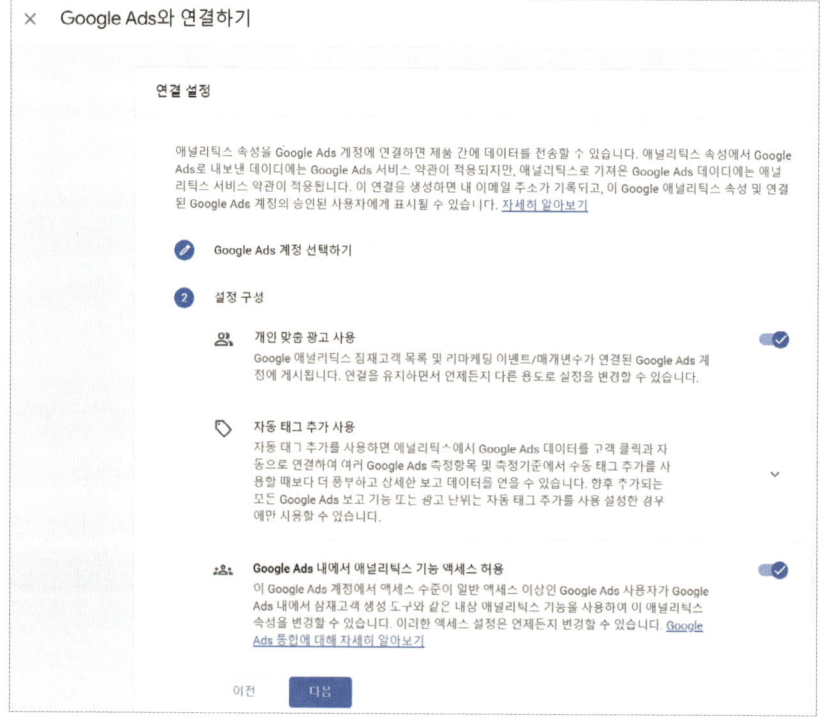

[그림 2.2_7] GA4 연결 ④

이제 구글 애즈로 돌아가서 [도구] 〉 [설정] 〉 [연결된 계정]을 클릭하면 다음과 같이 구글 애즈와 연결된 계정을 확인할 수 있습니다. 구 UA 버전에서는 구글 애즈에서 링크를 연결해야 했지만 GA4에서는 그럴 필요가 없어졌습니다.

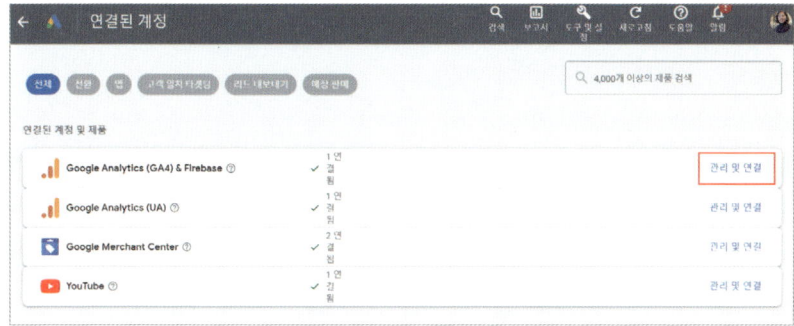

[그림 2.2_8] GA4 연결 ⑤

방금 화면에서 Google Analytics (GA4) & Firebase 의 [관리 및 연결]을 클릭하면 다음 그림과 같은 화면이 나옵니다. 만약 'Google 최적화 도구 공유가 사용 설정됨'이 비활성화 상태라면 활성화 버튼을 누릅니다.

[그림 2.2_9] GA4 연결 ⑥

그러면 다음과 같이 구글 애즈와 구글 애널리틱스의 연결이 완료됩니다.

2.2.2 유튜브

이번에는 유튜브와 구글 애즈를 연결해 보겠습니다. 유튜브 스튜디오(YouTube Studio)에 접속해서 왼쪽 메뉴 하단의 [설정]으로 들어갑니다.

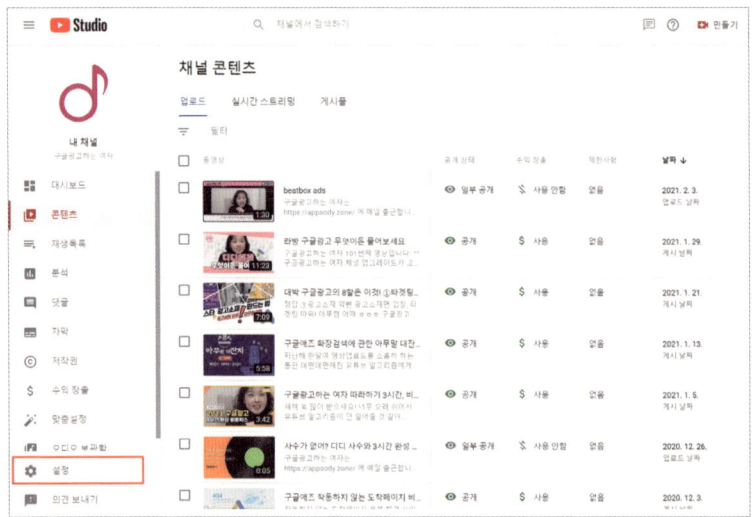

[그림 2.2_11] 유튜브 연결 ①

[채널] > [고급 설정]에서 [계정 연결]을 클릭합니다.

[그림 2.2_12] 유튜브 연결 ②

[그림 2.2_13]과 같이 링크 이름, 연결할 구글 애즈 숫자 ID 10자리를 입력합니다. 그리고 하단에 있는 조회수, 리마케팅, 참여도가 모두 체크된 상태에서 [연결]을 클릭합니다(체크를 모두 해제한다면 구글 애즈와 유튜브를 연결하는 의미가 없죠).

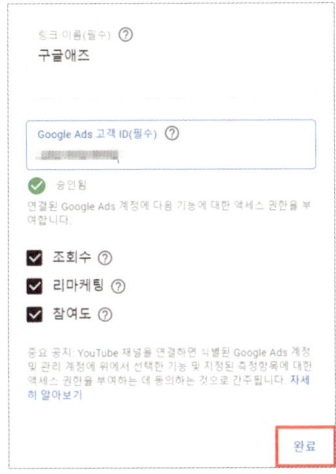

[그림 2.2_13] 유튜브 연결 ③

입력한 계정 정보를 확인한 후 [저장]을 클릭합니다.

[그림 2.2_14] 유튜브 연결 ④

이제 다시 구글 애즈로 가서 [도구] > [설정] > [연결된 계정] > [YouTube]로 들어오면 다음과 같은 화면이 나옵니다. 여기서 [VIEW REQUEST]를 클릭합니다.

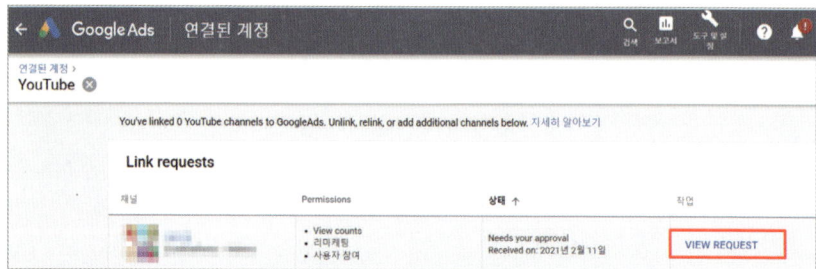

[그림 2.2_15] 유튜브 연결 ⑤

다음과 같이 승인 여부를 묻는 창이 나오면 [APPROVE]를 클릭합니다.

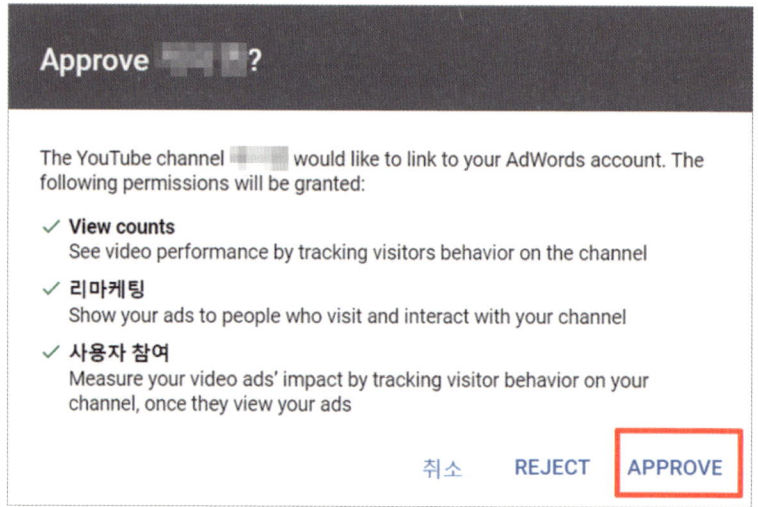

[그림 2.2_16] 유튜브 연결 ⑥

그러면 구글 애즈와 유튜브의 계정이 연결됩니다.

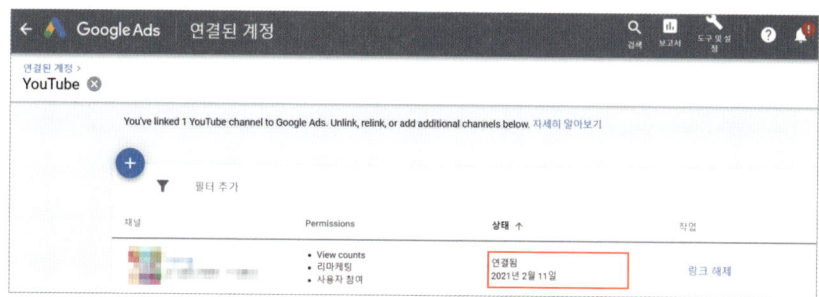

[그림 2.2_17] 유튜브 연결 ⑦

이처럼 구글 애널리틱스, 유튜브와 계정을 연결하면 리마케팅 목록을 만들 수 있습니다(그림 2.2_18). 유튜브를 예로 들면, 유튜브 영상 조회 시 발생하는 다양한 데이터를 구글 광고에서 활용할 수 있습니다. 내 소유의 유튜브 채널 영상이면 잠재고객을 다양하게 설정하여 광고 영상 시청자에게 후속 영상 리마케팅을 2차, 3차로 계획할 수도 있는 것이죠.

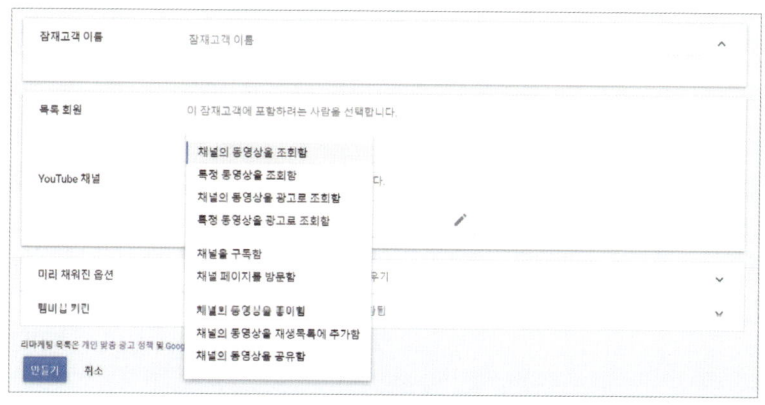

[그림 2.2_18] 유튜브 사용자 잠재고객 만들기 [도구] > [잠재고객 관리자]

이제 계정 연동을 마쳤습니다. 그런데 동영상 리마케팅 광고를 계획하기 전에 주의할 점이 있습니다. 동영상 리마케팅 광고를 계획한다면 다음의 주의 사항을 꼭 읽어보고 가시길 바랍니다.

동영상 리마케팅 광고를 계획하기 전 꼭 알아둘 것들

첫 번째, 광고할 수 있는 영상이어도 그 영상 시청자를 모두 리마케팅 할 수 없다.

앞에서 '내 채널의 영상'이라면 리마케팅을 할 수 있다고 꼭 집어 말한 건 이 때문입니다. 구글 애즈와 유튜브 계정 연결을 한 것은 좀 더 다양한 리마케팅을 하기 위해서지만, 채널 소유자의 허락 없이 광고는 할 수 있어도, 리마케팅은 할 수 없습니다.

두 번째, 인플루언서 마케팅과 구글 동영상 광고를 확실히 구분하자.

유튜브 연결은 특정 채널의 전체 영상 데이터를 구글 애즈에 제공합니다. 따라서 채널의 특정 영상만 골라서 구글 애즈에 연결할 수는 없습니다. 혹 인플루언서 마케팅을 계획하신다면 이 점을 주의하시길 바랍니다. '유료 광고 포함'이 표시된 영상 하나 때문에 인플루언서가 채널 전체 영상의 데이터를 허락할 리 없기 때문이죠. 인플루언서 마케팅과 구글 동영상 광고의 차이를 확실히 인지한 상태에서 구글 애즈 동영상 광고 계획을 세우시길 권장합니다.

구글 광고는 구글 애즈 하나로 완성되지 않습니다. 구글 애널리틱스, 유튜브, 구글 판매자 센터, 구글 마이 비즈니스 등 구글 관련 모든 서비스를 종합할 때 비로소 완성됩니다. 구글 애널리틱스는 로그분석 서비스입니다. 우리 사이트의 모든 데이터를 수집 저장합니다. 유튜브 스튜디오는 유튜브의 구글 애널리틱스입니다. 오프라인 사업자라면 구글 마이 비즈니스를 연결하는 것이 좋습니다. 구글 애즈 지역광고는 구글 마이 비즈니스 기반으로 게재되기 때문입니다. 구글 애즈를 제외하면 이 모든 서비스가 무료입니다. 퀄리티를 생각하면 무료일 수가 없는 초고급 서비스입니다. 최대한 활용해서 구글 광고뿐 아니라 구글 마케팅을 하십시오.

위의 서비스들 중 양대 축이라고 할 수 있는 **구글 애즈와 구글 애널리틱스를 MS 오피스에 비유하면, 구글 애즈는 워드나 파워포인트이고 구글 애널리틱스는 엑셀입니다.** 금방 배워 쓸 수 있는 구글 애즈와는 달리, 구글 애널리틱스는 비교적 사용하기 어렵습니다. 구글 애널리틱스를 잘 다루고 싶다면 이 책과는 별도로 시간을 들여 공부해야 합니다. 다만 구글 애널리틱스를 완전히 습득하고 구글 마케팅을 하려다간 평생 구글 마케팅 시작도 못 할 수 있습니다. 처음부터 이것들이 다 무엇인지, 지금 내가 뭘 하는 건지 하나하나 알고 해야 하지 않나 하는 걱정은 잠시 내려놓으세요. 지금 필요한 것은 일단 시작하는 용기 그리고 몰라도 아는 척 하는 배짱입니다.

2.3 묻지도 따지지도 말고 구글 애널리틱스 먼저 세팅

 구글 애널리틱스(GA)는 알고 난 후 시작하려 한다면, 99%가 시작도 못합니다. 몰라도 아는 척 하다 보면 조만간 지금 하고 있는 일이 무엇을 하는 것인지 알게 됩니다. 다 그렇습니다. 일단 시작합시다!

> **Q** 어떻게 하면 구글 광고 성과를 개선할 수 있을까요?
> **A** 그러려면 전환 광고를 해야 하는데, 현재 전환 설정이 되어 있지 않아서 클릭 광고만 하고 계십니다. 대표님 사이트의 경우에는 서비스 슬로우상 여기, 여기에 클릭 이벤트를 걸어야 하는데, 사내에 이 작업이 가능한 개발자가 있을까요? 사내에서 처리가 안 되면 외주 비용이 발생합니다.
> **Q** 네, 사내 개발팀이 있습니다.
> (전화로 개발팀장 D를 호출하는 대표님)
> **A** 여기, 여기에 클릭 이벤트 코드가 필요한데 지원 가능한가요?
> **D** 그런 작업은 퍼포먼스 마케터가 하는 일입니다.

2.1절에서 알아보았듯이 전환 설정과 잠재고객 정의는 구글 애즈 태그(프로그램 코드)로 할 수 있습니다. 실제로 구글 애즈에서는 구글 애즈 태그를 더 권장하기도 하고, 구글 애즈 태그를 사용하면 구글 애널리틱스(이하 GA)로는 안 되는 측정을 할 수 있기도 합니다.

하지만 코딩이 익숙치 않은 비개발자 입장에서는 구글 애즈 태그를 이용하기가 쉽지 않습니다. 그보다는 GA를 활용하는 편이 훨씬 쉽고 안정적으로 접근할 수 있습니다. 그리고 구글 광고는 하지 않아도 GA는 사용해야 하는 것이기 때문에, 구글 마케팅 초보라면 구글 광고와 GA를 세트로 활용하는 것이 좋습니다. 따라서 이 절에서는 구글 애즈와 연동한 상태로 GA에서 전환 설정 및 잠재고객 정의를 해볼 것입니다.

저는 GA 사용을 선호해서 1:1 레슨을 비롯해 광고 대행을 할 때도 GA를 기본으로 사용한 후에 필요에 따라 구글 애즈 태그를 추가로 활용했습니다. 그리고 이 방식은 광고주들도 대부분 동의하였는데 그 이유는 다음과 같습니다.

첫 번째, 코드를 몰라도 됩니다. 사실 광고 마케팅에서 다루는 코드가 막 어머어마한 수준은 아닙니다. 개발자가 아니더라도 마케터든 디자이너든 코딩을 좀 배운 사람이면 누구나 비교적 짧은 시간에 습득해서 해낼 수 있는 일입니다. 그런데 코딩 경험이 없는 사람들은 코딩을 배우는 데만도 일정 시간이 필요하거니와, 저 같이 개발자의 뇌와 거리가 먼 사람은 코딩을 아무리 배워도 활용을 못합니다. 그래서 코드를 전혀 몰라도 되는 GA는 천군만마입니다.

그리고 GA를 다루면 개발자와의 커뮤니케이션 비용을 줄일 수 있기도 합니다. 개발자들은 자기 분야의 개발 지식(게임 개발자는 게임 개발, 웹/앱 개발자는 웹/앱 개발, 서버 개발자는 서버 관련 개발)에 최적화되어 있습니다. 그러니 마케팅적 지식과 경험이 없으면 개발자도 광고 이벤트 코드를 만들지 못합니다. 물론 개발자가 학습을 한다면 가능하겠지만, 다양한 우선 순위에 일이 밀려 있는 경우에는 시간을 투자하기가 여간 쉽지 않습니다. 그렇다고 언제까지 개발자가 해주기를 기다릴 수는 없는 노릇이니 마음만 답답해집니다. GA는 조금만 다뤄보면

속 터지는 일 없이 내가 할 수 있습니다. "우리 회사 개발자는 잘 해주던데요?" 그런 개발자 분을 만난 것은 천운이시니, 그 개발자 분에게 감사한 마음을 한 달에 한 번 맛난 점심으로 표현하시고 인연을 길게 이어가세요!

두 번째, 전환 측정 기준이 사람의 생각과 닮았습니다. 구글 애즈와 GA는 전환을 측정하는 기준이 다릅니다. GA는 사람이 인식할 수 있는 전환 시점에 전환 발생을 표시합니다. 다음의 두 예시를 살펴보면서 이해해 보겠습니다.

예시 1 GA의 전환 측정

다음 [그림 2.3_1]은 2020년 9월 3일에 발생한 어느 전자상거래의 구매 전환을 GA(구 UA)로 측정한 결과입니다. UA에서 [획득] > [전체 트래픽] > [소스/매체]를 선택한 화면인데, 2020년 9월 3일에 전자상거래, 즉 구매 전환이 google / cpc와 naver / organic으로 각 1건씩 찍혔습니다. 그래서 쇼핑몰 운영자는 이날 택배 송장을 2장 출력했습니다. 그런데 구글 애즈에는 9월 3일에 1이어야 하는 google / cpc 전환이 0일 수 있는 것입니다. 왜냐하면 구글 애즈는 오늘의 전환 1건(google / cpc)을 해당 구매자가 광고와 상호작용한 날짜로 거슬러 올라가 찍기 때문입니다. 9월 3일에 구글 광고를 클릭하고 바로 구매를 했어야 구글 애즈에 9월 3일자 전환이 1이 되는 것이지, 구글 광고로 8월 31일에 첫 방문한 후 장바구니에 담아 놓고 있다가 9월 3일에 주문 완료를 했다면 8월 31일 전환으로 잡히는 것입니다.

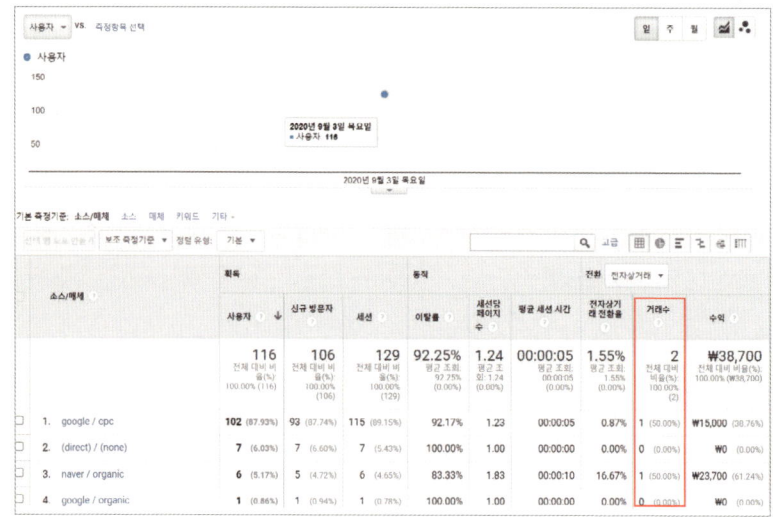

[그림 2.3_1] UA 소스/매체 분석

예시 2 구글 애즈의 전환 측정

아래 [그림 2.3_2]는 [예시 1]과 같은 상황에서 구글 애즈의 전환을 측정한 것으로, UA에서 [획득] > [Google Ads] > [캠페인]을 선택한 화면입니다. 9월 3일 google / cpc 전자상거래 1건은 '판매_쇼핑_스마트'라는 구글 애즈 캠페인에서 발생한 전환입니다. 하지만 구글 애즈에서 이 캠페인의 전환이 9월 3일에 표시되지 않는다면, 9월 3일 이전 어느 날짜에 전환이 표시되는 것입니다.

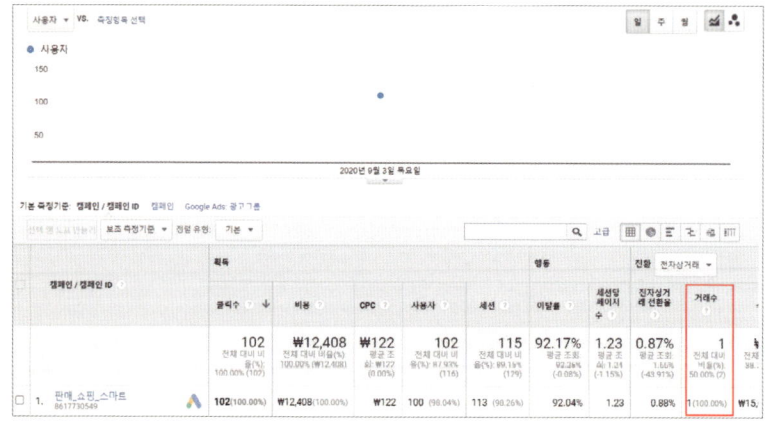

[그림 2.3_2] UA 구글 애즈 캠페인 분석

이렇게 구글 애즈 태그 대신 GA를 사용하는 이유를 알아보았으니, 이제 GA4로 전환을 정의해 보겠습니다.

GA의 측정 기본 단위가 UA는 페이지, GA4는 이벤트로 달라졌지만, 전환 측정 시점에는 GA4, UA의 차이가 없습니다. 쇼핑몰을 예로 들면 UA는 홈페이지, 상세 페이지, 장바구니 페이지, 주문서 작성 페이지, 주문 완료 페이지 단위로 조회가 몇 회 있었는지, 페이지에 머문 시간이 평균 몇 분인지 등을 자동으로 분석합니다. 아래 [그림 2.3_3]은 2020년 4월 한 달간 특정 페이지들을 분석한 결과로, UA에서 [행동] > [사이트 콘텐츠] > [모든 페이지]를 선택한 화면입니다. 분석 결과를 읽는 방법은 간단합니다. '5번 홈 카페 다이아몬드 얼음 트레이'의 2020년 4월 한 달간 페이지뷰 수는 259, 평균 페이지에 머문 시간은 2분 12초입니다.

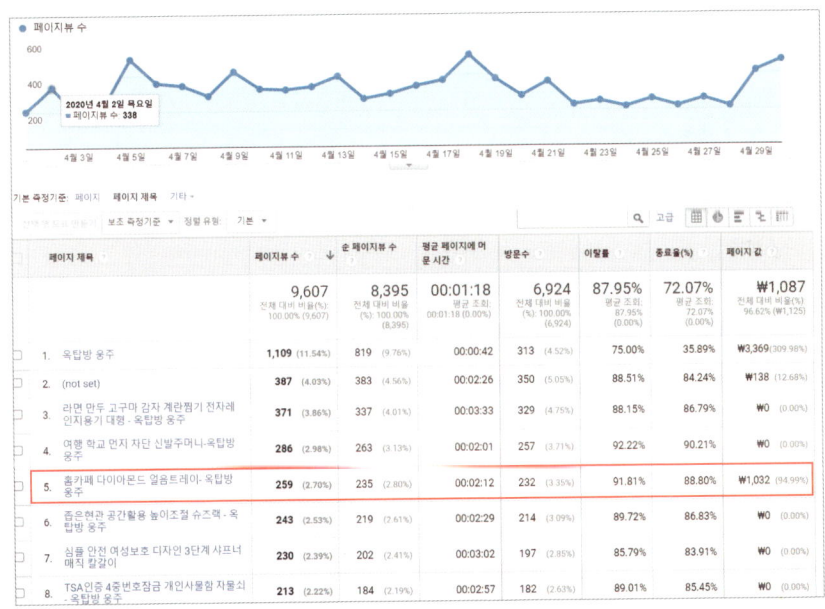

[그림 2.3_3] UA 페이지 단위 분석

그러면 이날 하루 이 쇼핑몰 상세 페이지 조회가 800회, 장바구니 조회가 40회, 주문서 작성이 20회, 주문 완료가 17회라고 할 때 이 쇼핑몰의 구글 광고 전환은 몇 회 일어났을까요? 모릅니다. 전환을 정의한 적이 없기 때문에 답을 제시할 수 없습니다. 상식적으로 보았을 땐 쇼핑몰에서 전환은 주문 완료, 즉 구매 전환입니다. 하지만 구글 광고 마케팅에서 구매 전환만 전환으로 정의하면 AI의 학습이 어려워질 수 있습니다('2.1.1 전환' 참조). 쇼핑몰의 주문량에 따라 전환을 여러 수준으로 정의해 주어야 합니다. 위 쇼핑몰의 월 주문 건수는 대략 510건(주문 완료 17×30일)이므로 주문 완료, 구매 전환만으로도 충분합니다(전환 학습에 필요한 최소 전환수는 이 책을 읽는 시점마다 다를 수 있으니 구글 애즈 고객센터에 문의해 주세요. AI 성능이 좋아질수록 필요한 데이터의 사이즈는 작아집니다).

위의 구매 전환을 GA4에서 만들어 보겠습니다. 주문 완료 페이지의 주소를 복사해 두겠습니다(복사한 주소는 [그림 2.3_11]에서 이벤트 페이지를 입력할 때 사용할 예정입니다).

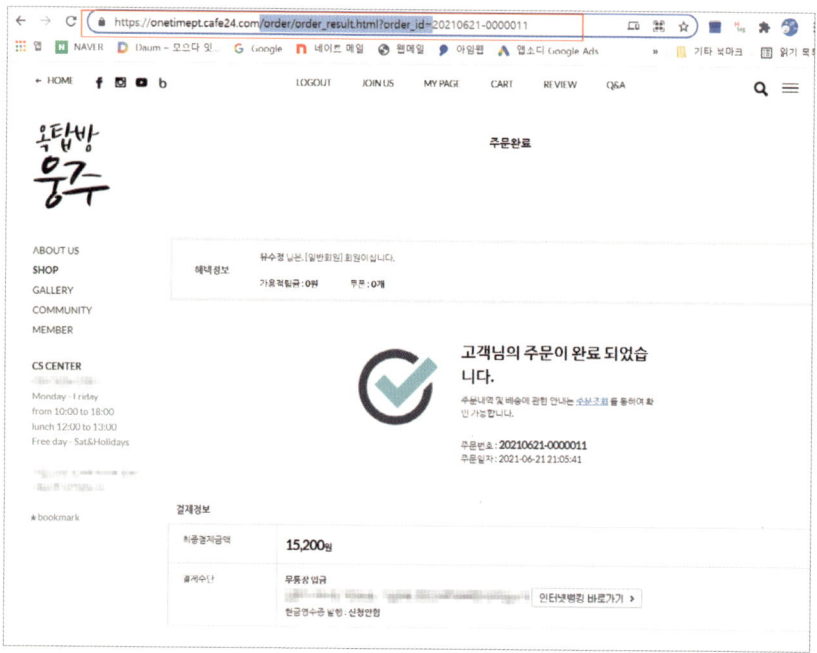

[그림 2.3_4] 쇼핑몰 주문 완료 페이지 주소 복사

2.3.1 이벤트와 전환 만들기

GA4에서 구글 애즈와 전환 데이터를 공유하는 영역은 전환이지만, 먼저 이벤트를 만든 후에 전환으로 설정해 보겠습니다.

먼저 GA4에 접속해 페이지 왼쪽 하단의 [관리] 〉 [이벤트]로 들어갑니다. 그 후 [이벤트 만들기]를 클릭하고 해당 데이터 스트림을 선택합니다.

[그림 2.3_5] GA4 이벤트 설정 ①

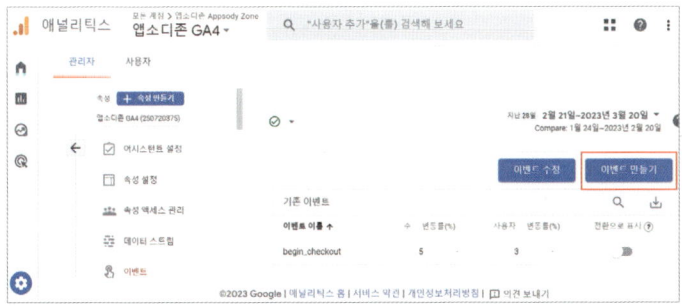

[그림 2.3_6] GA4 이벤트 설정 ②

[그림 2.3_7] GA4 이벤트 설정 ③

이벤트에서 [만들기]를 클릭하고 [그림 2.3_8]과 같이 이벤트 이름을 입력합니다. [조건 추가]를 클릭하여 [그림 2.3_9~10]과 같이 입력한 후 일치 조건의 첫째 줄은 x를 눌러 지우고 저장합니다.

[그림 2.3_8] GA4 이벤트 설정 ④

[그림 2.3_9] GA4 이벤트 설정 ⑤

[그림 2.3_10] GA4 이벤트 설정 ⑥

방금 이벤트를 만들었지만, 실제 이벤트가 발생할 때까지 이벤트 목록에서는 보이지 않습니다. 이벤트가 발생하여 이벤트 목록에서 확인이 되면 다음 그림과 같이 토글을 밀어 해당 이벤트를 전환으로 설정합니다.

[그림 2.3_11] 생성한 GA4 이벤트를 전환으로 설정

Chapter 02 _ 구글 광고를 시작하기 전에   63

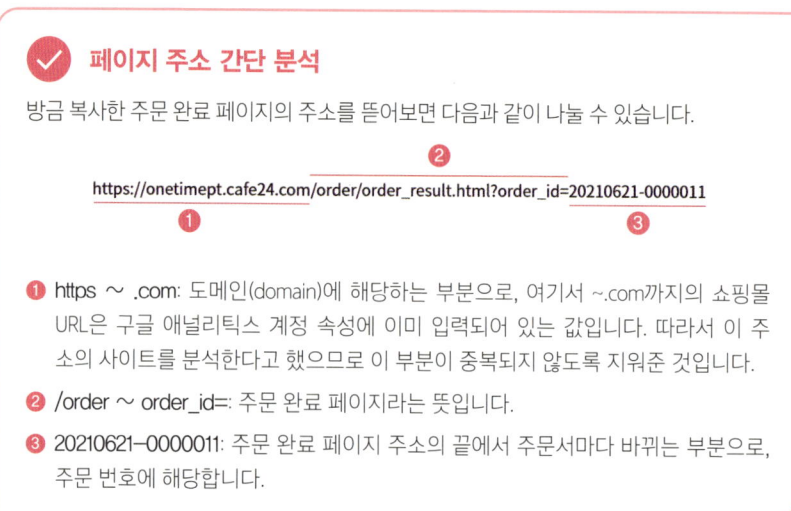

> ### ✅ 페이지 주소 간단 분석
>
> 방금 복사한 주문 완료 페이지의 주소를 뜯어보면 다음과 같이 나눌 수 있습니다.
>
> https://onetimept.cafe24.com/order/order_result.html?order_id=20210621-0000011
>
> ① https ~ .com: 도메인(domain)에 해당하는 부분으로, 여기서 ~.com까지의 쇼핑몰 URL은 구글 애널리틱스 계정 속성에 이미 입력되어 있는 값입니다. 따라서 이 주소의 사이트를 분석한다고 했으므로 이 부분이 중복되지 않도록 지워준 것입니다.
>
> ② /order ~ order_id=: 주문 완료 페이지라는 뜻입니다.
>
> ③ 20210621-0000011: 주문 완료 페이지 주소의 끝에서 주문서마다 바뀌는 부분으로, 주문 번호에 해당합니다.

위의 "페이지 주소 간단 분석"에서와 같이 계속 바뀌는 부분이 있으면 값에 이 부분을 제외한 URL인 https://onetimept.cafe24.com/order/order_result.html?order_id=만 입력하고 [포함]을 선택합니다.

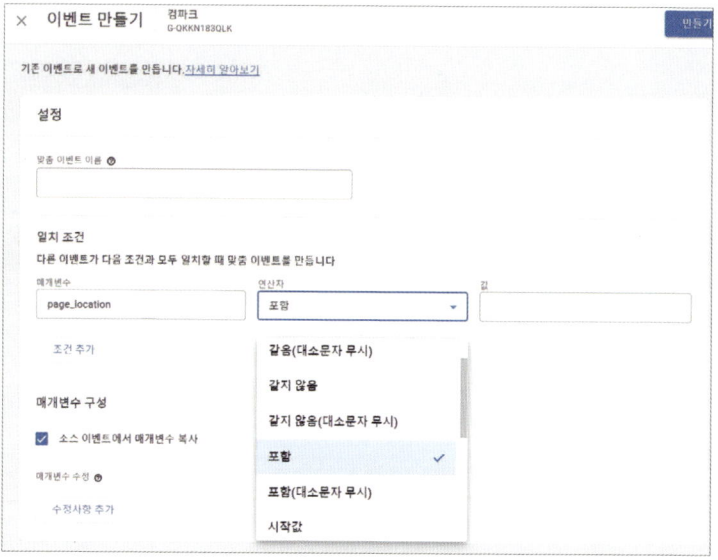

[그림 2.3_12] GA4 이벤트 설정 ⑦

이벤트를 설정하는 방법을 알았으니, 이벤트값 입력으로 넘어가 보겠습니다. 이벤트값 입력은 선택 사항이지만 이해를 돕기 위해 두 가지 예시를 들어 설명하겠습니다.

예시 1 내 사이트가 쇼핑몰이 아닌 경우

만약 내 사이트가 쇼핑몰이 아니라면, [그림 2.3_12]와 같이 전환값을 직접 입력할 수 있습니다. 예를 들어 사이트를 방문해서 상담 신청폼을 작성했을 경우, 상담 신청폼 페이지 주소로 이벤트 설정을 합니다(상담 신청폼 페이지가 쇼핑몰의 구매 전환과 동급은 아닙니다. 장바구니 정도가 되겠습니다). 상담 신청 연락처를 받고 상담 결과 예약 결제까지 도달했을 때 약 50만 원의 가치가 있다고 하면, 상담 신청폼의 예상 가치를 생각해서 50만 원보다 낮은 이벤트값을 입력하면 됩니다. 보통 5건 상담 문의마다 예약 결제가 이루어 진다면 50만 원의 1/5인 10만 원을 값으로 주면 되겠습니다.

예시 2 내 사이트가 쇼핑몰인 경우

내 사이트가 쇼핑몰이라면, 주문 상품마다 이벤트값이 달라야겠죠? 이럴 땐 '향상된 전자상거래'라는 기능을 추가로 세팅해야 합니다. 향상된 전자상거래 세팅을 하면 상품 단위별 측정까지 가능해지기 때문이죠. 예를 들어 상품 A의 가격이 2만원인데, 주문이 3건 들어왔다면 전환 가치를 6만원으로 자동 계산합니다. 이뿐만이 아닙니다. 요즘 쇼핑몰은 장바구니에 상품을 추가해도 장바구니 확인을 하지 않고 계속 쇼핑할 수 있죠. 이 경우에는 장바구니 페이지 조회가 일어나지 않습니다. 향상된 전자상거래 세팅을 해야만 장바구니에 담기만으로도 장바구니에 담긴 상품과 수량을 분석할 수 있습니다. 참고로 GA의 향상된 전자상거래는 절대적으로 개발자, 그것도 이 분야에서 숙련된 웹 개발자의 도움이 필요한 영역이니 도움을 빌려 세팅해 보세요.

리드 광고의 경우 Thank you 페이지 제작을 잊지 마세요!

쇼핑몰만큼 많이 게재하는 광고는 무엇이 있을까요? 아마 리드 광고가 아닐까 싶습니다. 리드 광고는 홈페이지와 별도로 광고 랜딩 페이지라고 하는 광고 도착 페이지를 별도로 제작하는 경우가 많습니다. 여기서 랜딩 페이지는 상담 신청을 받는 페이지(고객 정보 입력 페이지)만 제작하면 된다 생각하실 수 있는데, 상담 신청 완료 페이지 또한 제작이 필요합니다. 리드 광고의 전환 가치를 설정하려면 이 글을 참고해 ==상담 신청 완료 페이지 또한 필요함==을 알아 두시길 바랍니다.

왜 리드 광고에 신청 완료 페이지도 필요한지 인터넷 비즈니스의 교과서, 쇼핑몰을 예로 들어 설명하겠습니다. 쇼핑몰에서 [그림 2.3_4]와 같은 주문 완료 페이지는 필수입니다(주문 결제 후에 주문 성공했다는 스크립트 창 하나 딸랑 나오고 마는 쇼핑몰은 없습니다). 주문 완료 페이지는 보통 Thank you 페이지라고 하는데, 여기엔 주문 결제 후에 주문 성공했다는 정보뿐만 아니라 고객 편의를 위한 정보들이 들어갑니다. 그런데 이 페이지를 만드는 목적은 단순히 고객 편의, 서비스 품질뿐만일까요? Thank you 페이지는 측정과 분석이라는 기업의 목적 또한 수행합니다.

리드 광고의 랜딩 페이지에는 Thank you 페이지가 필요한 이유, 이제 아시겠나요? Thank you 페이지가 있으면 랜딩 페이지 따로 DB 사이트가 따로여도 DB 사이트는 전화 마케팅 실무 목적이 되고, Thank you 페이지는 DB 사이트에 접근 불가능한 AI의 조회자 학습을 가능케 합니다. 그러니 광고의 랜딩 페이지를 만들 때는 꼭 개발자에게 Thank you 페이지를 요구하세요. 개발자가 알아서 만들어주진 않습니다.

이제 GA에서 설정한 이벤트를 구글 애즈에서 불러 보겠습니다. [도구] 〉 [측정] 〉 [전환]으로 들어가서 [+새 전환 액션]을 클릭합니다.

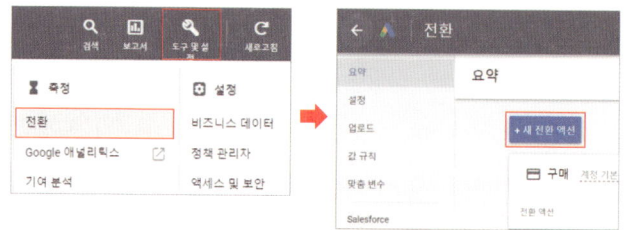

[그림 2.3_13] 구글 애즈 전환 설정하기

전환 유형 중 맨 오른쪽에 있는 [가져오기]를 선택합니다.

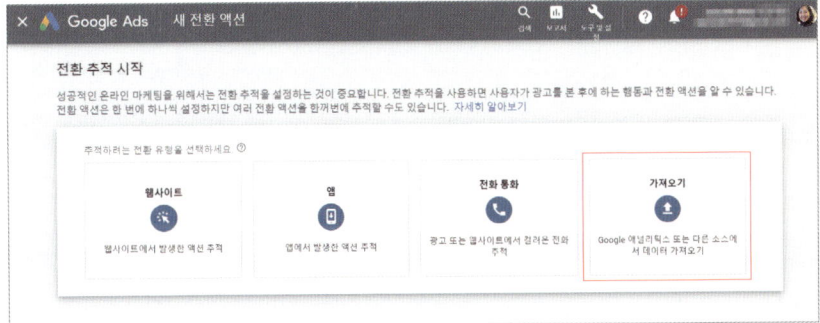

[그림 2.3_14] 구글 애즈로 전환 가져오기 ①

가져올 항목으로 [Google 애널리틱스 4(GA4) 속성] 〉 [웹]을 선택하고 [계속]을 클릭합니다.

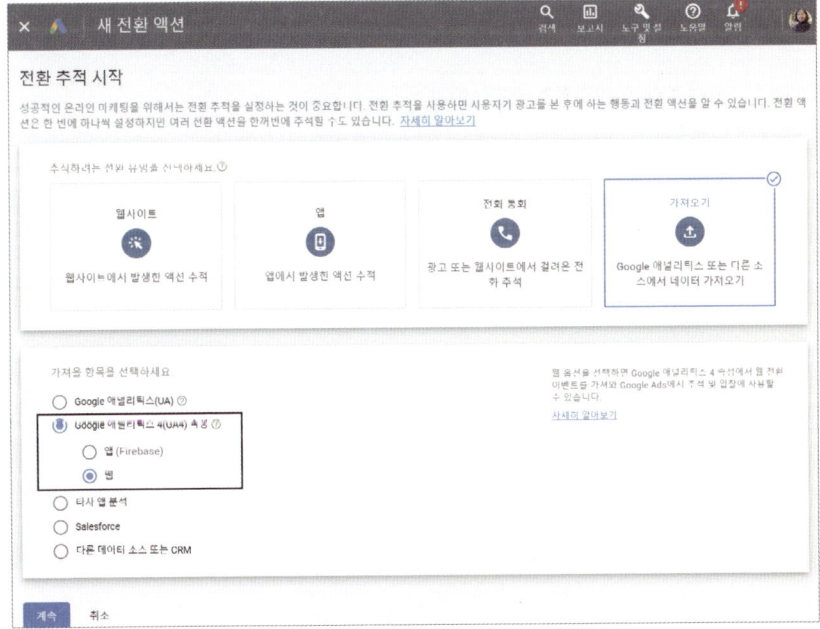

[그림 2.3_15] 구글 애즈로 전환 가져오기 ②

[그림 2.3_16]과 같이 방금 만든 '주문서 작성' 전환을 체크해서 가져옵니다. 전환을 체크하면 [가져오기 및 계속]이 활성화되고, 이를 클릭하면 [그림 2.3_17]과 같은 화면이 나옵니다. 이때 [완료]를 클릭합니다.

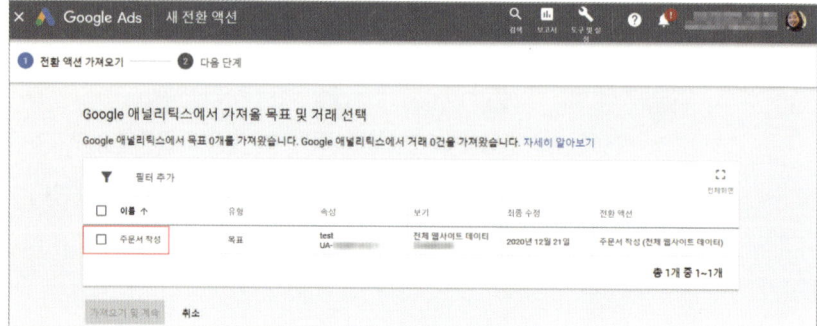

[그림 2.3_16] 구글 애즈로 전환 가져오기 ③

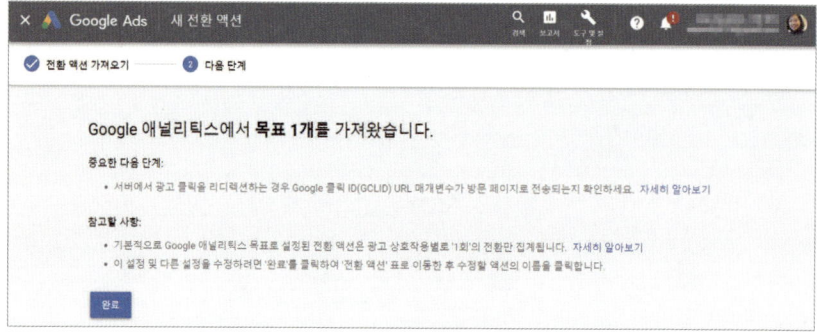

[그림 2.3_17] 구글 애즈로 전환 가져오기 ④

아래 [그림 2.3_18]은 GA에서 구글 애즈로 전환 액션을 가져온 모습입니다.
여기서 전환 액션의 체크박스를 선택하면 사용 설정과 삭제 옵션이 나옵니다
(그림 2.3_19). [삭제]를 선택하면 전환 액션이 비활성화(다시 활성화할 수 있음)
되고, [사용 설정]을 선택하면 활성화됩니다.

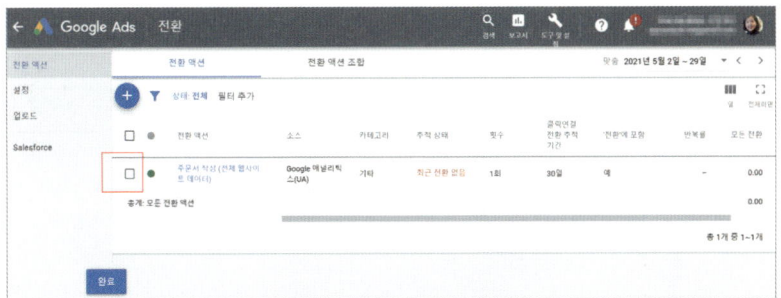

[그림 2.3_18] 구글 애즈 전환 사용 설정/삭제 ①

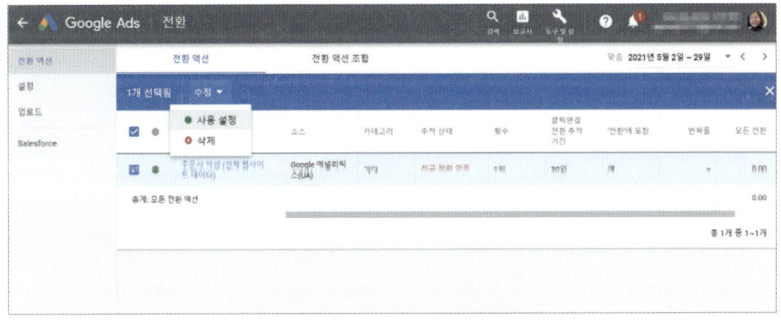

[그림 2.3_19] 구글 애즈 전환 사용 설정/삭제 ②

2.3.2 잠재고객 정의

이제 리마케팅 모수가 될 잠재고객을 정의해 보겠습니다. 전환 설정보다 훨씬
간단하니 힘을 내세요! GA 계정을 만들고 구글 애즈 계정을 연결했으면 묻지도
따지지도 말고 전환 설정과 잠재고객 정의를 해야 합니다. 만약 구글 애즈 광고
를 시작해서 사이트 방문이 일어나는데, 광고로 인한 사이트 유입 후 성과 측정

이 안 된다면? 인터넷 광고에서 이것은 사고입니다. 성과 측정 준비 후에 광고를 게재하는 것이 순서입니다. 또한 GA에서는 잠재고객 소급이 안 됩니다. 그렇기 때문에 GA 계정을 만들고 추적코드 삽입 후 제일 먼저 해야 하는 게 잠재고객 정의라고 할 수 있습니다.

GA의 왼쪽 하단 메뉴에서 볼트 모양의 [관리]를 클릭한 후, [관리자]의 가운데 속성 하단에서 [잠재고객 정의] > [잠재고객]을 선택합니다.

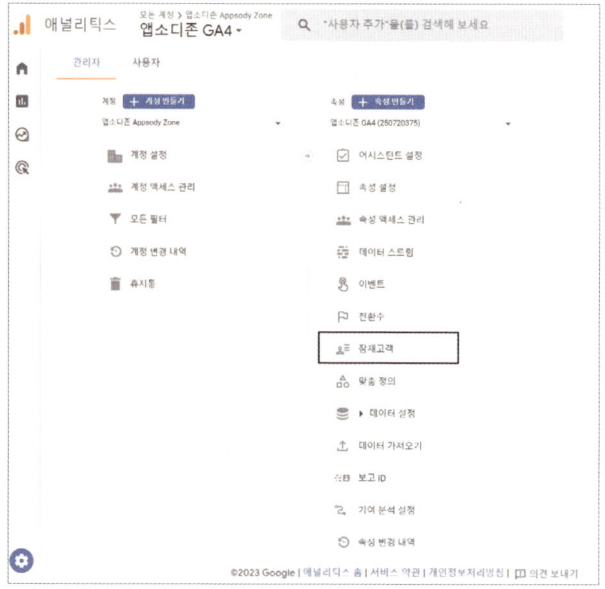

[그림 2.3_20] GA 잠재고객 정의 ①

GA4에서는 기본적으로 가입 기간 30일의 잠재고객이 자동으로 생성됩니다.

[그림 2.3_21] GA 잠재고객 정의 ②

 잠재고객 가입 기간 이해하기

'가입 기간 30'이란 방문자 정보를 30일 동안 저장한다는 뜻으로, 오늘(방문일)로부터 30일 동안은 식별 가능한 모든 방문자 정보를 잠재고객으로 수집하다가 31일째 되는 날에는 오늘 날짜의 방문자 정보들이 삭제됩니다.

맞춤 잠재고객을 만들어 보겠습니다. 앞의 [그림 2.3_21]에서 파란색 [새 잠재고객]을 클릭한 후 [최근에 활동한 사용자]를 선택합니다.

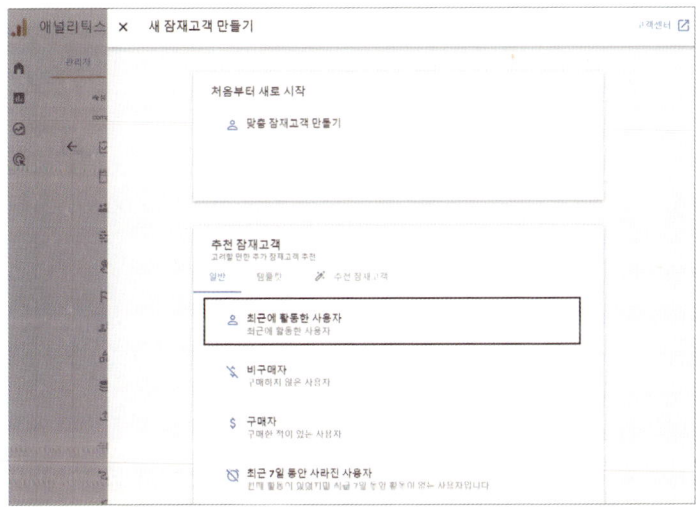

[그림 2.3_22] GA 잠재고객 정의 ③

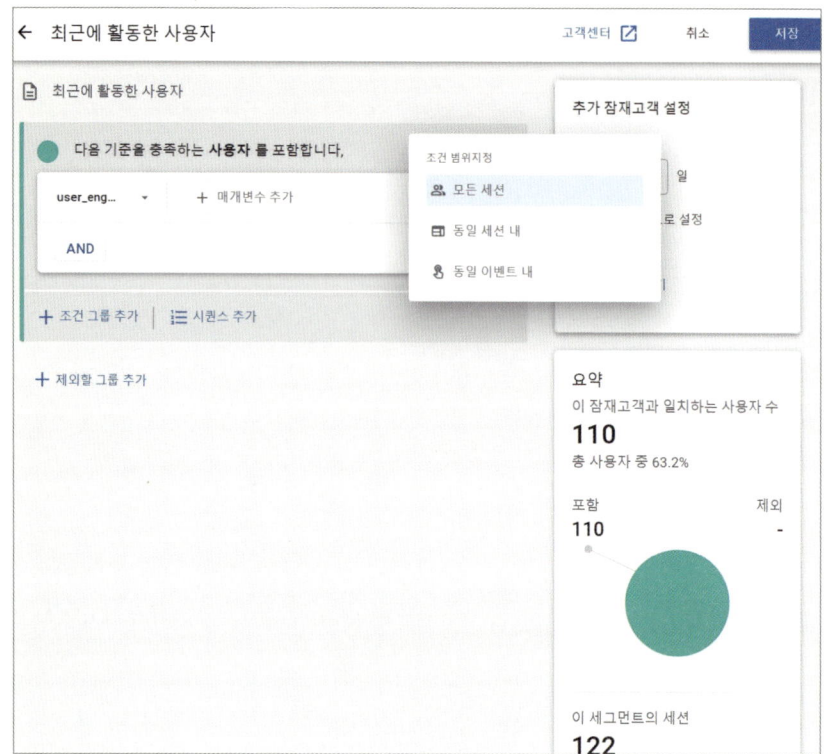

[그림 2.3_23] GA 잠재고객 정의 ④

가입 기간은 최장 540일까지 가능하지만, 첫 번째 잠재고객은 가입 기간 30일의 모든 사용자로만 만들어져서 나에게 딱 맞는 잠재고객은 추가로 정의해 주어야 합니다. 예를 들면 저관여 상품은 리마케팅의 의미 자체가 없겠지만, 결혼 서비스 같은 고관여 서비스는 프로포즈부터 상견례, 예식장 예약 전까지 약 3~6개월 정도 리마케팅할 필요가 있을 것입니다. 내 서비스의 인지, 탐색에서 전환까지의 기간을 생각해서 잠재고객을 추가 정의해 보세요.

이 책에서는 가입 기간 90일의 활동 사용자를 두 번째 잠재고객으로 한다고 하고 잠재고객을 추가해 보았습니다. 잠재고객을 추가할 때 화면 하단에서 잠재고객 수를 알 수 있습니다. 이 사이즈를 참고하여 광고 마케팅에 유의미한 잠재고객 확보가 가능한지 확인하고, 마케팅 계획을 세우세요.

[그림 2.3_24] GA 잠재고객 정의 ⑤

잠재고객을 성별, 연령, 유입 경로, 특정 페이지 조회 등의 조건으로 세분화해서 수집할 수 있는 창이 있습니다. 다만 앞에서 언급했듯 이 책에서는 가입 기간을 기준으로 정의했기 때문에 이 창을 열 필요가 없기도 했지만, 잠재고객을 세분화할 때는 유의미한 사이즈인지를 꼭 확인하세요.

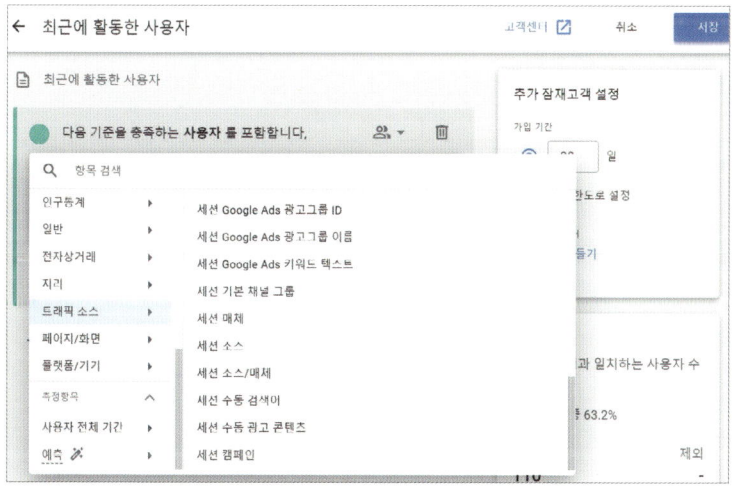

[그림 2.3_25] GA 잠재고객 정의 ⑥

> **구글 애즈 활용 외의 GA 지식이 필요한 분을 위한 안내**
>
> 여러분! 이 책은 구글 애즈에 관한 책입니다. GA는 구글 애즈 활용도를 높이는 데 필요한 최소 수준만 다룰 것입니다. 구글 애즈가 어려워서 이 책을 읽고 계시겠지만 구글 애즈 보다 GA가 훨씬 어렵고 광범위 합니다. 위 수준 이상의 GA 활용이 필요하시다면 따로 공부하시기 바랍니다.*
>
> 그리고 GA를 공부해서 잠재고객을 여러 가지로 정의해도 그 사이즈가 월 1,000 이하면 구글 애즈에서 무용지물이나 다름없다는 것만 알아두세요. ==잠재고객 세분화보다는 사이즈를 만드는 것이 우선입니다. 구글 애즈 AI 광고의 양대축은 머신러닝과 사이즈이기 때문이죠.== 구글 애즈 AI 광고에서 이 두 조건을 무시하고 열심히 하는 건, 오답노트에 오답만 열심히 적는 것과 같습니다.

잠재고객은 전환처럼 구글 애즈에서 불러오지 않아도 자동으로 연동됩니다. 구글 애즈의 [도구] > [잠재고객]에서 확인하세요.

> 전환과 잠재고객 정의를 한 번에 완벽하게 하려고 하지 마세요. AI의 머신러닝을 극대화하기 위해 전환과 잠재고객을 재정의해야 할 때가 올 수도 있습니다. 이 과정은 비단 처음의 정의가 틀려서 바로 잡는 것은 아니므로, 왜 진작에 그렇게 하지 않았는지 담당자나 대행사를 섣불리 추궁하지는 않길 바랍니다. **전환과 잠재고객 재정의는 사람이 살이 찌거나 빠져서 옷 치수를 변경하는 것과 같습니다.**

---

* 편집자주: 구글 애널리틱스 4 실전 노하우를 알고 싶다면, 자사 도서 "구글 애널리틱스 4 실전 활용법"을 추천합니다. 구글 애널리틱스 4 기초 내용부터 실무에서 경험하지 않으면 알기 어려운 실전 지식과 팁까지 한 권에 담았습니다.

2.4 끝없는 밀당, 구글 애즈의 독특한 과금 정책

 '무엇을 하는가' 보다 '무엇을 하지 않는 것'이 더 중요할 수 있습니다. AI의 머신러닝이 그렇습니다. 머신러닝에 가장 중요한 광고 예산과 과금 정책을 알아봅니다.

> **Q** 구글 애즈가 고장난 것 같아요!
> **A** 네?
> **Q** 갑자기 멈췄어요. 광고가 안 나가요. 전 아무것도 안 만졌는데요!
> (급확인 중)
> **A** 최근에 예산을 초과한 날이 좀 있네요. 고장난 게 아닙니다. 내일은 다시 작동할 테니 걱정 마세요.

일 예산 10만원으로 광고를 만들었더니, 첫날 1시간 만에 50만원을 쓰고 끝났다?! 구글 애즈를 처음할 때 과금 때문에 화들짝 놀란 경험이 있나요? 감당이 안 되겠다 싶어서 꺼버리기도 하셨을 테고, 예산이 적은가 하고 예산을 늘려도 보셨을 겁니다.

많은 초보 광고주의 구글 광고 경험을 하루 만에 끝내버리거나 산으로 보내버리는 구글 애즈의 치명적인 과금 정책을 알아봅니다. 구글 애즈의 광고비는 1일 기준 일 예산의 2배, 30일 기준 30.4배까지 청구됩니다. 이렇게 구글 애즈의 과금 정책이 2중인 이유를 먼저 말씀 드리자면 머신러닝 때문입니다.

구글 애즈의 머신러닝 학습 기간은 2~4주입니다. 이 기간에는 가급적 광고 수정을 하면 안 됩니다. 광고 소재나 타깃팅보다 예산, 입찰, CPA 같은 돈에 관련한 수정이 천 만배 치명적이니 각별히 주의해야 합니다. 그래서 저는 머신러닝이 충분히 된 시점인지, 수정을 해도 되는 타이밍인지 아닌지를 쉽게 알 수 있도록 캠페인 이름에 생성 또는 수정 날짜를 기입합니다. 캠페인 이름, 광고 그룹 이름의 수정은 머신러닝에 영향을 주지 않으니 수시로 변경해도 괜찮습니다. 그리고 광고 소재, 타깃팅류의 수정은 돈에 관련한 것만큼 치명타는 아니지만 오늘 하나 고치고, 내일 하나 고치고 이렇게 매일 뭔가를 수정하는 건 구글 애즈에서 최악의 광고 관리 습관입니다. 광고를 수정하는 것은 그날부터 다시 광고를 다시 시작하는 것과 같기 때문입니다. 그러니 웬만하면 모았다가 한 번에 바꾸세요.

보통 구글 애즈 광고는 단순하게 CPC로만 보면 처음 1주일이 가장 드라마틱합니다. [그림 2.4_1]의 예를 보자면, 일주일 동안의 평균 CPC가 423원인데 첫날 CPC는 무려 2,289입니다. 3일째에 빠르게 CPC가 안정되었는데, 머신러닝이 CPC 최적화에만 영향을 주는 것은 아닙니다. 클릭수와 노출수가 지속적으로 상향하는 것으로 보아 아직 머신러닝이 진행 중임을 알 수 있죠.

[그림 2.4_1] 머신러닝 1주일

1일 기준 일 예산의 2배까지 정상 과금이란 이런 말입니다. [그림 2.4_1]에서는 일 예산의 사이즈는 알 수 없지만, 일 예산이 2만원이었다고 가정해 봅니다. 2만의 2배인 4만원까지 과금을 하겠다는 말입니다. 그런데 첫날 CPC는 2,289원에 클릭수는 25개 났으니 총 57,225원을 사용한 것입니다. 정상 과금 범위인 4만원에서 17,225원을 초과했죠? 이 초과분은 구글 애즈가 부담하는 금액입니다. 따라서 17,225원만큼 공짜 광고를 한 것입니다. 만약 그날 57,225원이 아니라 10만원을 사용했다면 과금 범위(일 예산 2만원)의 2배인 4만원을 제외한 6만원을 공짜 광고한 것입니다.

그런데 말입니다. 구글 애즈의 또 다른 과금 정책으로, 30일 기준으로는 일 예산의 30.4배까지 과금한다고 했습니다. 거의 일 예산에 맞춰 쓰겠다는 말인데요. 일 예산의 2배, 즉 이틀치를 하루에 써버린 날이 있는데, 30일 동안 예산을 맞추려면 예산 소진이 전혀 없는 날도 있어야겠죠? 이러한 이유로 예산을 폭주해서 사용한 날이 있으면, 아예 노출이 0인 날이 나오거나 며칠간 예산을 완전 소진하지 않고 조금씩 일부만 소진하거나 하는 현상이 발생합니다.

제가 경험한 광고주 중에는 이런 어뷰징 아이디어를 낸 광고주가 있었습니다. [그림 2.4_2]에서와 같이 일 예산 90만원의 광고 첫날 7배를 폭주해서 무려 6,356,789원을 썼습니다. 사전 지식이 없었다면 망했다 했겠죠? 그런데 180만원까지가 과금 범위이고 4,556,789원을 공짜 광고했다고 생각하니 이것이 너무 달콤했던 나머지, 광고주가 구글 애즈 과금 정책 어뷰징 아이디어를 내기에 이르셨습니다. 저에게 90만원 예산을 20만원씩 나눠서 새 캠페인을 매일 하나씩 만들면 어떻겠냐고 물어오신 겁니다. 일 예산이 2만원, 4만원일 때는 나오기 힘든 아이디어입니다.

결론만 말씀드리면, 첫날의 CPC는 706원이었고 머신러닝이 완료된 후 CPC는 50원이었습니다. 4,556,789원어치 공짜 광고 해봤자 CPC가 706원이면 클릭수는 6,454입니다. 머신러닝을 시켜서 90만원으로 CPC 50원에 클릭수 18,000이 원래 광고하려던 이유 아니겠습니까? 머신러닝이 이렇게 중요합니다. 예산을 나눠서 같은 광고를 중복 운영하는 건 내 광고끼리 입찰 경쟁을 해서 효율이 나쁩니다. 그리고 AI 학습을 할 때는 예산 사이즈도 클수록 좋습니다. 그렇기에 예산을 쪼개는 과금 정책 어뷰징 아이디어는 삼진아웃입니다!

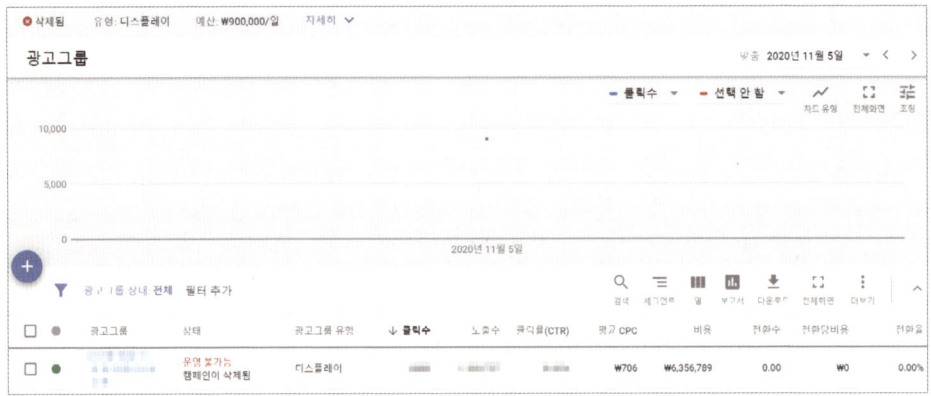

[그림 2.4_2] 실제 과금은 얼마?

> **균일한 광고비 지출이 꼭 필요한 경우**라면 캠페인 생성 시, 시작과 종료일이 있는 캠페인을 만드세요. 1일에 시작해서 30일에 종료하는 캠페인의 예산을 30만원으로 하면 꽤 규칙적으로 하루 1만원씩 소진합니다. 다만 특별한 이유가 없다면 시작과 종료일이 있는 캠페인은 추천하지 않습니다. 왜 그런지는 3.2절 끝에서 다루겠습니다.

Chapter 03

광고를 네이버로 배운 사람 필독

한국 사람에게는 네이버 광고가 표준입니다. 그런데 인공지능 광고인 구글 애즈는 네이버 광고와 달라도 너무 달라서 어렵습니다. 네이버 광고의 방식으로는 절대 구글 광고를 이해할 수 없습니다. 잘하고 못하고를 떠나서 다름을 아는 것부터가 구글 광고의 시작입니다.

3.1 내 광고의 자리는 어디인가?
3.2 물 들어온다 노를 저어라, 못 말리는 인공지능
3.3 키워드와 검색어가 달라?
3.4 잠재고객 타깃팅은 처음이지?

3.1 내 광고의 자리는 어디인가?

 이 절에서는 단순히 광고 노출 위치에 관한 것만이 아니라 구글 애즈의 작동 원리 또한 이야기해 봅니다. 구글 애즈는 네이버, 페이스북과는 다른 작동 원리를 가지므로, 원리를 잘 이해하지 못하면 절대 구글 광고를 잘 할 수 없습니다. 로마에서는 로마법을 따르라는 말이 있듯이, 구글 광고는 구글 애즈에 맞는 방식을 익혀 운영해야 합니다.

Q 부동산 광고가 이상한 데로만 나가서 문의 전화가 1통도 없어요.

A 광고가 이상한 데로 나가는 게 아닙니다. 최근에 관련 부동산을 검색했던 사람들과 관련 유튜브 영상을 조회하는 사람들을 타깃팅했습니다. 그런 사람들이라고 하루 24시간 부동산 관련 사이트만 찾아다니지는 않기 때문에 그 사람들이 이용하는 다른 여러 사이트에서 광고가 노출되는 것입니다. 지적인 사람을 타깃팅한다고 학술, 학습 관련 사이트에만 광고가 노출되는 것은 아닙니다. 지적인 사람도 웹툰도 보고, 쇼핑도 하고, 커뮤니티도 이용합니다. 때문에 광고가 여기저기 나가는 것처럼 보일 뿐이지 아무 데나 나가는 것은 아닙니다.

Q (마지못해) 네, 알겠습니다.

(얼마 후)

Q 광고가 유튜브 키즈채널에서 제일 많이 클릭이 됩니다. 이러니 전화가 1통도 없지요.

A (한숨) 정 원하신다면 키워드 타깃팅으로 바꿔 드리겠습니다. 관련 키워드 사이트나 콘텐츠에만 광고가 게재될 겁니다. 키워드 타깃팅은 CPC가 상승할 수 있습니다.

요즘은 좀 덜하지만 2018, 2019년에는 구글 광고 배너가 어디 노출되는지 알려 달라는 요구가 많았습니다. 구글 광고는 GDN(Google Display Network)에 노출되며, 구글이 자체 운영하는 서비스 사이트와 구글과 제휴를 맺은 사이트에 광고를 게재합니다. 이 네트워크 규모가 커서 인터넷상에서 구글 광고가 노출되는 위치를 찾는 것보단 구글 광고가 나오지 않는 서비스 사이트(자사 광고를 파느라 구글 광고를 싣지 않는 네이버, 카카오 같은 곳)를 꼽는 게 더 쉬울 겁니다.

 디스플레이 광고 = GDN 광고?

디스플레이 광고를 GDN 광고라고 부르는 경우가 많은데, 이것은 적절하지 않습니다. 동영상 광고도 GDN에 노출됩니다. GDN을 특정 광고의 종류로 호칭하는 것은 바람직하지 않습니다.

네이버, 카카오의 배너 광고는 자리가 딱 정해져 있어서 자리 값으로 거래를 합니다. 그런데 구글 광고는 개념이 좀 다릅니다. 노출 영역이 정해져 있는 검색 광고에서조차 순서가 들쭉날쭉할 뿐더러 광고 예산이 남아 있는데도 불구하고 노출이 안 될 때도 있습니다. 결론부터 얘기하면 **구글 광고에서는 '내 광고의 자리가 어디인가'보다 '내 광고를 누가 보는가'에 초점을 맞추는 것이 바람직합니다.**

구글 애즈에도 게재위치 타깃팅이 있지만, 네이버나 카카오 배너 광고 같은 게재위치에 대한 효율을 기대하기 어렵습니다. 왜 그런지 다음의 사례를 들어 설명하겠습니다.

다음의 광고는 정부지원사업 예산으로 한시적으로 운영했던 디스플레이 광고입니다(그림 3.1_1, 그림 3.1_2 참조). 지원사업 예산을 모두 소진한 후에는 잔액 부족으로 수개월 동안 정지된 상태입니다. 두 그림에서 보시는 바와 같이 구글 애즈(그림 3.1_1)와 GA(그림 3.1_2)에서의 데이터 그래프가 거의 일치합니다. (이 와중에 머신러닝으로 인해 전환수(빨간선)가 상승된 것을 보십시오!)

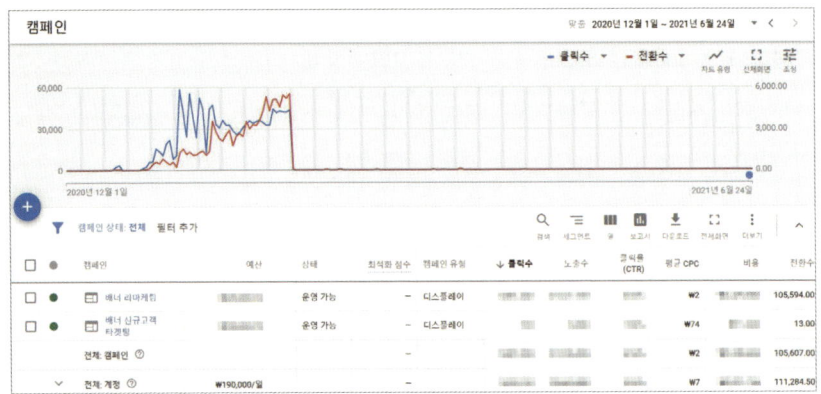

[그림 3.1_1] 디스플레이 광고 분석 – 구글 애즈

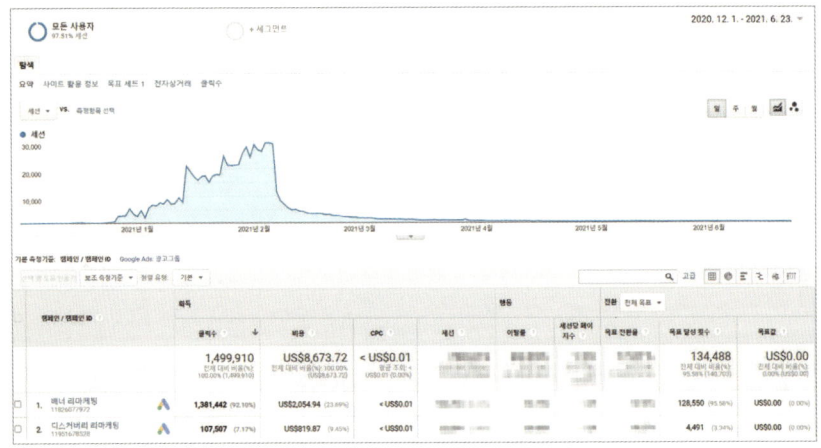

[그림 3.1_2] 디스플레이 광고 분석 – GA

그런데 [그림 3.1_2]의 2021년 2월 이후의 그래프를 보면, GA에서는 구글 광고로 인한 유입과 전환이 작지만 여전히 발생합니다. 광고주는 광고비를 1원도 태우고 있지 않은데 말이죠. 다음 그림도 살펴보겠습니다. [그림 3.1_3]은 광고가 중단된 지 한참 지난 [그림 3.1_2]의 마지막 30일 GA 데이터입니다.

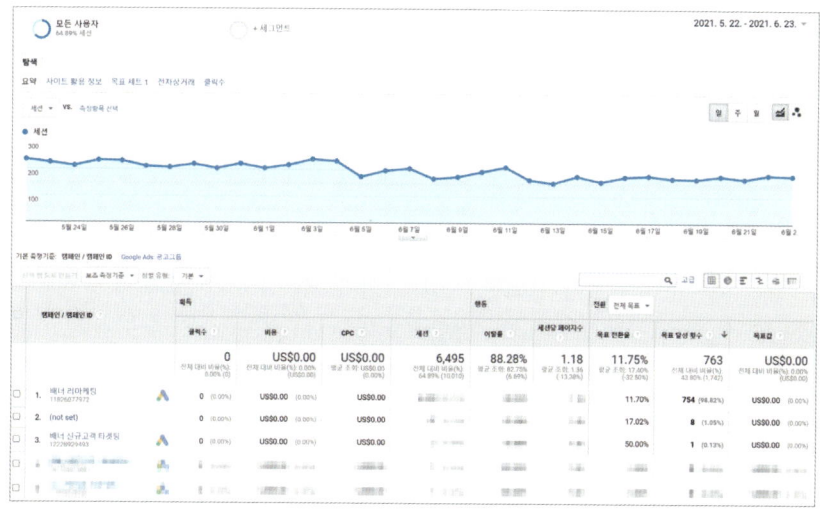

[그림 3.1_3] 디스플레이 광고 분석 - GA (마지막 30일)

CPC에 대한 데이터는 전혀 없는데 클릭 전환 데이터는 나옵니다(사실 이런 현상은 아주 흔합니다). GDN 어디에선가는 계속 노출하고 있는 것이죠. 어떻게 된 일일까요? 굳이 오프라인에서 이와 유사한 예를 들자면 지하철이나 고속도로 광고에 기존 광고주 계약 만료 후 신규 광고주를 유치하지 못했을 때 그 지면에 기존 광고주가 무임 승차하는 것과 같은 이치가 아닐까 합니다. 광고 자리를 비워 두느니... 광고를 정지시킨 후에도 계속 노출되는 자리는 분명 모두가 탐내는 경쟁이 심한 자리는 아닐 것입니다. 입찰이 빈번하고 경쟁이 치열한 자리에 오래된 쿠키가 자리를 지키긴 어려울 테니까요.

다시 말해, 광고 중단 후에도 계속 노출 유입이 일어나는 게재위치가 소위 광고 노른자 자리는 아닐 것입니다. 좋은 자리여서 전환이 일어난 게 아니라는 거죠. 어디에서건 월 700 이상의 전환 사이즈가 나온다는 것은 광고에서 이 서비스를 필요로 하는 사람들을 제대로 타깃팅했기 때문입니다. 더불어 구글 애즈의 게재위치 컨트롤이 100% 완벽하지 않다는 방증이기도 합니다. GDN은 그만큼 방대하고, 애초에 구글 소유도 아니니까요.

어디에 노출되는지와 누가 보는지, 둘 중 어느 쪽이 더 중요한지 감이 오나요? 광고를 누가 어디에서 보는가는 중요하니까 예시를 들어 중요한 점을 한 번 더 강조하겠습니다.

어떤 회사가 새로운 구글 광고 솔루션을 개발해서 광고를 하려고 합니다. 구글 광고의 어려움을 획기적으로 줄여주는 서비스를 동영상으로 알리고 싶습니다. 구글 애즈와 구글 애널리틱스 사이트 접속이 빈번하고, 구글 애즈와 구글 애널리틱스의 헤비 유저Heavy user들을 타깃팅하려고 합니다. 그렇다고 하면, 이 책을 저술하고 있는 제가 타깃이 되겠군요! 자, 저는 이 영상 광고를 어떤 채널에서 만나기 쉬울까요? 저는 유튜브에서 고양이 영상을 제일 많이 봅니다. 따라서 90% 이상의 확률로 고양이 채널에서 이 회사의 광고를 만날 것입니다. 저는 구글 애즈 관련 유튜브 채널을 운영하지만 구글 광고, 네이버 광고, 페이스북 광고 관련 다른 채널 영상은 거의 시청하지 않기 때문에 구글 광고, 네이버 광고, 페이스북 광고 관련 다른 채널에서 저를 아무리 기다려 봐야 저는 이 영상 광고를 그곳에서 볼 일이 없습니다.

우연히 제가 네이버나 페이스북 광고 관련 채널 영상을 한번 봤다고 해도 이 회사 광고가 저에게 노출된다는 보장도 없습니다. 다른 광고와의 입찰 경쟁에서 이 회사 광고가 질 수도 있기 때문입니다. 광고 노출수보다 광고 입찰수가 훨씬 많을 텐데, 한두 번 입찰 실패가 무슨 대수겠습니까! 광고 입찰마다 성공하려면 경쟁 광고를 모두 따돌릴 수 있을 만큼 광고 예산을 엄청나게 써야 합니다. 특정 자리는 수적으로나 입찰가가 거의 정해져 있지만 잠재고객을 따라다니다 보면 훨씬 더 다양한 곳에서 저렴한 입찰가로 노출 기회를 더 많이 가질 수 있습니다. 이제 구글 광고에서 어디냐와 누구냐 중 어떤 전략을 써야할지 명백히 보이나요? 게재위치보다는 잠재고객을 타깃팅하는 전략을 써야 합니다.

네이버, 카카오, 페이스북은 자사 사이트에 체류하는 동안에만 사용자 정보를 알 수 있습니다. 네이버는 사용자가 네이버에서는 어떤 웹툰을 보고, 무엇을 네이버 쇼핑으로 사고, 어떤 네이버 뉴스를 보는지 등은 잘 알겠지만 네이버를 이탈하고 어디로 가서 무엇을 하는지는 모릅니다. 하지만 구글은 크롬이라는 브라우저로 그 사용자가 네이버 다음에 어디로 가서 무엇을 하는지도 다 압니다. 어떤 은행을 거래하는지, 어디서 주로 쇼핑하는지 등. 구글이 사용자 정보를 알 수 있는 방법은 크롬 브라우저뿐이 아닙니다. 플레이 스토어, 지메일, 유튜브 등 구글이 소유한 거대 플랫폼만도 한 둘이 아닙니다. 그래서 '2.2 게임처럼 구글 광고 동맹 맺기, 연결된 계정'이 구글 광고를 시작하기 전에 들어갔던 것입니다. 이렇게 알게 된 사용자 정보를 구글 애즈라는 광고 플랫폼에서 잠재고객이라는 이름으로 제공하는데, 왜 광고 배너나 광고 동영상이 나오는 자리만 보나요?

그런데 잠재고객을 타깃팅할 때 특히 동영상 광고에서 참 계륵 같은 게재위치가 있기는 합니다. 바로 키즈채널입니다. 30대 전후의 연령대를 타깃팅했을 때 키즈채널에서 노출과 클릭이 많습니다. 왜 그런지는 상상이 가지요? 아이들은 휴대폰이 없으니까 엄마, 아빠 휴대폰을 이용하는 시간이 많아서 일 겁니다. "키즈채널을 다 골라서 제외 게재위치로 보낼까요" 하고 묻는 광고주들이 많은데, 저는 그러지 마시라고 합니다. 일일이 제외해 봐야 끝도 없이 또 다른 키즈채널로 나갈 테니까요. 그래서 저는 로스(loss) 없는 광고는 없으니 에너지를 이런 데에 낭비하지 말고 더 생산적인 일에 쏟으시라고 말합니다.

"로스(loss) 없는 광고는 없다"라는 말이 쉽게 납득되지 않는다면 이런 상황을 한번 떠올려 보세요. 아파트 단지에 피자 전단지를 돌릴 때 전단지 알바에게 피자를 시킬 집에만 붙이도록 하나요? 아닙니다. 피자 주문을 많이 받으려면 최대한 많은 전단지를 돌리는 것이 중요하지 않겠습니까?

인터넷 광고, AI 광고여서 전통 매체 광고보다 대략 30~40%의 로스(loss)를 줄일 수 있고 그 30~40%를 측정하고 학습하여 성과를 개선할 수 있는 것입니다. 기술적으로 가능한 것이 모두에게 항상 가능한 것은 아닙니다. 예나 지금이나 로스(loss) 없는 광고는 없습니다.

광고 성과를 올리는 핵심은 노출입니다. 그리고 인터넷 광고는 클릭당 과금이 된다는 점에서 광고비를 효율적으로 쓸 수 있습니다. 클릭을 해야 돈이 들어간다, 바꿔 말하자면 노출이 되었어도 클릭하지 않으면 돈이 나가지 않는다는 것이죠. 돈 안 드는 노출이 많아지면 클릭률이 떨어지게 됩니다. 클릭률이 떨어지는 건 안 좋은 게 아니냐고요? 네이버 광고처럼 노출 위치가 한정되어 있어서 자리값이 비쌀 때는 클릭률이 낮으면 문제가 됩니다. 그렇지만 방대한 디스플레이 네트워크를 구축한 구글 광고에서의 노출은 이와 전혀 다른 차원이라서 노출이 많으면 클릭률이 떨어지는 게 당연합니다. 클릭수가 같다는 전제 하에 다음의 경우를 한번 생각해 볼까요?

노출이 적고 클릭률은 높은 광고 VS 노출이 많고 클릭률은 낮은 광고

여러분이라면 어떤 광고를 하실 건가요? 혹시 전자를 고르셨나요? 그렇다면 높은 클릭률이라는 다소 구시대적인 함정에 빠져 클릭수가 같다는 전제를 간과하신 겁니다. 세상에 로스(loss) 없는 광고는 없으며, 광고는 노출이고 노출은 많을수록 좋습니다.

> 앞의 Q&A의 이슈는 타깃팅과 게재위치 같지만, 사실 진짜 문제는 전환입니다. 전환이 많았다면 광고주는 지금 타깃팅이 딱 좋다고, 광고 게재위치도 딱 좋다고 했을 겁니다. 진짜 불만은 따로 있는데 다른 이슈로 클레임을 거는 경우는 광고 대행뿐 아니라 모든 서비스에서 흔히 있는 일입니다. 게재위치가 어디이긴, 광고 타깃팅이 어떻든 간에 광

고 클릭수가 매일 100 이상인데 전환이 없다면 그것은 더 이상 광고의 문제가 아닙니다. 광고의 역할은 사이트 유입까지입니다. 100명 유입 비용을 줄이겠다면 그건 광고단에서 노력해야 하는 문제이지만, 사이트 유입 후의 전환 여부는 전적으로 사이트(상품 혹은 서비스)의 품질 문제입니다. 광고 게재위치 하나하나 확인할 시간에 사이트 개선 노력을 해서 전환율 1~2% 정도는 이끌어내는 것, 찾아온 고객을 놓지지 않는 것은 광고주가 해야 하는 일입니다. 전환율이 0에 수렴되는 서비스 사이트는 어떤 광고도 소용없습니다. 이와 관련해서는 '7.2 0과 1, 광고가 할 수 있는 것과 없는 것'에서 집중적으로 이야기해 보겠습니다.

결국 Q&A의 광고주는 원하는 대로 타깃팅을 수정했습니다. 원하는 전환이 나왔을까요? 애초에 타깃팅 문제가 아니었기 때문에 그렇지 않았습니다. 더 이상 타깃팅 탓을 할 수 없게 된 광고주는 광고비를 충전하지 않는 것으로 광고를 조용히 종료했습니다. 지금 이 글을 읽는 상당수가 지금 이 순간은 100% 이해한 듯해도 1년 후에는 광고가 게재된 위치를 보면서 Q&A의 광고주처럼 '광고 성능이 떨어지는 이유가 여기 있었구나! 이거네 이거' 하며 또 딴소리를 할 가능성이 높습니다.

3.2 물 들어온다 노를 저어라, 못 말리는 인공지능

 구글 광고는 몹시 불규칙하지만 나름의 원칙이 있습니다. 이 절을 통해 불규칙에서 규칙을 보는 눈을 갖도록 합시다.

Q 앱 광고가 예산 소진을 못해서 걱정입니다.

A 그렇긴 한데, 아직 초반이기도 하고 비용이 천천히 상승하고 있으니 기다려 보시죠.

Q 네, 그래야죠. 그런데 저희가 하반기에 투자를 유치할 계획이라 그전에 10만 다운로드 실적을 만들고 싶은데, 이런 추세로는 힘들 것 같아 걱정입니다.

A 아! 그러면 좀 더 광고 소재를 추가해 볼까요? 앱 광고는 100% AI 광고라서 타깃팅이나 입찰에서 사람이 할 수 있는 일이 없습니다. 할 수 있는 일이 광고 소재뿐입니다. 광고 소재 못지않게 중요한 것이 도착 페이지에요. 플레이 스토어의 설명과 스크린샷도 개선해 나가도록 하죠.

Q 네, 알겠습니다. 그렇게 하겠습니다.

2.4에서 구글 애즈의 과금 정책은 이중으로 되어 있는데 그 이유는 머신러닝 때문이라고 했습니다. 그리고 AI 학습이 덜 된 상태에서 예산을 폭주하는 경우를 살펴보았습니다. 그렇다면 학습이 완료된 후에는 이 현상이 잦아들어야 정상일 텐데, 이상하게도 때때로 예산을 폭주해서 광고가 불규칙하게 노출됩니다. 왜 그러는 걸까요?

그 이유를 추측해 보자면, 구글 애즈가 '광고를 클릭한 사용자들이 많으면 광고주의 매출도 늘어난다'라는 명제 하에 작동하기 때문인 것 같습니다. 실제로 2016년 구글 애즈의 오류로 1달 동안 광고 노출이 안 된 경험이 있는데요. 이때 구글 애즈에서 오류로 광고비를 지출하지 못해 놓친 매출에 대한 책임 표시로 이전 1개월 동안 소진한 광고비만큼의 크레딧을 배상해 주었습니다. 이 경험으로 보아 구글 애즈의 작동 원리는 위 명제와 부합한다고 봅니다.

위의 명제를 토대로 구글 광고 예산이 어떻게 폭주하게 되는지 한 가지 예를 들어 보겠습니다. 쇼핑몰의 광고 예산을 하루 10만원 쓰기로 했다고 해봅시다. 그런데 오늘따라 광고에 대한 반응이 좋다면 구글 애즈는 매출이 올라갈 것으로 예상하고 멈추지 않습니다. 그러면서 구글 애즈 AI는 은근히 기대할 겁니다. '내가 이렇게 영업을 잘하는데, 광고 예산을 늘려 주겠지!' 그런데 광고주가 일 예산을 올려주지 않으면 30일 기준의 과금 정책에 맞추려고 다음 날 하루는 쉽니다. 그리고는 다다음날, 이래도 안 올려줄 거야 하고 또 폭주할 수 있습니다. 그래도 일 예산을 올려주지 않으면 [그림 3.2_1]과 같은 그래프를 그립니다. 참고로 [그림 3.2_1]은 매우 인기 있는 광고였습니다.

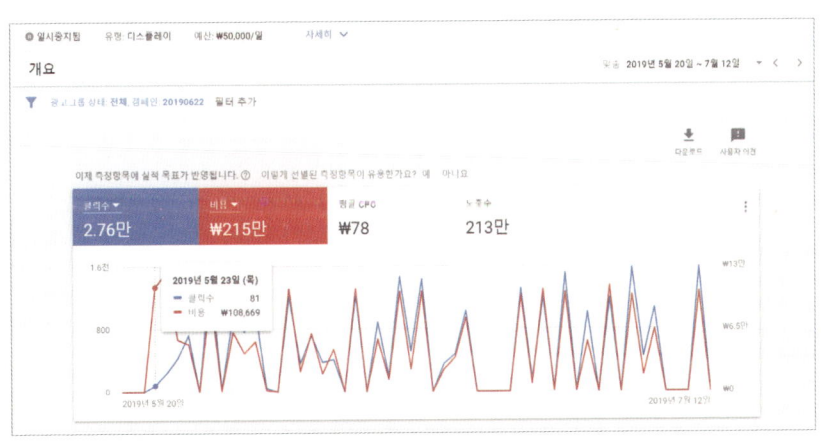

[그림 3.2_1] 퐁당퐁당 광고 그래프

일 예산이 5만원인데 하루는 10만원을 쓰고 그 다음날은 쉬는 패턴이 한 달 넘게 지속되는 걸 보실 수 있습니다. 일 예산을 5만원으로 정하면 100원, 200원을 덜 쓰더라도 단 10원도 초과 지출하는 법이 없는 네이버나 페이스북 광고에 익숙한 광고주라면 당황스러울 것입니다.

구글 광고를 하다 보면 예산 제약 메시지가 흔히 나타나는데, 이 또한 앞에 언급한 명제 하에 작동합니다. AI 딴에는 광고 예산을 이만큼 늘리면 클릭=매출이니까 매출이 이만큼 늘어날 텐데, 예산이 부족해서 못한다고 계속 보채듯이 빨간 글씨로 예산 제약을 표시합니다(그림 3.2_2). 그런데 예산 제약이 붙는 광고는 예산을 계속 올려도 예산 제약이 계속 나옵니다. 그래서 예산 제약을 어떻게 대처하면 좋을지 물어보는 분들이 많습니다. 그분들께 저는 구글 애즈는 광고 네트워크가 워낙 방대해서 그 네트워크를 돈으로 모두 커버하기는 불가능할 것이라 아마 삼성도 예산 제약을 달고 광고하지 않을까 싶다고, 그러니 예산 제약 때문에 광고 예산을 무리하지 말라는 조언을 드립니다.

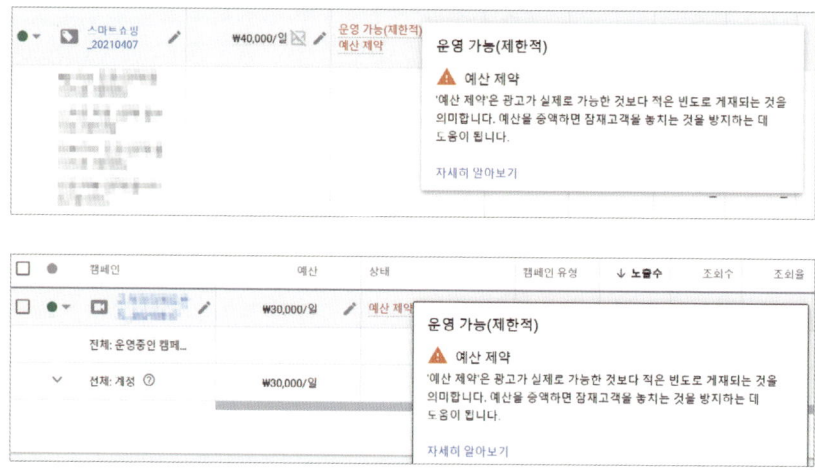

[그림 3.2_2] 예산 제약

일정 기간 비용 대비 전환수나 전환 가치가 비례한다면 당연히 예산을 올려야 합니다. 사업의 목표는 성장이니까요. 시장 점유율을 어디까지 높일 수 있는지 광고주도 갈 데까지 가봐야 하지 않겠습니까? 하지만 모든 광고주의 입장이 이처럼 단순하지만은 않을 테니 이런 분들은 내 상품과 서비스가 사람들에게 이렇게나 어필하는구나 하는 만족감만 누리시기 바랍니다. 경험상 이런 패턴은 꽤나 인기 광고여야 볼 수 있는데 흔치는 않은 경우입니다. 예산을 꾸준히 쓰지 못하고 종결되는 광고들도 많답니다. 일시적으로는 보통의 광고도 예산을 훨씬 뛰어넘어 폭주하기도 하지만, [그림 3.2_1]처럼 장기간 그래프 패턴이 왔다 갔다 하는 광고는 누가 봐도 이건 사람들이 몰려오겠다 싶은 광고입니다.

300개가 넘는 구글 애즈 계정을 대행한 경험에서 체득한 인기 광고를 가르는 제 나름의 기준이 있습니다. 바로 머신러닝 기간 중의 예산 폭주입니다. 광고 첫날에 일 예산의 2배 쓰고 멈췄다면, 평타구나 하고 저는 살짝 실망합니다. 잘 될 만한 광고일수록 일 예산의 3~4배, 6~7배, 10배 이런 식으로 예산 초과 사이즈가 컸습니다. 다만 이 경우는 참고하는 정도로만 봐주세요. 대체로 그랬다는 것이지, 꼭 그렇다는 건 아닙니다. 앞의 첫날은 평타 수준이었던 인기 광고처럼 밀이죠(그림 3.2_1). 이처럼 **구글 광고에서는 광고 예산이 매우 불규칙하게 소진됩니다. 그러니 광고 결과를 예측하거나 단언하는 것은 금물입니다.**

호시탐탐 물 들어오면 노를 젓겠다는 자기주장 강한 AI 때문에 어려움을 겪는 광고주가 있습니다. 텔레마케터들이 일하도록 DB(Database, 데이터베이스)를 매일 넘겨주어야 하는데 광고를 쉬어 버리면 그날은 텔레마케터들이 할 일이 없어 곤란해지는 경우처럼 말입니다. 혹 구글 광고의 불규칙한 예산 소진을 최소화하고 싶다면 캠페인을 생성할 때 시작일과 종료일을 지정하세요. 시작/종료일이 있는 캠페인은 예산을 날수에 맞춰 꽤나 균일하게 소진합니다. 하지만 일반적인 광고주에게는 시작/종료일이 있는 캠페인은 권하지 않습니다. 종료일을 끊임없이 연장해 주어야 하는데, 종료일이 지나버리면 연장이 안 됩니다. 종료된 캠페인은 삭제한 캠페인과 같아서 다시 살릴 수 없습니다. 이 경우엔 캠페인을 다시 만들어서 처음부터 시작해야 하니 유의해 주세요.

예산을 비롯해서 광고가 설정을 크게 벗어나는 일 없이 고르게 지속된다면 좋을 텐데, 구글 광고는 매우 불규칙한 광고입니다. 어떤 경우에도 당황하지 않고 기다려 볼 수 있는 여유와 올바르게 판단하는 능력을 가지려면 지식과 경험이 필요합니다. 앞 지문에서처럼 **예산 소진이 부진한 광고와 예산 초과하는 광고 중에 어느 쪽이 문제일까요?** 구글 애즈 계정 300개를 운영한 경험에서 봤을 때, 예산 초과는 지금까지 살펴본 바와 같이 청신호로 해석이 가능한 부분이지만, 예산 소진을 다 못하는 광고는 확실히 문제가 있습니다. 사람이 설정을 잘못한 경우는 간단히 해결할 수 있지만, 설정상 아무 문제가 없는데 예산 소진이 힘든 경우는 원하는 이가 없는 광고가 아닌지 냉정하게 생각해 보십시오. 예산 소진을 못하는 구글 광고는 그만큼 적신호입니다.

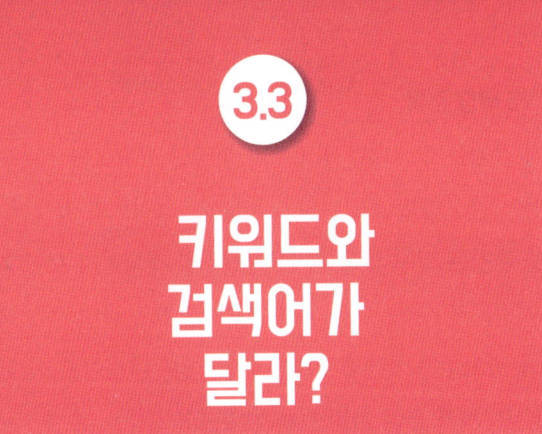

3.3 키워드와 검색어가 달라?

 검색어 없는 검색 광고의 고인물에서 탈출해, 네이버에서는 경험해 보지 못한 신세계로 출발해 봅시다!

- Q 구글 검색 광고 하려고 하는데요.
- A 네이버 검색 광고 하고 계신가요?
- Q 네.
- A 그러면 네이버 키워드 중에서 중복 없이 25개 안팎으로 골라 주세요.
- Q 중복 없이요? 10개도 어렵네요!

네이버 검색 광고 하는 분들은 대체로 수백, 수천, 수만 개 되는 키워드를 엑셀로 관리합니다. 그리고 구글 검색 광고에도 그 키워드를 그대로 사용하려고 하는데, 그렇게 하시면 안 됩니다. 네이버는 일치 검색, 구글 애즈는 확장 검색으로 기본 검색 유형이 서로 다르기 때문입니다.

[그림 3.3_1] 구글과 네이버의 검색어 입력 창

■ **일치 검색 VS 확장 검색**

네이버의 일치 검색은 말그대로 광고주가 설정한 키워드와 사용자가 입력한 검색어가 똑같아야 광고를 노출합니다. 그러므로 키워드와 검색어가 불일치해서 광고할 기회를 놓치는 일이 없도록, 사람들이 뭘 검색할지 오만 가지 경우를 대비하다 보니 키워드가 수백, 수천, 수만 개가 됩니다. 반면 구글 애즈의 확장 검색은, 사용자가 광고주가 설정한 키워드와는 다른 검색어를 써도 AI가 검색 의도를 알고 '이 사용자가 우리 키워드 타깃이구나' 싶으면 광고를 노출합니다.

구글 애즈의 확장 검색은 비교적 적은 양의 키워드로도 다양한 검색어에 대응할 수 있습니다. 예를 들어 광고 그룹에 포장마차라는 키워드 하나만 있어도 포차, 24시간포장마차, 길거리주점, vhwkdakck, vhck 등의 검색어에 대응을 합니다. 이처럼 확장 검색은 사람처럼 눈치껏 대응을 하기 때문에 엄청난 수의 키워드가 필요 없습니다. 그래서 검색 광고를 대행하다 보면 검색어로 경쟁사를 자연스럽게 알게 됩니다. 도대체 이건 뭔가 해서 광고주에게 물어보면 업계 1위 회사나 브랜드라고 하십니다. AI가 아는 게 많습니다.

위에서 포장마차는 [키워드], 포차, 24시간포장마차, 길거리주점, vhwkdakck, vhck는 [검색어]라고 했습니다. 네이버 검색 광고는 일치 검색이라서 키워드와 검색어를 구분할 필요가 없지만 구글 광고에서는 이 둘을 구별해야 합니다. 구글 광고에서의 키워드는 광고주가 AI에게 주는 힌트입니다. 그러니 검색어들을 아우를 수 있는 핵심이 되는 것을 키워드로 만들어야 합니다.

다음 [그림 3.3_2]는 구글 애즈의 키워드 입력 폼으로, 광고 그룹마다 광고 소재에 관한 키워드를 입력할 수 있습니다. 그림의 키워드 입력 박스 위에 빨갛게 표시한 설명이 보이나요? 이 설명과 같이 구글 애즈에서의 키워드는 단어나 구문 형태로 지정하고, 사용자가 입력한 검색어에 따라 반응합니다.

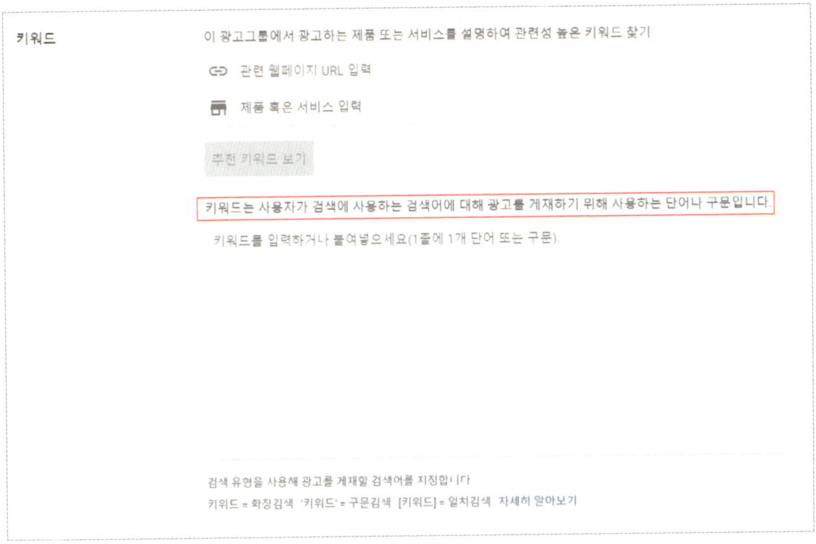

[그림 3.3_2] 구글 애즈 키워드 입력 폼

물론 구글 애즈에서도 검색 유형을 일치 검색으로 설정할 수는 있지만, 이것만으로 검색 광고를 운영하는 것은 추천하지 않습니다. 구글 광고는 네이버 광고와 같이 작동하지 않기 때문입니다. 로마에서는 로마법을 따르라는 말이 있듯이, 구글 애즈에서는 구글 애즈에 걸맞은 방식으로 광고를 운영해야 합니다.

■ 구글 검색 광고 운영 사례

일치 검색과 확장 검색 광고의 차이를 알아보았으니, 이번엔 구글 검색 광고 운영에 관한 실세 사례를 소개해 드리겠습니다.

사례 1 일치 검색용 키워드를 그대로 확장 검색 키워드로 사용

첫 번째 사례는 2019년 초, 국내 TOP 3 광고 대행사 중 A와 B에 의뢰한 경험이 있는 광고주 분이 크몽에서 1:1 레슨을 신청하셨을 때의 일입니다. 대형 광고 대행사 B와 거래하심에도 "회사는 중요하지 않다. 담당자가 중요하다."라는 이유로 저를 찾아주셨는데, 그 광고주 계정의 검색 광고를 보니 확실히 회사 이

름값에 비해 다소 성의가 없어 보였습니다. 제가 확인할 당시 그 광고는 일치 검색으로 운영 중이었고, 한 광고 그룹에 든 키워드는 600개가 넘었습니다. 그래서 광고주께 먼저 지금 일치 검색으로 운영 중인 걸 아시는지 확인했습니다. 알고 보니 처음 광고를 진행할 때는 확장 검색으로 진행했나 봅니다. 너무 쓸데없는 검색어로 돈이 낭비된다고 담당자에게 얘기했더니 지금처럼 바꿔 주었답니다. 이 담당자는 확장 검색을 할 때에도 광고주에게 받은 600여 개 키워드를 여과 없이 모두 운영했을 것 같습니다. 그렇지 않고 광고주에게서 받은 600여 개 키워드 중에서 구글 전용 정예 키워드를 골라낸 적이 있다면, 나중에 다시 확장 검색으로 해달라고 하면 또 골라내야 하는데, 한 광고 그룹에서 600개 키워드와 다시 섞어버리지 않았을 것 같습니다. 그리고 국내 TOP 3 광고 대행사 정도면 네이버 공식 광고 대행사들처럼 구글 애즈로부터 받는 리베이트가 있다고 합니다. 그래서 이 광고주 분도 직접 대행비를 지급하는 입장이 아니라 클레임도 강력하게 하지 않았다고 하셨습니다. 광고주라고 다 같은 광고주 아닌 것 아시죠? 소액 광고주는 대행사에 할 말 다하기가 쉽지 않습니다.

사례 2 검색 광고를 의뢰했는데 담당자가 발을 빼버림

두 번째 사례는 구글 애즈와 리베이트 관계에 있는 대형 광고 대행사 C와 거래하신 광고주의 경험입니다. 이 광고주 분의 광고비 지출은 꽤 컸습니다. 즉 대형 광고주라는 것이죠. 담당자는 광고주가 수틀려서 대행사를 바꿀까봐 정말 밤낮없이 주말, 휴일 가리지 않고 열심히 응대했다고 합니다. 그런데 담당자 왈, 회사가 구글 애즈에서 리베이트를 받기는 하는데 검색 광고는 거기에 해당이 없고, 디스플레이와 동영상 광고 등에 대해서만 수수료가 발생하니 검색 광고는 자체적으로 진행해 주시면 감사하겠다고 했답니다. 난이도 최상의 검색 광고에 전화 문의까지 더해지면 과로사할 것 같은 심정은 이해가 가지만… 검색 광고가 정말 어렵습니다.

너무나 많은 네이버 키워드를 고스란히 확장 검색으로 구글 애즈 검색 광고에 사용하면 AI가 싫어합니다. 포장마차, 포차는 중복 키워드라고 삭제를 요구합니다. 광고주는 광고주대로 키워드가 많건 적건 확장 검색은 너무 쓸데없는 검색어에 돈이 나간다고 싫어합니다. 그래서 광고 대행사 B의 담당자처럼 포장마차는 포장마차를 검색했을 때만, 포차는 포차를 검색했을 때만 광고하라고 일치 검색어로 검색 유형을 바꾸면 AI는 자기가 잘하는 확장 검색으로 광고하느라 일치 검색은 뒷전인 듯 예산을 100% 소진하지 않습니다.

그렇다면 이제 이런 생각이 드실 겁니다.

'구글 애즈가 잘하는 확장 검색으로 운영하면서 엄한 검색어에는 광고비가 새지 않는 검색 광고를 할 수는 없을까?'

물론 할 수 있습니다. 중복 없이 키워드를 추가한 후, 제외 키워드를 별도로 추가하면 됩니다. 키워드로는 AI에게 '우리 광고는 이런 거다' 하고 정답을, 제외 키워드는 '우리 광고는 이런 것이 아니다' 하고 오답을 알려주는 것입니다.

이제 구글 애즈의 확장 검색 광고는 무엇이고, 어떤 방식으로 운영 가능한지 어느 정도 감을 잡으셨나요? 그렇다면 다음으로 넘어가 키워드를 어떻게 수집하고 추가하는지 간단히 알아보겠습니다.

구글 애즈 계정 독립의 중요성

광고 대행사 계정에서 나도 모르게 광고가 운영되고 있다면, 광고 대행사에 사용자 추가 요청을 해서 검색어 데이터에 접근을 해야 합니다. 하지만 그런 광고 대행사가 사용자 추가를 해줄 것 같지는 않습니다. 광고 대행사 계정에 여러 광고주의 광고가 섞여서 운영되고 있다면 특정 광고만 볼 수 있는 권한은 없기 때문에 사용자 초대 요구에 응해주지 않을 겁니다. 그래서 구글 광고를 시작하기 전에 1광고주 1계정을 강조한 것입니다. 구글 애즈 계정 독립은 정말 아무리 강조해도 지나치지 않습니다! 앞에서 소개했던 검색 광고 운영 사례의 광고주 두 분은 세부적으로는 아쉽거나 일부 부적절해도 계정 권한만큼은 깔끔했습니다.

■ 구글 애즈 키워드 관리 방법

키워드를 채우는 일이 처음이라면 막막하실 수 있으니, 접근법을 간단히 알려 드리겠습니다. 먼저 기존에 구글 검색 광고를 운영한 기록이 있다면 거기서 데이터를 뽑아 오면 좋겠습니다. 제외할 검색어 데이터도 광고비를 써서 만든 것이니 십분 활용해 보아야겠죠? 반면에 이전 검색 광고 데이터가 없다면 지금부터 만들어야 합니다. 이 경우는 시간이 좀 걸립니다. 예산이 크면 검색어 데이터도 매일매일 수백, 수천 개가 나올 수 있으니 비교적 짧은 시간에 마무리 지을 수 있습니다. 반면에 작은 예산으로 수백, 수천 개 검색 데이터를 검토하려면 시간이 더 필요할 것입니다. 저예산 광고주의 경우 키워드 수집, 추가하는 기간을 1달 정도로 잡습니다. 이 기간 동안은 검색어를 매일 확인해 보며 제외 키워드를 보강하는 것이 좋습니다.

구글 애즈에서 키워드 및 제외 키워드를 추가/관리하는 방법은 다음과 같습니다(그림 3.3_3). 검색어 앞 체크박스에 체크하면 파란줄로 [키워드로 추가], [제외 키워드로 추가]가 나옵니다. 키워드 입력에서 놓친 딱 좋은 키워드라면 키워드로 추가하고, 계속 노출되면 돈만 나갈 것 같은 검색어는 제외 키워드로 추가합니다.

> **키워드 적정 개수**
>
> 키워드는 광고 그룹당 적정 개수가 25개 안팎이지만, 제외 키워드는 개수 제한이 없습니다. 그런데 막상 키워드를 중복 없이 추가하려다 보면 25개를 채우기도 어려울 수 있습니다. 이럴 땐 10여 개라도 채우면 괜찮습니다.

[그림 3.3_3] 키워드/제외 키워드 추가

제외 키워드는 아래 [그림 3.3_4]에서와 같이 확인할 수 있고, 파란색 +(플러스) 버튼으로 직접 입력할 수도 있습니다. 키워드는 [검색 키워드]에서 확인할 수 있으며 관리 방법은 제외 키워드와 동일합니다.

[그림 3.3_4] 제외 키워드 관리

검색어를 통해 사용자의 마음의 소리 듣기

제외 키워드 목록을 완성한 후에도 검색어를 정기적으로 확인하는 습관을 가지면 좋습니다. 여기에서 사용자들의 마음의 소리를 들을 수 있기 때문입니다. 다음 두 가지 사례를 소개하겠습니다.

1. 구매 대행 검색어에서 VOC를 발견한 사례

제가 모 해외 구매 대행 회사 대표님과 1:1 레슨을 할 때였습니다. 보통 구매 대행에 관한 키워드를 생각하자면 OOO 파는 곳, OOO 쇼핑몰, OOO 판매처들이 흔히 떠오를 것입니다. 하지만 이러한 것들은 네이버 키워드에 익숙한 우리들이 쉽게 생각하고 쉽게 갇혀 버리는 패턴입니다. 그런데 검색어를 스크롤하는 중에 'OOO 어디서 사지'가 보이는 겁니다. 이것이 우리가 찾는 VOC_{Voice Of Custmer}임을 직감하고 그 대표님께 바로 "OOO 어디서 사지로 배너 만드세요!"라고 했습니다.

2. 남성 사용자들이 화장품을 구매하는 진짜 이유

어느 화장품 회사에서 남성 사용자 그룹을 대상으로 화장품을 구매하는 이유를 설문했습니다. 남성들의 화장품 구매 시 고민하는 문제는 무엇이냐고 대면으로 물었는데 대부분 피부라고 대답했습니다. 그런데 실제 사이트 유입 Top 검색어는 피부가 아니라 '냄새'였답니다. 이것이 마음의 소리입니다.

여러분도 이러한 발견을 하고 싶지 않나요? 검색어는 사용자의 마음의 소리를 주워담을 수 있는 보물 창고와 같습니다. 단순하지만 사용자의 의견을 다양히 수집하고 맞춤화된 광고를 개선할 수 있는 좋은 방법이니 권장해 드립니다.

네이버 키워드 엑셀 파일을 두고 구글 애즈에서 이런 작업을 왜 해야 하는지 모르겠고, 네이버 키워드 엑셀 파일에 미련을 버리기 힘든 분들이 여전히 계시리라는 생각이 듭니다. 그 수백, 수천 키워드 파일을 만드는 데 못해도 반년에서 수년이 걸렸을 겁니다. 그래서 그것이 보배 같고, 쓸모 있는 자산이라고 우기고 싶고, 긴 시간을 투자해 만든 만큼 키워드 만드는 과정을 다시 반복하고 싶지 않은 심정은 이해가 갑니다.

하지만 앞에서도 언급했듯이, 구글 애즈의 검색 광고는 네이버와 검색 유형이 다릅니다. 그리고 점점 문구가 길어져서 사람 말과 비슷한 검색어에도 대응을 할 수 있습니다. 그러니 효율적인 키워드를 뽑아내는 것이 관건이고, 일치 검색에 쓰던 방식과는 다르게 접근해야 합니다. 또한 구글 애즈에서는 제외 키워드 작업을 하는 데 고작 해야 한 달 정도 투자합니다. 반 년, 1년에 비교하면 짧은 시간을 투자하지만 투자한 이상의 효율을 낼 수 있을 것입니다. 구글 애즈에서 검색어의 신세계를 발견해 보시길 바랍니다.

■ 검색에 부는 UX 변화, 입력 창 VS 사람 말

코로나 원년인 2020년 여름 1:1 레슨 때문에 제주도에 갔을 때의 일입니다. 코로나만 아니면 차도 렌트하고 몇박하고 올 텐데, 내키지 않아서 비행기를 당일로 예약하고 택시를 이용했습니다. 택시를 타고 도로명 주소지로 가달라고 말했더니 택시 기사님이 뒷좌석에 앉은 저에게 스마트폰을 건네주시는 겁니다. 저보고 주소를 입력하라고…. 그 순간에는 코로나 때문에 악수도 안 하는데 이런 걸 주시면 어떡해요 하는 생각이 들었지만, 직업병일까요? 택시로 이동하는 동안 도대체 이 택시 기사 분의 UX^{User Experience, 사용자 경험}는 무엇일까 생각해 보았습니다.

택시 기사님들이 대체로 연세가 많으신 건 육지나 제주도나 똑같습니다. 그렇지만 육지 택시 기사님들은 말로 목적지를 입력하십니다. 육지 택시 기사님들도 훨씬 전에는 출발 전이나 신호 대기 중일 때나 잠깐 길가에 정차하고 주소지를 손으로 입력하실 때가 있었죠. 하지만 이제는 다 말로 하십니다. 그런데 제주도 택시 기사님이 그렇게 행동하신 이유는 아마도 관광지 특성상 육지 택시 기사님들 같은 네비게이션 경험이 필요 없었기 때문이 아닐까 싶습니다. 공항에서 택시 타는 사람이면 목적지가 알만한 숙박업소나 유명 관광지일 확률이 높아서 네비게이션 없어도 되는데, 제가 관광지 아닌 제주도 사람들이 사는 동네를 도로명 주소로 말하니까 순간 대응이 안 되신 것 같습니다. 가다 보니 제주법원, 검찰청도 지나던데 제주도 사람이면 도로명 주소가 아니라 무슨 동 어디 근처라고 말하는 게 서로 더 쉬울테니까요. 그 택시 기사님도 친절한 승객을 만나서 손보다 말로 주소를 입력하는 경험을 한번 하시면 바로 요즘 택시 기사님, 말로 검색하는 기사님이 되는 건 시간 문제 아닐까요? 그런 경험은 네비게이션에만 그치지 않을 것입니다.

2020년 말에는 노인 복지 정책으로 군에서 집에 설치한 AI 스피커가 할머니 목숨을 구했다는 뉴스가 있었습니다. 갑자기 몸을 움직이기 힘들 정도의 복통을 느낀 85세 할머니께서 말로 AI 스피커에게 도움을 청했더니 AI 스피커의 호출로 보건소 직원이 온 것인데요. 85세 할머니의 말에서 AI 스피커가 캐치한 키워드는 무엇일까요? 그 키워드는 바로 "살려줘"입니다. 과연 여러분이라면 119, 응급실, 구급차류의 키워드뿐 아니라 '살려줘' 같은 사람의 말을 키워드로 생각할 수 있었을까요? 이제 우리는 확장 검색을 하는 인공지능에게 맡기고 다른 일을 찾아서 합시다.

> 이제 키워드 25개를 중복 없이 뽑을 수 있겠죠? 그러면 제외 키워드도 예상 가능한 것들을 미리 준비해 봅시다. 천천히 검색어를 보면서 제외 키워드를 뽑아 나갈 수도 있지만, 예상 가능한 제외 키워드를 미리 넣어 둔다면 그만큼의 클릭 비용을 아낄 수 있습니다. 예를 들어 빅사이즈 의류 쇼핑몰을 홍보하는 광고라고 해볼까요? 그렇다면 취급하는 종류는 무엇인지에 따라 제외 키워드로는 무엇이 적합할지 떠오를 겁니다. 빅사이즈 여성 외출복이라면 남성복, 운동복, 수영복, 요가복, 속옷, 란제리 등이 해당하겠죠. 이처럼 제외 키워드를 미리 추가해서 불필요한 클릭 비용을 줄여 보세요.

3.4 잠재고객 타깃팅은 처음이지?

 구글 애즈는 잠재고객 맛집입니다. 칼국수 맛집에 가면 칼국수를 먹어야죠? 구글 애즈라는 카페에서 디스플레이라는 음료에 빨대를 꽂아 봅시다.

Q 디스플레이 광고 세팅 잘했나요?
A 네. 근데 스마트 디스플레이네요. 예산 소진도 원활하고, 전환 측정도 이상 없어 보입니다.
Q 타깃팅은요?
A 스마트 디스플레이는 사람이 타깃팅을 할 수 없습니다. 타깃팅을 하시려면 표준 디스플레이 캠페인을 만들어야 하는데요. 스마트 디스플레이가 잘 작동하고 있기 때문에 굳이 타깃팅을 할 필요는 없습니다.

네이버에도 디스플레이 광고가 있기는 하지만, 워낙 비싸서 소액 광고주에게는 그림의 떡입니다. 그랬던 디스플레이 광고를 구글 애즈에서는 누구나 할 수 있습니다. 그런데 경험해본 광고 경험이라고는 검색 광고뿐이라서, 디스플레이 광고도 키워드 타깃팅을 이용하는 방식만 생각하게 됩니다. 그리고 광고가 게재되는 위치의 키워드 관련성으로 타깃팅을 평가하려 합니다. 3.1에서도 설명드렸지만, 이래서는 광고의 효율을 기대하기 어렵습니다. 디스플레이 광고에서의 주요점은 '내 광고의 자리가 어디인가'가 아니라 '내 광고를 누가 보는가'입니다. 즉, 잠재고객 타깃팅이 중요합니다.

그렇다면 구글 디스플레이 광고에서 잠재고객 타깃팅이 어디까지 가능할까요? 이 절에서는 그 깊이와 범위를 알아보겠습니다.

(※ 이 책을 쓴 동안에 구글 애즈 UI가 개편되었습니다. UI 개편으로 이 장에서 설명할 구글 애즈 타깃팅 맛집은 어디인지, 구버전과 신버전에서 비교하며 확인할 수 있게 되었습니다.)

디스플레이 광고 타깃팅 설정

잠재고객 타깃팅을 본격적으로 맛보기 전에 디스플레이 광고 타깃팅 설정을 알아보겠습니다. 디스플레이 광고의 타깃팅 방식은 다양한데 그중에서 많이 사용하는 것은 키워드, 잠재고객, 인구통계, 게재위치입니다(구글 애즈 최신 버전에서는 [잠재고객]과 [인구통계]가 통합되었습니다). 이외에도 주제 타깃팅을 할 수 있긴 한데, 이 타깃팅은 이제 거의 뒷방 신세가 되어서 제외할 때나 가끔 사용합니다.

> ⚠️ **굳이 관심사 기반, 콘텐츠 기반을 구분해 타깃팅 적용하려 하지 마세요!**
>
> 일찍이 구글 애즈 공부를 해보신 분이라면 타깃팅 방식은 관심사 기반, 콘텐츠 기반으로 나뉜다고 아실 겁니다. 그런데 이것을 요즘 타깃팅 실무에 대입하려는 분들이 간혹 있더군요. 요즘은 그런 말을 잘 쓰지 않습니다. 위처럼 용어를 과거의 학습 경험에 적용하려는 것은 한국 사람이 미국에 가서 마일, 화씨 같은 미국의 측정 기준을 한국식으로 번번이 킬로미터, 섭씨로 환산하려는 것과 같다는 생각입니다. 미국에 살아간다면, LA에서 샌프란시스코까지 몇 마일 이런 식으로 느껴야 합니다. 타깃팅을 적용하는 것도 이와 같은 맥락입니다. 참고로 이 절에서 구글 애즈 구버전, 신버전에서 디스플레이 광고의 캠페인 생성 화면을 보여드릴 텐데, 두 버전의 차이를 한번 잘 보시길 바랍니다.

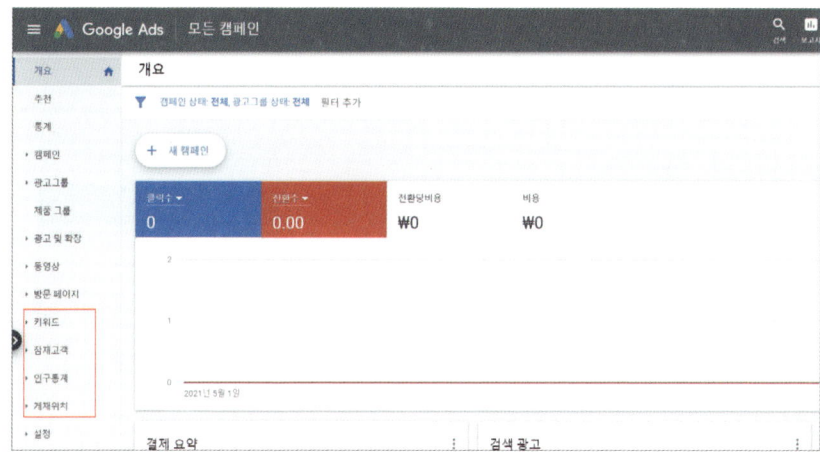

[그림 3.4_1] 디스플레이 광고 타깃팅 메뉴(구버전)

[그림 3.4_1]의 메뉴에서는 [키워드]가 최상단에 위치해 있습니다. 이건 중요도가 높은 검색 광고가 키워드 타깃팅이기 때문에 사용 빈도가 높아서 그렇지, 타깃팅의 으뜸이 키워드라서는 아닙니다.

이제 디스플레이 광고의 캠페인을 만들어 타깃팅을 설정해 보겠습니다(구글 애즈의 구버전과 신버전의 차이를 비교하며 설명하겠습니다). 구글 애즈 구버전에서는 디스플레이 광고의 캠페인을 만들면, 타깃팅 설정 화면에 [잠재고객]이 제일 먼저 나오고, 그다음 [인구통계]가 나옵니다(그림 3.4_2). 구버전은 잠재고객과 인구통계 선택으로 끝입니다. 두 타깃팅을 선택한 후 바로 광고 만들기로 넘어가게 되죠.

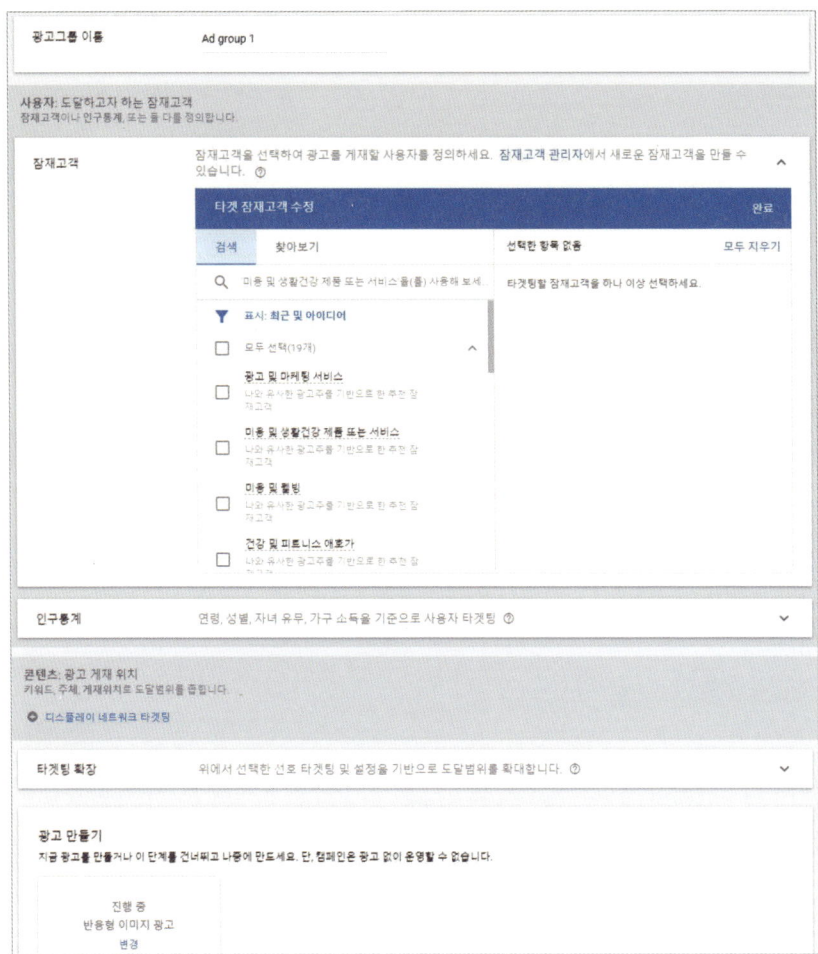

[그림 3.4_2] 디스플레이 타깃팅(구버전)

반면에 신버전에는 모든 타깃팅의 종류가 모두 노출됩니다. 그렇다면 타깃팅 순서는 어떨지 한번 살펴볼까요? 구버전 때와 같이 여전히 잠재고객이 최상위입니다! 그리고 게재위치가 최하위에 위치합니다(그림 3.4_3). 앞의 '3.1 내 광고의 자리는 어디인가'를 읽으셨다면 이제 구글 애즈가 UI로 사용자와 어떻게 커뮤니케이션하고 리드하는지 완전히 이해하셨을 겁니다.

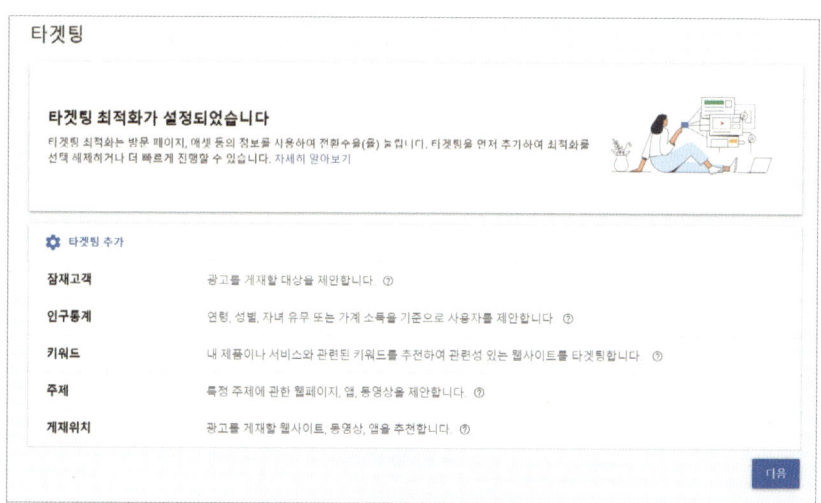

[그림 3.4_3] 디스플레이 타깃팅(신버전)

이로써 구글 애즈가 추천하는 디스플레이 광고의 타깃팅 맛집은 잠재고객이라는 것을 알게 되었습니다. 자, 맛집을 알아냈으면 가서 제대로 맛을 봐야겠죠?

■ **잠재고객 타깃팅, 어디까지 할 수 있을까?**

이제 잠재고객 타깃팅은 어디까지 할 수 있는지, 그 깊이와 범위를 알아보겠습니다.

구글 애즈는 크롬 브라우저, 플레이 스토어, 지메일, 유튜브 같은 거대 플랫폼에서 수집한 사용자 정보를 날 것 그대로가 아니라 세련된 방식으로 제공한다고 했습니다. 그 예로, 잠재고객 타깃팅 설정 화면을 들어가면 누구나 쉽게 사용자 정보를 이용할 수 있도록 기성 타깃팅이 구분되어 있습니다. 우리는 여기서 광고에 알맞는 잠재고객 유형을 고르기만 하면 됩니다(그림 3.4_4).

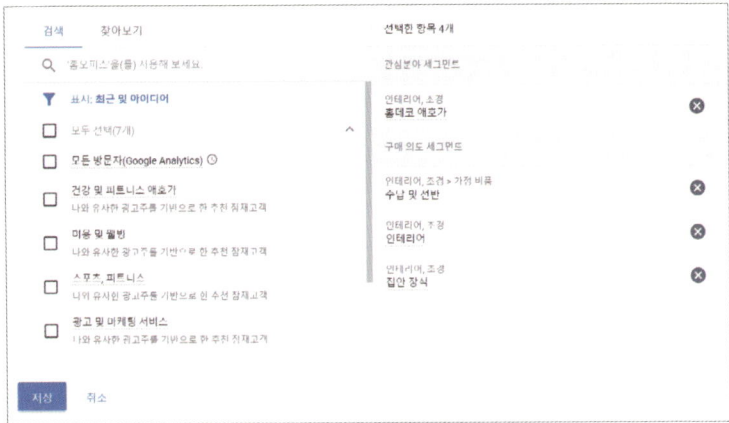

[그림 3.4_4] 잠재고객 추천

디스플레이 캠페인을 만들 때 입력한 URL을 참조했기 때문에 추천 타깃팅이 나옵니다. 추천 타깃팅의 출처는 [찾아보기]인데, 아래 그림과 같이 [찾아보기]에 있는 각각의 메뉴를 열어 보면 그에 해당하는 기성 타깃팅들을 확인할 수 있습니다.

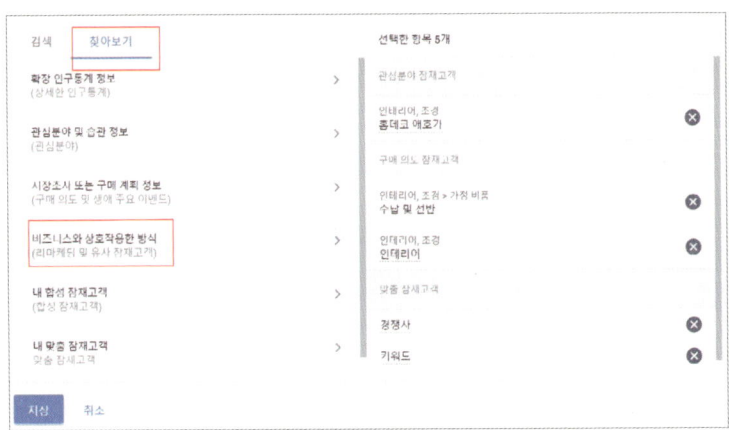

[그림 3.4_5] 잠재고객 찾아보기

[찾아보기]의 메뉴 중에는 [비즈니스와 상호작용한 방식(리마케팅 및 유사 잠재고객)]이 있습니다. [그림 3.4_6]과 같이 앞서 2.3에서 만든 잠재고객(모든 방문자)

를 선택하면 사이트 방문자를 타깃으로 하는 리마케팅 광고가 됩니다. 리마케팅 타깃팅을 한다면 유튜브 채널 영상 조회자도 포함시키는 것이 좋겠죠? 2.2에서 만든 채널의 영상을 조회한 잠재고객도 선택합니다.

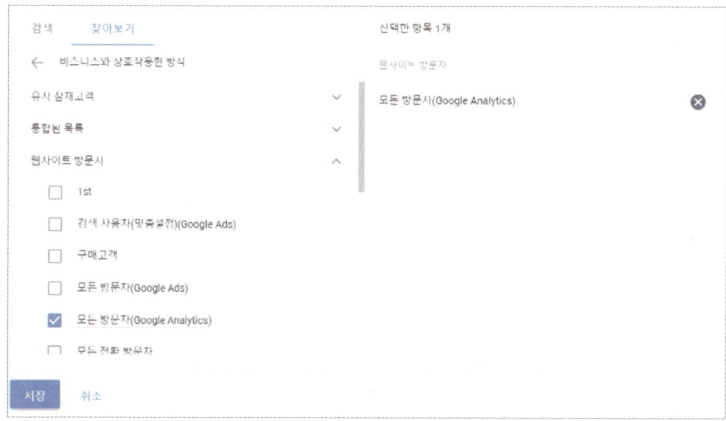

[그림 3.4_6] 잠재고객 웹사이트 방문자

> ✔ **리마케팅을 할 때는 GA, 구글 애즈로 만든 '모든 방문자' 잠재고객을 모두 체크하세요.**
>
> [그림 3.4_6]의 웹사이트 방문자 중 '1st'와 '구매고객'은 GA에서 추가로 만든 잠재고객입니다. 잠재고객은 미리 정의해두면 좋지만 사이즈가 1,000 이하인 경우엔 사용할 수 없다는 점 기억하시죠? 그리고 '모든 방문자'라는 잠재고객이 두 가지 있는데, 하나는 뒤에 (Googld Ads), 또 하나는 뒤에 (Google Analytics)가 붙어 있습니다. 전자는 구글 애즈 태그로 만든 잠재고객, 후자는 GA에서 만든 잠재고객입니다. 리마케팅을 할 때는 둘 다 체크하세요.

■ **잠재고객 타깃팅의 비장의 카드, 맞춤 잠재고객 (맞춤 세그먼트)**

이번에는 잠재고객 타깃팅의 비장의 카드, 맞춤 잠재고객(맞춤 세그먼트)을 알아보겠습니다.

앞에서 구글 애즈가 추천해주는 잠재고객을 골라 선택했다면, 맞춤 잠재고객은 내 광고에 맞는 잠재고객을 직접 만드는 것입니다. 맞춤 잠재고객을 설정하면 관심분야를 키워드 또는 구문의 형태로 검색하거나, 그 분야에 관련한 앱을 이용하거나 키워드가 포함된 온라인 콘텐츠를 둘러보는 등 사용자의 행동과 활동을 바탕으로, 키워드에 관심이 있거나 구매 가능성이 높은 사용자에게 광고를 게재합니다.

맞춤 잠재고객 설정 방법을 간단히 알려드리겠습니다. [그림 3.4_5]를 참고해 [찾아보기]의 맨 밑에서 [내 맞춤 잠재고객]을 선택하고 파란색 +(플러스) 버튼의 [맞춤 잠재고객]을 클릭하면 [그림 3.4_7]과 같은 창이 뜹니다.

[그림 3.4_7] 맞춤 잠재고객 ①

여기서 맞춤 잠재고객을 키워드, URL, 앱 기반으로 나눠 만드는 방법을 살펴보겠습니다. 먼저 [그림 3.4_8]은 키워드 기반으로 맞춤 잠재고객을 설정한 것입니다. 그림과 같이 키워드를 추가하여 해당 키워드를 검색한 이력이 있는 사용자들을 타깃팅합니다.

> ⚠️ **'키워드' 맞춤 잠재고객은 해당 키워드를 검색해본 사용자를 타깃팅합니다.**
>
> 이 설정은 해당 키워드가 포함된 웹페이지에 광고를 게시하는 것이 아닙니다! 해당 키워드를 검색한 이력이 있는 사용자들을 타깃팅하는 것입니다.

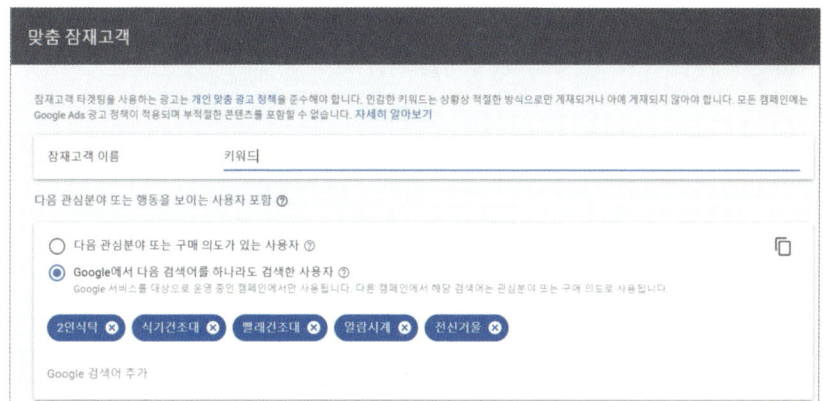

[그림 3.4_8] 맞춤 잠재고객 ②

두 번째로, 웹사이트 주소(URL)을 기반으로 맞춤 잠재고객을 만들어 보겠습니다(여담으로 아래 그림에 보이는 '셰어고객'은 맞춤 잠재고객(세그먼트)의 2016년경 명칭이었습니다). 이 설정은 특정 웹사이트 주소를 입력해 그 사이트 사용자들을 타깃팅합니다. 여러분이라면 어느 웹사이트의 사용자를 공유하고 싶은가요? 대부분 경쟁 사이트일 것입니다.

[그림 3.4_9] 맞춤 잠재고객 ③

그런데 만약 사용자를 공유하려는 곳이 웹사이트가 아니라 앱이라면 어떨까요? 그럴 땐 [그림 3.4_10]과 같이 앱을 기반으로 한 맞춤 잠재고객을 만듭니다.

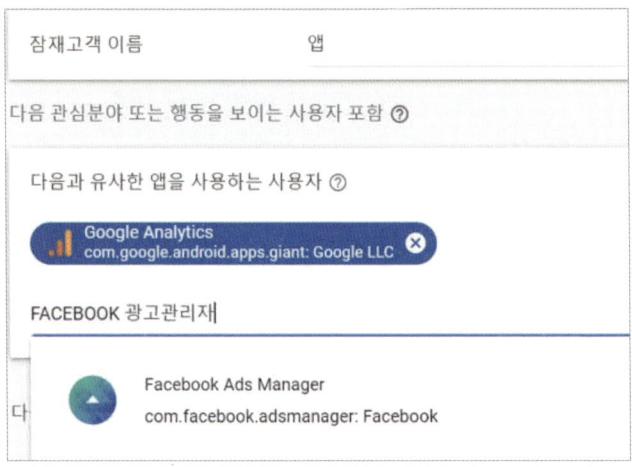

[그림 3.4_10] 맞춤 잠재고객 ④

이렇게 맞춤 잠재고객을 세 가지로 나눠서 살펴보았습니다. 그런데 앞의 챕터를 잘 읽어보신 분이라면 이런 의문을 가질 수 있을 것입니다.

'앞에서 GA로 잠재고객을 정의했을 때 너무 세분화하는 것도 좋지 않다고 했는데, 그렇다면 맞춤 잠재고객도 최소 사이즈가 정해져 있는 것 아닌가?'

맞습니다. 구글 애즈가 권장하는 최소 맞춤 잠재고객 사이즈는 5개 이상인데, AI에게는 타깃팅 규모가 클수록 유리하니 사이즈를 크게 하는 편이 좋습니다. 예를 들어 키워드 2개, 사이트 3개, 앱 1개로 맞춤 잠재고객을 만들어야 한다면 맞춤 잠재고객을 1개로 합치는 것이 좋습니다. 키워드, URL, 앱 기반의 맞춤 잠재고객을 제각각 1~2개씩 입력하는 것으로는 타깃팅이 되지 않는 것이죠. 그러니 맞춤 잠재고객을 조목조목 구분할 필요는 없습니다. 앞에서 맞춤 잠재고객을 구분한 예를 보여드린 것은 어느 타깃팅에서 데이터가 많이 발생하는지 쪼

개어 보고 싶은 인간의 욕망 때문입니다. 인간의 욕망보다 AI에게는 빅(big) 데이터, 사이즈가 더 중요합니다.

마지막으로 중요한 점 한 가지를 짚고 마치겠습니다. 바로 **맞춤 잠재고객의 저장 위치**입니다! 지금 우리는 구글 애즈의 [광고 그룹] 〉 [잠재고객]에서 맞춤 잠재고객을 만들었습니다. 하지만 이 맞춤 잠재고객은 광고 그룹 소속이 아닙니다. 전환처럼 나만의 맞춤 잠재고객을 정의한 것이잖아요? 맞춤 잠재고객도 리마케팅 잠재고객, 전환과 같이 구글 애즈의 브레인, 스패너 모양 [도구]에 저장됩니다. 어느 캠페인의 어느 광고 그룹에서 만들었든 구글 애즈에서 맞춤 잠재고객이 저장되는 위치는 [도구] 〉 [공유 라이브러리] 〉 [잠재고객 관리자] 〉 [맞춤 잠재고객]입니다(그림 3.4_11).

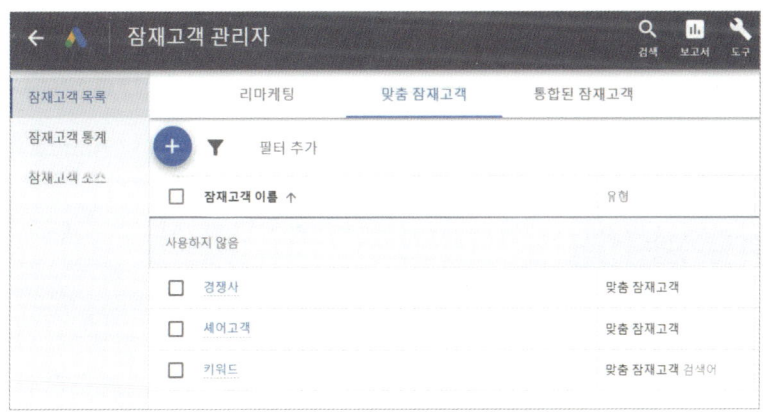

[그림 3.4_11] 맞춤 잠재고객 ⑤

이걸 모르고 광고 그룹 A에서 만든 맞춤 잠재고객을 광고 그룹 B에서 수정하면, 광고 그룹 A의 맞춤 잠재고객도 광고 그룹 B에서 수정한 대로 바뀌어 버립니다. 광고 그룹 A에서 맞춤 잠재고객을 복사해서 광고 그룹 B로 붙여 넣어도 [도구] 〉 [잠재고객 관리자] 〉 [맞춤 잠재고객]에 '연결'된 광고 그룹이 하나 늘어나는 것이시, 똑같은 맞춤 잠재고객이 2개가 되는 것이 아닙니다.

[그림 3.4_12]와 같이 광고 그룹 B에서 수정한 '키워드' 맞춤 잠재고객을 타깃팅한 다른 광고 그룹이 있으면, 그 광고 그룹 모두 광고 그룹 B에서 막 수정한 그 맞춤 잠재고객으로 모두 변경되는 것입니다.

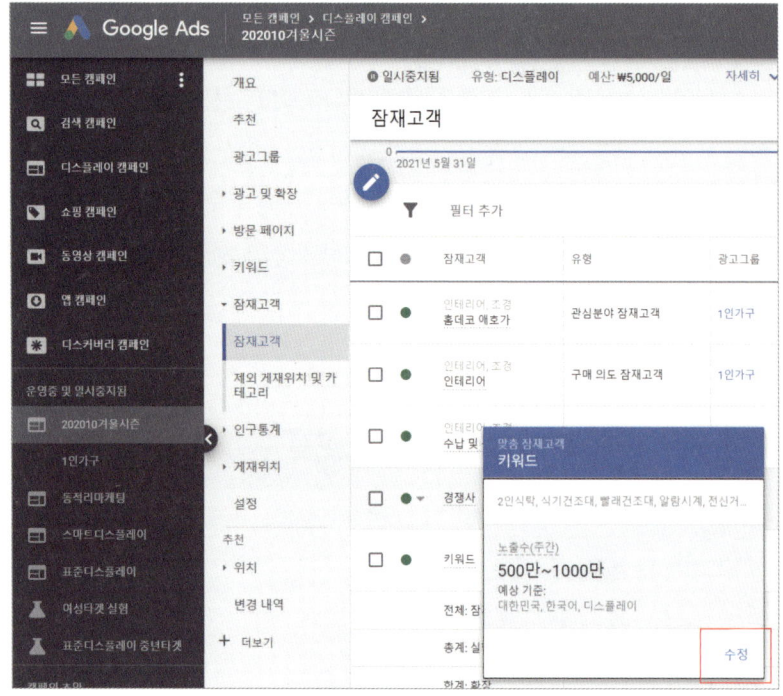

[그림 3.4_12] 맞춤 잠재고객 ⑥

혹시 광고 그룹 B에 맞는 맞춤 잠재고객이 필요한가요? 그럼 복붙하지 말고, [그림 3.4_5]나 [그림 3.4_11]과 같은 화면이든 어떤 경로를 통해서든지 맞춤 잠재고객을 새로 만드세요! [광고 그룹] 〉 [잠재고객]의 맞춤 잠재고객은 모두 스패너 모양 [도구]에서 불러와지는 것입니다.

망치를 든 사람에게는 모든 것이 못으로 보인다고, 키워드에 익숙한 분들은 맞춤 잠재고객(세그먼트)를 만들 때에도 네이버 키워드 사고 방식에서 벗어나지를 못합니다. 예를 들어 고가의 뷰티케어 서비스 광고의 맞춤 잠재고객이라면 뷰티 블로그, 뷰티 인스타그램, 뷰티 유튜브 영상 주소와 뷰티 키워드로만 모아서 만드는 거죠. 이 정도면 키워드의 저주입니다.

여러분! '고가의 뷰티케어'에서 키워드가 뷰티뿐만이 아닙니다. '뷰티'보다는 아마도 '고가'가 더 중요한 잠재고객 타깃팅의 열쇠일 텐데요. 뷰티에 관심이 많지만 돈이 없는 사람과 뷰티에는 남들만큼만 관심이 있지만 돈이 많은 사람 중 나의 고객은 어느 쪽일까요? 고가의 서비스에 지불 능력이 있는 부자들이 가난한 청춘들처럼 유명 뷰티 크리에이터 영상을 소비할까요, 뷰티 블로그 검색하고 있을까요? 부자, 고소득자들은 인터넷에서 어떤 콘텐츠를 소비할지, 그들의 라이프스타일을 생각해 보세요! 맞춤 잠재고객은 그렇게 만드는 겁니다.

Chapter 04

구글 애즈와 친해지기

구글 애즈 UI가 심하게 불친절하다고들 하죠? 네이버나 페이스북 광고 관리자에서는 아무 개념이 없어도 캠페인 탭, 광고 그룹 탭, 광고 탭을 여기저기 클릭하다 보면 찾고 싶은 항목을 찾을 수 있습니다. 머리보다 빠른 손으로 가능했죠. 하지만 구글 애즈는 어려운 UI 때문에 그게 잘 안 됩니다. 그래서 저는 구글 애즈를 머리를 쓰며 이해하기 시작했고, 마침내 어디에서도 배운 적 없고, 누구도 가르쳐 준 적 없는 광고 플랫폼의 공통 UI를 구조적으로 이해하게 되었습니다 이 경험을 토대로, 이 장에서는 광고 플랫폼이면 어디에나 있는 캠페인, 광고 그룹, 광고의 계층 관계를 알려 드립니다.

4.1 첫 화면으로 왕초보 구분하는 법
4.2 캠페인, 광고 그룹, 광고의 계층 관계
4.3 아이돌 센터만 밀어준다, 자비 없는 인공지능
4.4 구글 광고 초보 킬러 – 추천, 날짜, 필터, 행
4.5 파리의 에펠탑, 모든 캠페인

4.1 첫 화면으로 왕초보 구분하는 법

 구글 애즈 캠페인은 삭제해도 삭제되지 않습니다. 삭제되지 않는 저의 구글 애즈 흑역사를 소환해 봅니다.

Q 광고 소재를 만들 때마다 새 캠페인으로 시작하시는군요.
A 네.
Q 보니까 동영상 광고만 계속 하시네요.
A 네.
Q 한 달 동안 지출할 수 있는 광고비가 얼마나 되나요?
A 30만원 정도입니다.
Q 그러면, 30만원 캠페인 하나에 새 동영상을 추가하시죠.

구글 애즈에서 [그림 4.1_1]의 파란색 +(플러스) 버튼, [새 캠페인]을 얼마나 자주 클릭하시나요? 새 캠페인을 자주 만들수록 십중팔구 구글 광고 초보입니다.

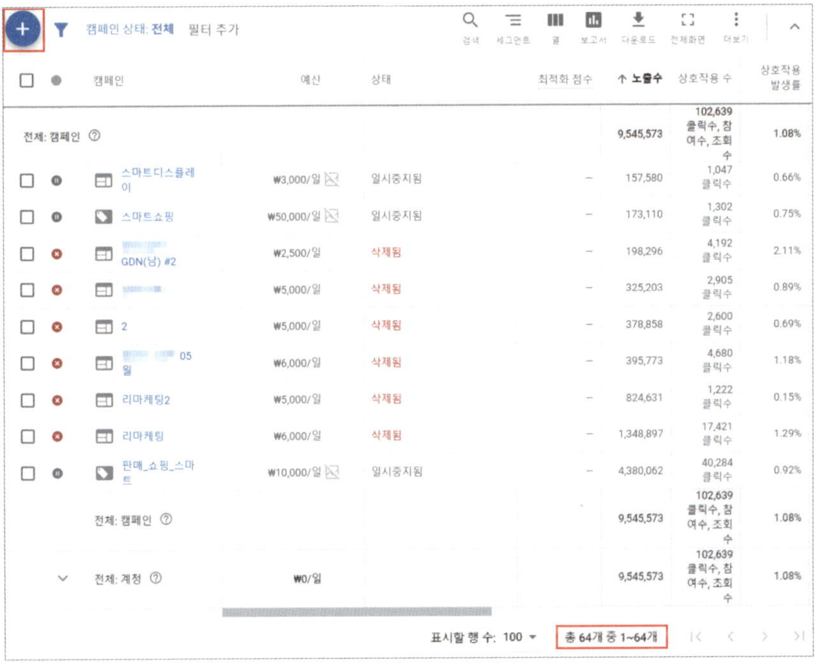

[그림 4.1_1] 왕초보 시절

[그림 4.1_1]은 2016년부터 운영한 제 구글 애즈 계정인데, 이 계정에서 만든 캠페인이 무려 64개입니다. 왜 그렇게 많냐고요? 2016년에는 저도 구글 애즈 왕초보였습니다. 광고 소재 하나 만들 때마다 파란색 +(플러스) 버튼, 새 캠페인부터 시작했더니 캠페인 수가 크게 불어난 겁니다. 아래와 같은 방식으로 말이죠.

사례 광고 소재 생성 시마다 캠페인을 만든 바람에 예산을 계속 변경함

a, b라는 배너를 만들고 일 예산 1만원짜리 디스플레이 캠페인 A을 만들었습니다. 얼마 후에 c, d 배너를 또 만들고 파란색 +(플러스) 버튼을 클릭하니 디스플레이 캠페인 B의 예산을 또 입력하라고 합니다. 내가 하루에 쓸 수 있는 광고 예산은 1만원인데, 이미 디스플레이 캠페인 A가 1만원으로 되어 있으니까 디스플레이 캠페인 B의 예산을 5천으로 하고 광고 등록까지 모든 과정을 마친 다음, 재빨리 디스플레이 캠페인 A의 1만원 예산을 5천원으로 고쳐서 디스플레이 캠

페인 2개의 총 예산을 1만원으로 조정합니다. 그리고 이번엔 동영상 e를 만듭니다. 며칠 후 동영상이 완성되었지만 총 예산은 여전히 일 1만원입니다. 동영상 캠페인 C의 예산은 디스플레이 캠페인 A, B에서 조금씩 떼어 옵니다.

위 사례의 문제를 진단하기 전에, 우선 짚고 넘어갈 것이 있습니다. 2.4에서 AI의 머신러닝 기간은 2~4주이며, 이 기간에는 가급적 광고 수정을 하면 안 된다고 했습니다. 또한 광고 소재나 타깃팅보다 예산, 입찰, CPA처럼 돈과 관련한 것을 수정하는 것이 훨씬 치명적이니 각별히 주의해야 한다고 했습니다.

자, 그럼 위 사례에서 어떤 문제들이 보이나요? 여기엔 세 가지 문제가 있습니다. 첫 번째 문제는 일주일이 멀다 하고 예산을 큰 폭으로 계속 변경한 것입니다. 이런 식으로는 머신러닝을 할 수가 없죠. 잦은 예산 변경은 머신러닝을 완료할 수 없게 만듭니다. 두 번째 문제는 예산 사이즈를 계속 줄인 것입니다. AI에게는 뭐든지 빅(Big) 해야 한다고 했습니다. 세 번째는 디스플레이 캠페인 A, B가 서로 경쟁하는 일명 카니발리제이션^{Cannibalization}입니다. 참고로 두 번째 문제에 대해서는 '5.4 입찰의 종류'에서 더 자세히 다루겠습니다.

> 회사의 대표님 혹은 팀장님들! 구글 광고를 처음 시작하는 구글 광고 담당자에게 구글 광고 종류마다 1만원씩 만들어 보라고 지시하지 마시고, 다음 절 '4.2 캠페인, 광고 그룹, 광고의 계층 관계'와 입찰의 종류만이라도 꼭 읽어보시기 바랍니다. 뭐든 만드는 것이 능사는 아닙니다.

4.2 캠페인, 광고 그룹, 광고의 계층 관계

 이 절에서 다룰 내용은 광고를 시켜서 하는 사람과 스마트하게 하는 사람을 구분하는 결정적인 대목이 될 것입니다. 그리고 광고 운영에 관해 권한이 많은 사람일수록 꼭 알아야 하는 개념 또한 있습니다. 이 개념을 알면 구글 애즈를 인공지능 육성 게임처럼 즐길 수 있게 될 겁니다.

> **Q** 구글 광고는 오래 할수록 좋다는데요, 우리 회사는 시즌별로 광고가 바뀌어야 해서 한 광고를 오래 할 수가 없어요.
> **A** 예산, 입찰 같이 돈과 관련된 머신러닝이 오래 할수록 좋은 거구요. 예산과 입찰은 '캠페인' 단입니다. 시즌별로 광고 소재만 바꾸면 됩니다. 광고 소재를 바꿀 때마다 새 캠페인을 시작해야 하는 건 아니에요.

네이버든 페이스북이든 어떤 광고든 간에 모든 광고 플랫폼에는 캠페인, 광고 그룹, 광고라는 계층이 있습니다. 다른 광고 플랫폼들은 이것들이 뭔지 몰라도 문제가 되지 않는 UI/UX입니다. 어디서 봤는데, 어디쯤 있었는데 하며 여기저기 꾹꾹 누르다 보면 찾아서 하려던 일을 할 수 있습니다.

그런데 구글 애즈는 그게 잘 안 됩니다. 뭘 눌러도 뭐가 나오긴 하는데 항상 다른 게 나옵니다. '봤는데, 분명히 봤는데…' 아무리 찾아봐도 찾을 수 없으면 '없어졌나?' 한 적이 한두 번이 아닙니다. 광고 관련 콘텐츠가 얼마나 많은데, 이걸 가르쳐주는 데는 없었습니다. 저도 이 개념은 굉장히 어렵게 잡았습니다. 얼마나 어려운지 표현하자면, 구글 애즈 자체가 큰 퍼즐 같았습니다(구글 애즈 경험자라면 대부분 동의하지 않을까 싶군요).

당시 제가 느낀 구글 애즈를 좀 더 자세하게 표현하자면, 몇 피스짜리인지도 모르겠고, 다 맞추면 어떤 모양인지도 모르는 퍼즐이었습니다. 이러니 퍼즐 몇 조각으로는 완성체를 도저히 감을 잡을 수가 없었죠. 수년간 이리저리 돌려 보며 맞춰지는 부분을 찾았고, 그 와중에 새로운 퍼즐 조각들이 생겨 났습니다. 얼추 퍼즐을 끼워 맞췄을 때는 새로운 퍼즐 조각이 나와봐야 중간중간 빈 부분이나 가장자리에 위치할 퍼즐 같은데, 그럼에도 이 퍼즐이 무슨 그림인지는 여전히 몰랐습니다. 그러던 어느 날! 마침내! 문득! 이 퍼즐의 정체를 알았습니다. 매직아이였습니다~

어쩌면 이 책의 전체 내용이 이 매직아이에 대한 이야기일 수 있는데, 저는 이 3D 매직아이의 정수가 바로 이 책의 2.1 그리고 4.2절이라고 생각합니다. 여러분들도 구글 애즈의 스패너 모양, [도구]와 함께 캠페인, 광고 그룹, 광고의 계층 관계에서 어떤 섬광이 스치며, 구글 광고에 눈이 번쩍 뜨이는 개안(開眼)을 경험하시기 바랍니다.

4.2.1 캠페인

캠페인은 광고의 최상위 플랜으로 위치, 언어, 예산, 입찰을 계획할 수 있습니다. 어느 지역에 어떤 언어로 무슨 입찰에 일 예산이 얼마인지 알고 싶은 캠페인을 선택하고 설정을 할 수 있죠.

[그림 4.2_1]은 캠페인 목록 화면입니다. 그리고 [설정]이 보이는데, 내가 원하는 캠페인의 설정을 확인해 보겠다고 무작정 클릭하면 헤맬 수 있습니다. 특히 이 그림처럼 캠페인이 이렇게 하나뿐일 때는 캠페인 설정을 헷갈릴 수 있는데, 어떻게 제대로 찾아가는지 알려 드리겠습니다.

[그림 4.2_1] 모든 캠페인

예를 들어 특정 게시물의 설정을 수정하려 한다면, 게시판 목록에서 게시물 선택 후 설정 화면으로 가야겠죠? 특정 캠페인을 수정하는 방법도 이와 마찬가지입니다. [그림 4.2_2]처럼 캠페인 선택 즉, [모든 캠페인] > [캠페인 이름]이 선택된 상태에서 [설정]을 클릭해야 합니다. 광고 그룹, 광고 등에서 [설정]을 눌러도 캠페인 설정 화면으로 넘어가긴 하지만, 수정할 수는 없습니다. 사실상 [설정]은 캠페인 전용 설정이니 다름없습니다.

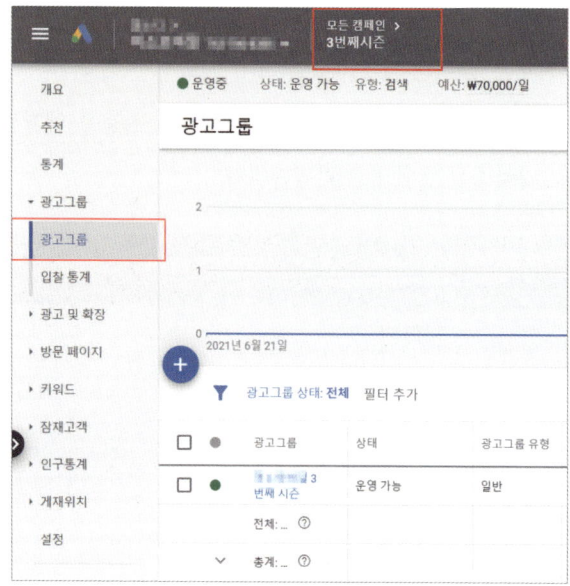

[그림 4.2_2] 캠페인 선택

[그림 4.2_3]은 '3번째시즌' 캠페인의 설정 화면입니다. **[위치], [언어], [예산], [입찰]**을 확인하고 수정할 수 있습니다. 위치는 대한민국, 예산은 7만원으로 설정되어 있는데, 예산은 그대로 두고 위치에 미국을 추가한다고 가정하겠습니다.

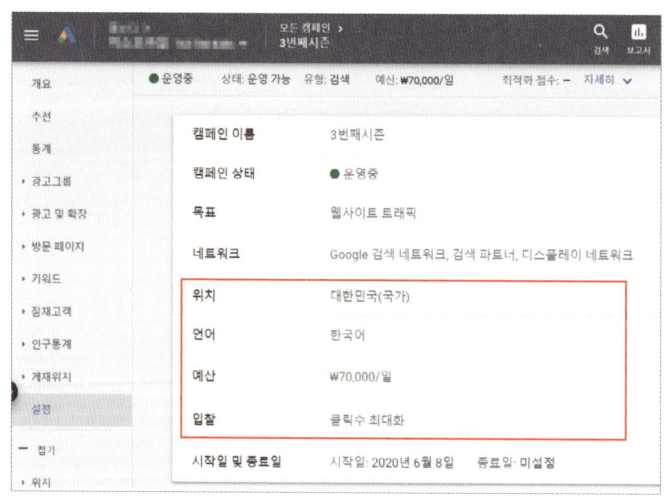

[그림 4.2_3] 캠페인 설정 화면

위치는 지정하기 나름이라 [그림 4.2_4]와 같이 위치를 대한민국, 미국으로 하면 됩니다.

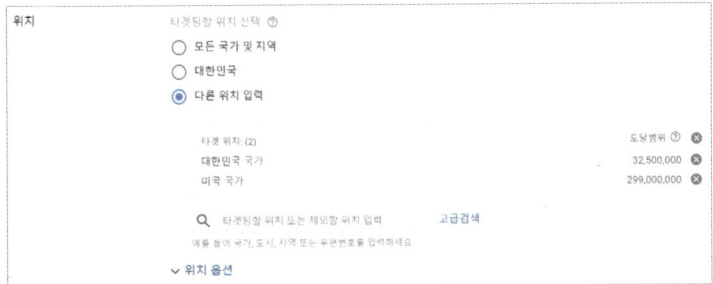

[그림 4.2_4] 캠페인 위치 설정

그런데 위치에 미국을 추가하고 예산을 미국에 3만원, 한국에 4만원으로 나누고 싶은 경우라면 어떨까요? [그림 4.2_5]와 같이 예산의 입력란은 1개뿐이라서 캠페인 하나로는 안 되고, 3만원짜리 캠페인(위치: 미국)과 4만원짜리 캠페인(위치: 대한민국)으로 나누어야 합니다. 그럼 더 나아가서, 이렇게 분리한 4만원짜리 대한민국 캠페인을 2만원은 클릭수 최대화 입찰, 2만원은 전환수 최대화 입찰로 변경한다면 어떨까요? 입찰 선략도 캠페인당 하나만 설정할 수 있습니다. 따라서 캠페인의 수는 최종 3개가 되어야 합니다.

[그림 4.2_5] 캠페인 예산 설정

> **잊지 마세요! 캠페인은 광고의 최상위 플랜!**
>
> 캠페인은 광고의 최상위 플랜입니다. 광고 계획을 세울 때 캠페인 설정을 잘 고려해야 리스크를 줄일 수 있습니다. 한 가지 예를 들어 보겠습니다. 제가 알려 드린 캠페인 설정을 잘 이해했는지 한번 점검해 보세요.
>
> 여러분은 쇼핑몰 광고주로서 검색 광고와 쇼핑 광고를 운영할 계획이라고 가정해 보겠습니다. 일 30만원의 예산을 사용할 수 있으며 검색 광고는 준비가 되었고, 쇼핑 광고는 준비 중입니다. 그렇다면 캠페인을 어떻게 설정하는 것이 좋을까요? 검색 광고를 먼저 만들어 일단 일 예산을 30만원을 모두 입찰하다가, 쇼핑 광고를 시작할 때는 검색 15만원, 쇼핑 15만원으로 예산을 수정하시겠습니까? 쇼핑 광고 아이디어가 느닷없이 튀어나온 게 아니라면 처음부터 15만원짜리 검색 캠페인으로 만들어야 검색 광고의 머신러닝에 지장이 없겠죠?
>
> 이처럼 광고 계획을 세울 때는 광고 유형, 입찰 전략 등을 잘 고려해서 캠페인 운영에 차질이 생기지 않도록 유의해 주세요.

이제 캠페인이 무엇인지 아셨죠? 캠페인은 광고 유형별로도 제각각이어서 하나의 캠페인에 검색 광고와 동영상 광고를 섞어서 설정할 수 없습니다. 검색 캠페인, 동영상 캠페인을 따로 해야 합니다.

자, 우리 회사가 구글 광고에 사용할 수 있는 예산을 먼저 뽑아 보세요. 그리고 어떤 유형의 광고를 할지 생각해서 캠페인 설계를 해보세요. 캠페인 단의 개념이 없으면 [그림 4.1_1]과 같은 왕초보가 되는 것입니다.

4.2.2 광고 그룹

광고 그룹은 광고를 담는 그릇이자 타깃팅입니다. '타깃팅'하니까 3.4에서 디스플레이 광고의 타깃팅 설정이 떠오르지 않나요? 타깃팅 설정을 시작할 때, 타깃팅 종류로 키워드, 잠재고객, 인구통계, 게재위치, 주제 이렇게 5가지가 있었죠. 타깃팅은 화면 어디에서나 바로 갈 수 있습니다. 그렇기 때문에 사실상 설정은 캠페인만을 위한 것입니다. 타깃팅은 작업할 캠페인의 광고 그룹을 먼저 선택하고, 키워드, 잠재고객, 인구통계, 게재위치를 바로 클릭합니다. 예를 들어 [그림 4.2_6]의 광고 그룹 목록에서 '압축팩' 광고 그룹을 클릭하면 그 광고 그룹에 속해 있는 광고로 내려 갑니다. 여기서 광고 그룹의 타깃팅 작업은 키워드, 잠재고객, 인구통계, 게재위치로 바로 접근하세요.

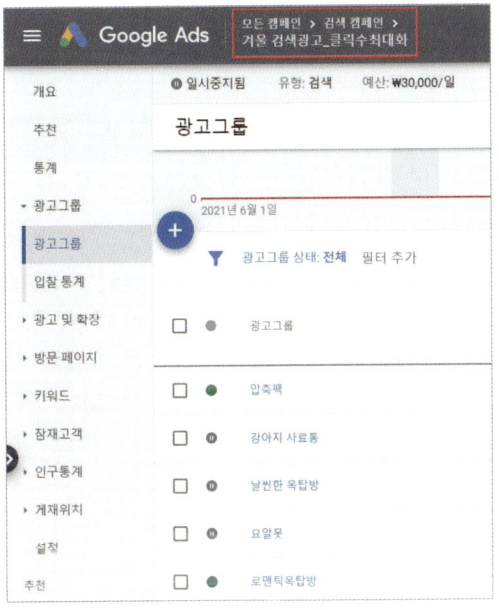

[그림 4.2_6] 광고 그룹

4.2.3 광고

사용자들에게 노출되는 게 바로 광고 소재(광고 애셋)입니다. 그런데 남의 광고 소재만 보고 입찰은 얼마나 하고, 어떤 타깃팅으로 나오는지는 알 수 없습니다. 만약 배너를 만들었는데 운영 중인 디스플레이 캠페인이 하나도 없다면 당연히 새 캠페인을 만들어야 합니다. 하지만 운영 중인 디스플레이 캠페인이 있는 경우에는 다릅니다. 4.1에서 본 왕초보처럼 디스플레이 캠페인이 있든 없든 광고 소재를 만들 때마다 캠페인부터 만드는 것은 잘못된 광고 운영 방식입니다. 그렇다면 캠페인이 이미 있는 경우에 광고 소재는 어떻게 올려야 할까요?

■ **운영 중인 디스플레이 캠페인에 새로운 광고 소재를 추가하는 방법**

운영 중인 디스플레이 캠페인을 우선 선택합니다. 그리고 광고 소재가 노출되기를 원하는 광고 그룹, 즉 타깃팅 그룹을 선택한 후 [광고]에서 파란색 +(플러스)버튼을 눌러 원하는 위치에 광고를 추가합니다. [그림 4.2_7] 상단을 보면 [모든 캠페인] > [202010겨울시즌] (캠페인) > [1인가구] (광고그룹)순으로 경로가 확인됩니다.

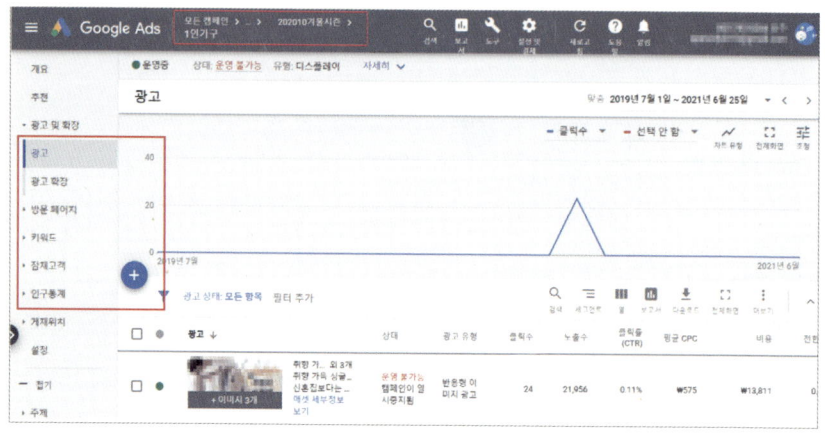

[그림 4.2_7] 광고 ①

자, 여기서 문제를 내겠습니다! 한 캠페인의 잠재고객 광고 그룹에는 광고 소재 '빨강', '노랑', '파랑'이 있습니다. 그리고 다른 캠페인의 잠재고객 광고 그룹, 게재위치 광고 그룹, 키워드 광고 그룹에 광고 소재 '빨강'이 하나씩 있습니다(그림 4.2_8). 각 캠페인을 광고 시 광고 소재의 노출에 어떤 차이가 있을까요?

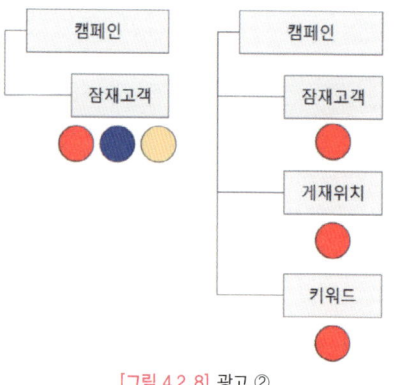

[그림 4.2_8] 광고 ②

전자는 하나의 타깃팅 그룹에 3개의 메시지를 전달하는 것으로, 세 가지 중 인기 있는 광고 소재를 발견할 수 있습니다. 그리고 후자는 하나의 광고 소재를 여러 종류의 타깃팅 그룹에 노출하는 것으로, 더 뛰어난 타깃팅 그룹을 발견할 수 있습니다.

이외에도 타깃팅별로 광고 소재도 구분할 필요가 있다면 아래처럼 설정해 볼 수 있습니다(그림 4.2_9). AI는 뭐든지 사이즈가 클수록 좋다고 했었죠? 광고 소재 또한 많을수록 좋습니다.

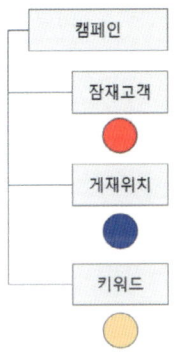

[그림 4.2_9] 광고 ③

그런데 [그림 4.2_10]처럼 신규 타깃팅과 리마케팅 타깃팅의 광고 소재를 구분한다면 어떨까요?

[그림 4.2_10] 광고 ④

리마케팅 잠재고객은 우리 사이트를 한번 방문했다가 이탈한 잠재고객입니다. 이들에게는 우리 사이트를 **다시 방문할 새로운 이유**를 전달해야 하지 않을까요? 그런데 많은 광고주가 이 부분을 간과합니다. 동적 리마케팅^{쇼핑몰의 상품 이미지를 AI가 자동 광고 애셋으로 사용하는 리마케팅}이 아닐 경우, 과연 같은 메시지를 반복 노출한다고 달라질 게 있을까요? ==똑같은 광고 소재를 반복 사용하면서 다른 결과를 기대하는 건, '같은 행동을 반복하면서 다른 결과를 기대하는 것은 미친 짓'이라는 아인슈타인의 명언을 떠올리게 합니다.==

참고로 4.1의 왕초보가 운영한 캠페인, 광고 그룹, 광고는 [그림 4.2_11]과 같습니다. 웃음이 터졌다면 완전히 이해하고 공감하신 겁니다.

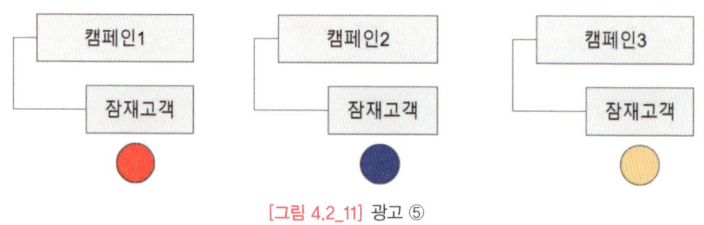

[그림 4.2_11] 광고 ⑤

캠페인, 광고 그룹, 광고를 다른 관점에서 접근해 보겠습니다. 캠페인은 위치, 언어, 입찰, 예산에 관여하는 것이기 때문에 사업 방향, 회사 재정 능력과 밀접한 관련이 있습니다. 사업 목적과 회사 사정에 맞게 한번 잘 계획해 놓으면 장기간 손을 댈 일이 별로 없습니다. 구글 애즈에서 타깃팅은 사실상 사람이 고민할 영역이 아닙니다. AI가 잘 알아서 합니다. **광고를 사람 고집대로 하겠다고 시간을 낭비하지 말고, AI가 만들어 주는 데이터에서 발견하세요! 사람이 정말 열심히 신경 써야 할 것은 광고 예산, 광고 소재입니다.** 광고 예산은 AI의 총이요, 광고 소재는 AI의 칼입니다. '예산과 광고 소재를 크고 풍부하게 해주기'. AI가 사람에게 바라는 것은 이것뿐입니다.

4.3 아이돌 센터만 밀어준다, 자비 없는 인공지능

 어떤 것을 선택하고 집중할지 결정하기 어려운 분들에게 특히 유용한, 인공지능의 특징을 알아봅니다.

(같은 데이터, 다른 실행)

Q1, 2 우리 서비스 타깃 고객은 여성인데, 남성 클릭이 훨씬 더 많네요.
Q1 성별에서 남성은 빼주세요.
A (BAD)
Q2 여성 타깃으로 배너를 이쁘게 만들었는데, 남자들이 좋아할 만한 배너도 만들어 드릴게요.
A (VERY GOOD)

■ 자비 없는 인공지능

왜 이 절의 제목이 '자비 없는 인공지능'일까요? 한 가지 예를 들어 보겠습니다. 앞에서 본 [그림 4.2_10] 캠페인의 일 예산은 9만원입니다. 캠페인 아래에는 3가지 광고 그룹(구매의도, 관심사, 리마케팅)이 있는데, 각 광고 그룹은 캠페인 예산을 어떻게 나눠 쓸까요? 언뜻 보면 1/3씩 사용할 것 같지만 절대 그렇지 않습니다. 잘 나가는 광고 그룹이 돈을 가장 많이 사용합니다. 이처럼 AI는 자비를 모릅니다. 철저히 성과주의이죠.

■ 인공지능의 성과주의

[그림 4.3_1]에서는 4번 광고 그룹이 발군이고, 1~3번 광고 그룹은 비슷비슷합니다. 앞에서도 클릭률은 중요하지 않다고 했습니다. 3번 광고 그룹의 클릭률이 높아도 AI가 광고를 노출시켜 주지 않으면 아무 의미 없습니다. 클릭률을 전환율로 바꿔 보아도 마찬가지입니다.

광고그룹	전환수	전환당비용	↓ 비용	노출수	클릭수	클릭률 (CTR)	전환율
04.	549.00	₩5,587	₩3,067,438	218,976	2,065	0.94%	1.14%
03.	265.00	₩6,468	₩1,713,975	113,484	1,811	1.60%	1.81%
02.	270.00	₩5,873	₩1,585,833	122,369	1,465	1.20%	2.24%
01.	256.00	₩5,326	₩1,363,550	154,242	1,368	0.89%	3.85%

[그림 4.3_1] 성과주의 AI ①

광고 그룹의 세부 타깃팅에서도 AI의 성과주의는 계속됩니다. 다음 두 가지 사례를 살펴보겠습니다.

사례 1 | 맞춤 잠재고객의 성과가 뛰어난 경우

국내 광고는 맞춤 잠재고객의 성과가 뛰어난 경우가 자주 발견되는 편인데, [그림 4.3_2]가 그러합니다. 여기서 '관심사' 잠재고객이 맞춤 잠재고객인데, [비용] 열을 보면 이 잠재고객에 예산이 거의 몰려 있습니다.

잠재고객	↓ 비용	노출수	클릭수	클릭률(CTR)	평균 CPC
관심사	₩20,784,020	52,210,253	332,441	0.64%	₩63
부동산 주거용 부동산	₩128,755	297,670	1,703	0.57%	₩76
부동산	₩38,175	97,085	458	0.47%	₩83
부동산 > 상업용 부동산 상업용 부동산(매매)	₩23,797	59,582	279	0.47%	₩85
부동산 > 주거용 부동산 주거용 부동산(매매)	₩19,762	45,079	236	0.52%	₩84
부동산 > 주거용 부동산 주거용 부동산(임대)	₩18,270	35,483	217	0.61%	₩84
부동산 > 주거용 부동산 > 주거... 주택(매매)	₩6,412	16,558	87	0.53%	₩74

[그림 4.3_2] 성과주의 AI ②

사례 2 **구글 애즈의 기성 타깃팅 잠재고객의 성과가 뛰어난 경우**

반면에 맞춤 잠재고객보다 다른 잠재고객의 성과가 더 빛나는 경우도 있습니다. [그림 4.3_3]을 살펴볼까요? '검색키워드', '구매의도', 'youtube', '구글 광고 경쟁자'를 맞춤 잠재고객으로 설정했지만, AI는 맞춤 잠재고객보다 구글 애즈의 기성 타깃팅 잠재고객에 훨씬 많은 기회를 주었습니다.

잠재고객	↓ 비용	노출수	클릭수	클릭률(CTR)	평균 CPC
비즈니스 서비스	₩1,248,575	271,120	1,983	0.73%	₩630
시즌별 쇼핑	₩1,139,427	124,434	1,269	1.02%	₩898
교육	₩902,517	327,373	1,733	0.53%	₩521
인테리어, 조경 집안 장식	₩844,086	131,694	900	0.68%	₩938
소비자 가전	₩563,188	200,727	1,057	0.53%	₩533
라이프스타일 및 취미	₩458,155	80,871	600	0.74%	₩764
기술	₩395,316	41,001	381	0.93%	₩1,038
인테리어, 조경 아웃도어 상품	₩237,660	83,016	313	0.38%	₩759
검색키워드	₩200,932	31,849	360	1.13%	₩575
인테리어, 조경	₩126,850	15,975	121	0.76%	₩1,048
선물, 기념일	₩102,237	25,928	136	0.52%	₩752
라이프스타일 및 취미 친환경 생활 애호가	₩56,841	32,822	57	0.17%	₩997
인테리어, 조경 > 홈 가든 서 전기 서비스	₩40,177	5,561	27	0.49%	₩1,488
여행	₩34,827	21,006	72	0.34%	₩484
채널영상 조회자 너무 작아 디스플레이 네트 워크에서 타겟팅할 수 없음	₩0	0	0	–	–
구매의도	₩0	0	0	–	–
youtube	₩0	0	0	–	–
구글 광고 경쟁자	₩0	0	0	–	–

[그림 4.3_3] 성과주이 AI ③

■ 타깃팅은 고민할 게 아니라 발견하는 것

한국 사람들은 대체로 [그림 4.3_4]의 잠재고객 창만 열리면 작두를 타려고 합니다. "이건 맞고, 이건 아니고, 이건 되고, 저건 안 되고…" 본인이 점을 치려고 합니다.

[그림 4.3_4] 잠재고객 추천

잠깐 생각해 봅시다. 내가 설정한 타깃팅이 맞나, 안 맞나 고민할 필요가 없습니다. 타깃팅 설정이 잘못되었으면 AI가 돈을 쓰지 않습니다. 타깃팅에 심혈을 기울인다고 그게 정답이라는 보장도 없고 타깃팅을 헤프게 한다고 손해 볼 것도 없습니다. 가능한 넓은 타깃팅 범위를 주고 그 안에서 AI가 어떤 선택을 하는지 발견하겠다는 태도를 가지십시오. **AI 광고에서 사람이 할 일은** 예산, 타깃팅, 광고 애셋 등 모든 면에서 AI에게 많은 선택지를 주고 **발견하는 일입니다.**

> [그림 4.3_3]의 하단처럼 AI가 노출을 전혀 시키지 않아 노출수부터 전환, 클릭 데이터가 0인 타깃팅들이 생기기도 합니다. 쓰지 않는 타깃팅이니 깨끗이 지우고 싶은 생각이 강하게 들기도 합니다. 가만히 두기 어려운 심정은 이해되지만 이렇게 깨끗하게 0인 타깃팅은 지울 필요가 없습니다. 차라리 안 지우는 편이 이로울 수도 있습니다.

혹시 모를 어떤 유행으로 갑자기 떠오른 타깃팅을 발견할 수 있으니 말이죠. 단, 노출과 클릭은 어느 정도 발생하는데 전환 데이터는 항상 0인 타깃팅은 매출은 안 일어나고 지출만 일어나니까 삭제하는 게 좋습니다.

구글 광고할 때는 뭘 하는 것보다 안 하는 것이 더 중요하고 어렵습니다. 뭐라도 해야 직성이 풀릴 것 같은 생각이 들 땐 이 점을 인식하는 방법으로라도 트레이닝해 보세요.

4.4 구글 광고 초보 킬러 - 추천, 날짜, 필터, 행

초보자들이 꼭 한 번은 헤매지만, 알고 보면 간단한('추천'은 예외) 구글 애즈 화면상 함정을 알아봅니다.

> Q 이야~! 광고 성과가 좋다! 예산 증액 추천도 뜨니 한번 파격적으로 증액해 볼까? 일 5만원으로 이 정도 성과가 나오니 10배 증액하면 성과도 10배겠지?
> (다음날)
> 어어어어어어, 왜 이러지? 잘못했나봐. 다시 5만원으로 해야지.
> (다음날)
> 아아아아아아. 안 돼. 예전으로 돌아와! 제발 돌아와!

처음 겪는 일이라 서투른 나머지, 아기 키우는 초보 엄마 아빠들이 거짓말을 하루에도 수십 번을 한다고 하죠? 이런 면에선 초보 구글 애즈 광고주들도 거짓말을 참 많이 합니다. 광고가 클릭이 없는데 돈만 나가고 있다든가, 갑자기 타깃팅이 사라졌다든가, 오늘 데이터 클릭수 ○○, 노출수 ○○○를 확인하면 클릭수 ×××, 노출수 ×××라고 하신다든가…. 2장에서 광고주와 얘기해야 할 때 일단 광고주의 PC로 구글 애즈에 원격 접속한다고 한 것은 서로 같은 데이터를 보고 있을 확률이 낮기 때문이었습니다. 구글 광고 대행 초창기에는 광고주와 통화하는 방법만으로는 광고 상황을 알기 어려워서, 사진을 찍어서 문자로 보내

달라고도 부탁했는데, 구글 애즈 전체 화면이 아니라 본인이 보는 부분만 찍어 보내주셔서 애먹기도 했습니다. 2019년 상반기까지 이런 상황을 수 없이 반복하던 중 한 광고주님께서 원격을 요청하시면서 원격 프로그램을 알게 되고 신세계가 열렸습니다. 이렇게 편한 세상이라니! 그즈음에는 저도 "저는 그렇게 안 보이는데요" 하는 광고주에게는 어디, 어디를 확인해 보시라고 하면 전화 통화만으로도 해결될 만큼 능숙해지긴 했지만 말입니다.

이처럼 막상 보면 간단한데 잘 몰라서 놓치는 바람에 시간을 낭비하면 얼마나 안타까운지 모릅니다. 그래서 이 절에서는 제 경험을 토대로 초보 광고주들이 광고 데이터를 볼 때 특히 놓치는 점, 조심할 점을 모아 보았습니다.

■ **구글 애즈 초보 광고주가 신경 써야 할 3가지**

먼저 구글 애즈 UI상 초보 광고주가 신경 써야 할 것들을 간단히 살펴보겠습니다. 날짜, 필터, 행 딱 3가지입니다.

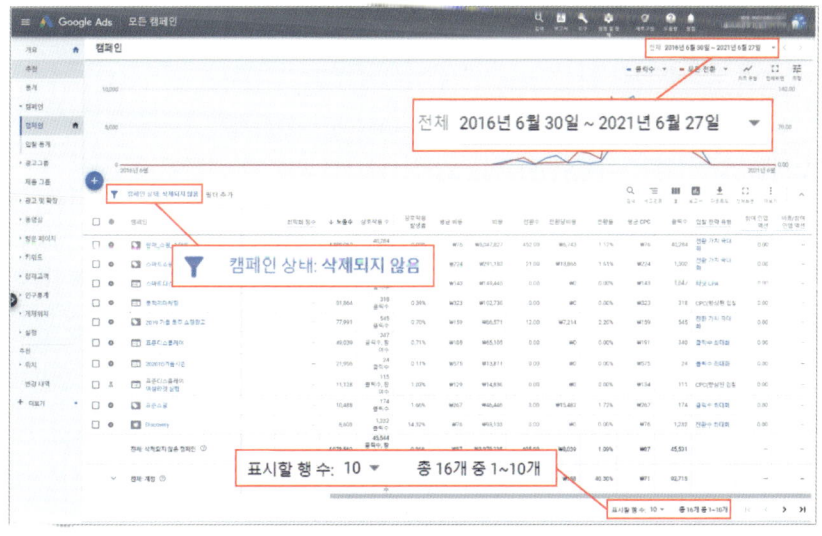

[그림 4.4_1] 날짜, 필터, 행 확인

1. 날짜

정확한 데이터를 못 찾는 광고주 대부분이 다른 날짜로 놓고 데이터가 다르다고 하셨습니다. 날짜를 확인하는 방법은 간단합니다. 화면에서 우측 상단의 날짜 부분을 클릭해 확인하고 싶은 일자를 지정할 수 있습니다. [그림 4.4._2]와 같이 날짜를 달력에서 지정할 수도 있고 [오늘], [어제], [최근 7일]과 같이 많이 쓰는 구간을 한 번에 지정, 이동할 수도 있습니다.

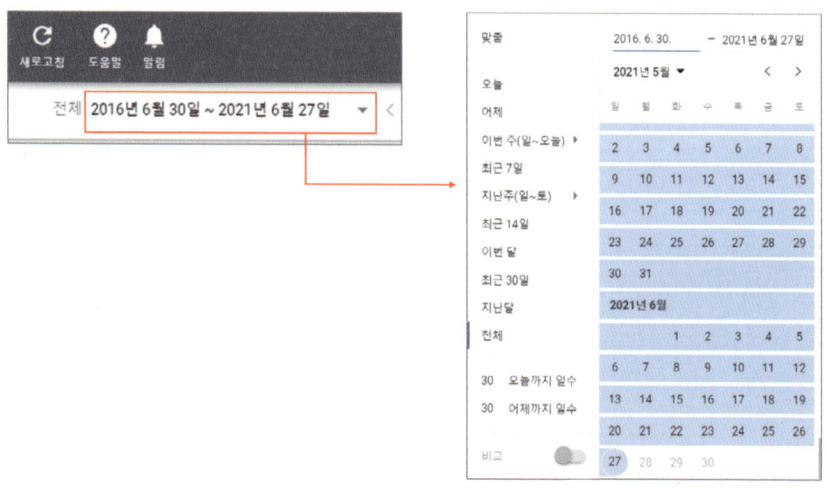

[그림 4.4_2] 날짜 설정

2. 필터

전체 캠페인 화면에서 파란 깔때기 모양 버튼을 눌러 필터를 사용할 수 있습니다. 필터는 캠페인 상태를 분류하는 기능으로, 기본적으로 [전체], [사용 설정됨], [일시중지됨] 중 하나씩 선택해서 볼 수 있습니다. 예를 들어 캠페인을 일시 중지해 놓았는데 필터가 [사용 설정됨]으로 분류되어 있으면 중지된 캠페인과 삭제된 캠페인은 나오지 않습니다.

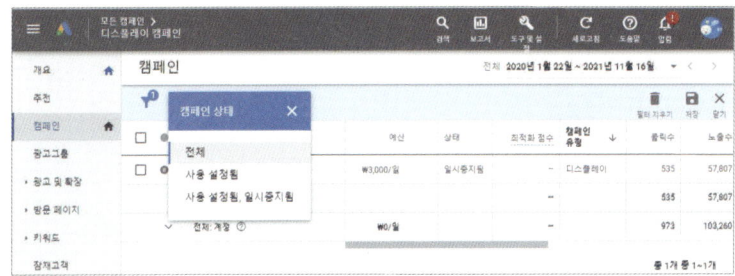

[그림 4.4_3] 기본 필터 설정

가끔은 기본 필터 외의 필터가 걸려 있기도 합니다(그림 4.4_4). 그럴 때는 x(닫기)를 눌러 필터를 제거하면 기본 필터의 설정대로 모두 나옵니다.

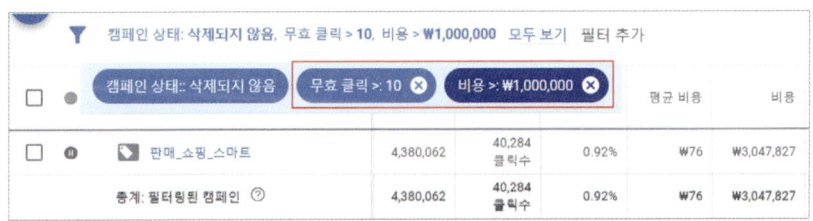

[그림 4.4_4] 기타 필터

3. 행

마지막으로 볼 것은 행입니다. 예를 들어 [그림 4.4_1]처럼 표시할 행 수를 10으로 설정했는데 내 캠페인의 총 행 수가 10을 넘으면 11행부터는 보이지 않습니다. 이럴 땐 표시할 행 수를 충분히 늘려주면 해결됩니다.

■ **추천의 함정**

날짜, 필터, 행은 비교적 쉽게 판단해서 원하는 설정으로 변경할 수 있습니다. 그런데 앞에서도 언급했듯이 초보 광고주들이 조심할 점이 있었죠? 그건 바로 [추천]입니다. 추천은 반드시 나에게 꼭 맞는 추천만 뜨는 게 아니어서 어렵습니다. 구글 애즈는 이런 것도 저런 것도 할 수 있으니 이것도 해보고 저것도 해보라는 추천, 도달 범위를 확대하라는 추천, 도달 범위 확대를 위해 예산을 증액하라는 추천이 가장 많습니다. 저예산 광고주들에게 특히 난감한 추천들입니다.

추천의 예를 한번 살펴보겠습니다. [그림 4.4_5]의 첫 번째 추천은 동영상 광고를 유튜브로만 한정하지 말고 노출 영역을 넓혀 도달범위를 확대하라는 것입니다.

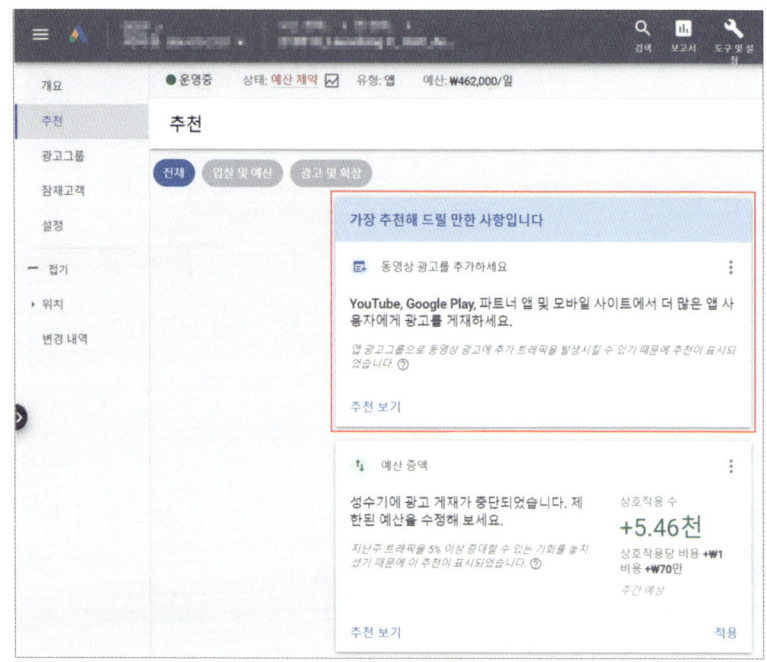

[그림 4.4_5] 추천 ①

[그림 4.4_6]의 키워드를 추천하는 두 번째 추천은 새 키워드를 추가하라는 것입니다. 이 광고주는 주방 매트, 욕실 매트를 키워드로 하는데, 엉뚱하게도 요가 매트를 추천했군요. 이렇게 난데없는 키워드 추천 역시 대체로 광고주가 받아들이기 힘듭니다.

[그림 4.4_6] 추천 ②

앞서 구글 애즈는 이런 것도 저런 것도 할 수 있으니 이것도 해보고 저것도 해보라는 추천이 많다고 했습니다. 예를 들면 입찰 변경을 해보라고 추천하기도 하죠. 보통 클릭수 최대화 입찰은 전환수 최대화, 전환수 최대화 입찰은 tCPA를 주전합니다. 그런데 광고주들을 함정에 빠트리는 추천이 간혹 있습니다. [그림 4.4_7]은 스마트스토어처럼 전환 설정이 불가한 광고인데, 첫 번째 추천은 전환 입찰을 해보라고 합니다. 이것은 광고주에 최적화된 추천이 아닙니다. 하지만 초보 광고주가 이런 것을 구분하기는 어렵습니다.

[그림 4.4_7] 추천 ③

- **특히 주의해야 할 추천**

머신러닝 기간 중에는 추천이 뜨더라도 가급적이면 광고 수정을 하지 않도록 주의하세요. 물론 광고 소재 추가나 제외 키워드 관리 등은 어쩔 수 없이 해야 할 때가 있습니다. 하지만 이럴 때에도 어제는 키워드 1개 추가, 오늘은 광고 소재 수정, 내일은 광고 소재 추가, 모레는 제외 키워드 추가 이렇게 매일 뭔가 하나씩 변경하는 습관은 좋지 않습니다. 광고 소재나 키워드 관리도 머신러닝 기간 중에는 시간 간격을 두고 모았다가 하세요. 네이버 광고하시던 분들 중에 어제 키워드 CPC를 50원 올렸다가 오늘 50원 내리고 내일 또 50원 올리는 등의 무의미한 수정을 매일 반복하시는 분들이 많았습니다. 구글 광고는 무엇을 하는 것보다 하지 않는 게 더 중요합니다.

그리고 무엇보다 가장 조심할 점은 머신러닝 기간 중 입찰, 예산 같이 돈에 관련한 수정을 추천하는 경우입니다. 머신러닝 기간 중인데 추천에 예산 증액하라고 떴다고 뜰 때마다 적용하시면 안 됩니다. 마지막 입찰/예산 관련 변경일이 언제인지 확인하고 적용하세요(이런 점 때문에 2.4에서 캠페인 이름에 생성 또는 수정일을 기록하라고 했습니다). 하물며 입찰은 예산보다 더 어려운 문제입니다. 입찰에 관해서는 '5.4 입찰의 종류'에서 자세히 알아보겠습니다.

이 절의 예문에서, 예산을 수정했더니 만족스러웠던 어제와 달리 망가져 버린 듯한 데이터가 나왔죠? 그 이유는 새 예산으로 시작한 오늘이 첫날이기 때문입니다. 예산에 급격한 변화가 생기니 머신러닝이 다시 시작된 것이죠. 이럴 경우에는 맨처음 광고처럼 잘되기만을 기다리는 수밖에 없습니다.

5만원 예산을 50만원으로 올렸다 다시 5만원으로 내린다고 되돌려지지 않습니다. 오히려 급격한 변동 1번도 받아들이기 힘든데, 연타로 2번의 타격을 준 셈이죠. 연타를 맞은 AI가 정신 차리기를 기다리는 수밖에 없습니다. 시간을 대체할 수 있는 것은 없고, 시간이 지나도 예전의 성과는 못 낼 수도 있습니다. **그래서 좋은 광고는 웬만하면 수정하는 것이 아닙니다. 되돌리기가 안 되기 때문입니다.**

머신러닝을 다시 시작하지 않는 선에서 예산을 수정하고 싶다면 참고하세요. 구글 애즈가 권장하는 예산 수정의 폭은 최소 1주 간격으로 예산의 10~15%입니다. AI가 예산이 달라졌는지 눈치 채지 못하도록 어제가 오늘 같고, 오늘이 내일 같게.

> 가끔 1:1 레슨 할 때 제가 그 자리에서 예산 사이즈를 확 키워버리면 공부하시던 광고주께서 "유튜브에서는 이렇게 하지 말라고, 10%씩 천천히 늘리라고 하셨잖아요!"라고 하시곤 합니다. 그러면 저는 이렇게 얘기합니다. "언제 일주일에 10%씩 늘리고 있어요, 충분히 기다리면 되요. 유튜브에서 10~15% 이러는 건 못 기다리는 사람들 얘기에요. 사람들이 제일 못하는 게 기다리는 거거든요." 그런데 말입니다. 이래 기다리나 저래 기다리나 기다리는 건 똑같지 말입니다. 아니! 10만원 예산을 20만원으로 20%씩 올리면 5주가 걸리는데, 한번에 올리면 일주일입니다. 단, 예산을 서서히 올릴 경우에는 성능도 어느 정도 안정적으로 유지될 수 있는 반면, 급격한 예산 수정 후에는 과거 성능을 보장할 수 없는 위험이 커지기는 합니다. 하지만 잠시 얻어걸린 성능이 아니라면 대부분 되던 광고는 계속 잘 됩니다. 잠시 얻어걸린 거였는지, 될 게 됐던 건지는 광고주가 잘 알 겁니다. 자신을 믿으세요.

4.5 파리의 에펠탑, 모든 캠페인

 여행을 하다 길을 잃었을 때, 우리는 그 지역의 랜드마크를 먼저 찾아서 위치를 파악하죠. 이처럼 구글 애즈에서 길을 잃었을 때 유용한 찬스인 '모든 캠페인'을 알아봅니다.

Q 구글 광고를 어떻게 배우셨어요?

A 코로나 이전에는 구글 애즈 고객센터에 전화 문의를 할 수 있었어요. 전화 통화를 엄청나게 했습니다. 물어본 걸 또 물어보고, 또 물어보고. 똑같은 설명이어도 사람마다 관점이 달라서, 설명의 차이가 있고 정보를 다각도로 모아볼 수 있어요. 그렇게 여러 사람의 설명을 듣다 보니 어느 샌가 조금씩 내 것이 되더라구요.

구글 광고 어렵죠? 어디서 뭘 눌러도 뭐가 항상 나오는 걸 보며 '이게 아닌데, 분명히 봤는데 어디서 봤지?' 하다 보면 길을 잃은 느낌이 듭니다. 그럴 때는 [모든 캠페인]을 눌러 처음부터 다시 시작해 보세요.

[그림 4.5_1]처럼 모든 캠페인 화면의 왼쪽을 보면 메뉴가 있습니다.

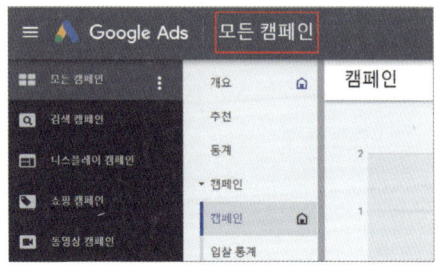

[그림 4.5_1] 모든 캠페인 ①

캠페인별로 설정 및 데이터를 확인하고 싶으면 [모든 캠페인]에서 캠페인, 그리고 캠페인 이름을 눌러 들어갑니다. 그런데 캠페인 수가 늘어나고 광고 유형도 다양해지면 원하는 캠페인 이름을 찾기가 어려워질 수 있습니다. 그럴 때는 [그림 4.5_2]처럼 메뉴를 열어서 [캠페인 유형별로 보기]를 선택하면 편리합니다.

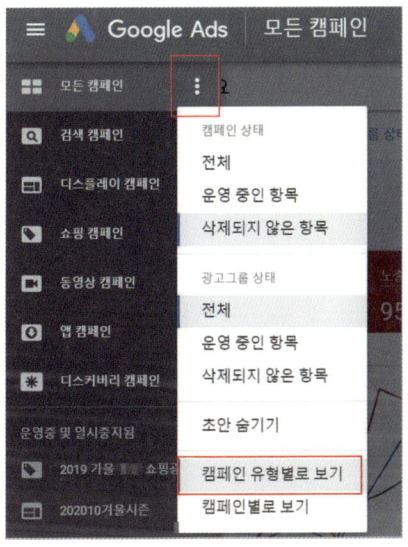

[그림 4.5_2] 모든 캠페인 ②

어려운 구글 광고, 감이 잡힐 때까지 이것저것 해보고 여기저기 클릭해 보는 수밖에 없습니다. 그러다 길을 잃었다 싶을 때 [모든 캠페인]에서 다시 시작합니다.

> 제가 구글 애즈 고객센터에 그렇게 전화 문의를 하면서 가장 많이 들었던 단어가 '모든 캠페인'입니다. 구글 애즈 고객센터에서도 영 힘든 경우에는 원격 지원을 해주지만, 보통은 각자의 모니터를 보면서 전화 상담을 합니다. 그래서 상담 중 길을 잃을 때가 많았고, 그때마다 [모든 캠페인]에서 시작했던 것입니다. 지금 이 시점에서 구글 애즈 고객센터 전화는 되지 않지만, 여전히 계정 전문가 상담은 전화로 가능합니다. 이 전화 찬스를 놓치지 마시고, 계정 전문가 분들에게서 구글 애즈의 언어를 배우세요!

Chapter 05

맨 처음 구글 광고는 쉽게

구글 애즈에는 네이버 광고의 최적화 개념(광고비를 태우기 전 단계 또는 광고 초반의 최적화)이 없습니다. 구글 광고는 광고비를 태워서 인공지능이 잘 배우면 최적화되고, 못 배우면 최적화되지 않습니다. 인공지능이 열심히 학습하는 중인데 사람이 자꾸 '감 놓아라, 배 놓아라' 하면 인공지능이 갈피를 못잡고 우왕좌왕 하게 됩니다. 그러니 구글 광고의 맨 처음 단계에서 광고 최적화는 인공지능에게 맡기고, 이 장에서는 '광고 소재'와 같이 인공지능이 해주지 않는 영역에 더 집중해 봅니다.

5.1 미리 준비해야 할 광고 소재
5.2 캠페인의 목표
5.3 구글 광고의 종류
5.4 입찰의 종류
5.5 타깃팅의 종류
5.6 광고 애셋은 기본 3개
5.7 비승인 광고 대처법

미리 준비해야 할 광고 소재

내 광고를 보여줄 사람을 찾는 것은 구글 애즈가 하지만, 구글 애즈가 찾아낸 사람에게 보여줄 광고 소재는 직접 만들어야 합니다. 어떤 광고 소재를 보고 클릭했는가가 홈페이지 유입 후의 행동을 결정합니다. 이렇게나 광고 소재는 중요합니다. 그러니 이 절을 참고해 광고 소재를 잘 준비해 봅시다.

A 광고 제목과 광고 설명을 입력해 보세요.
Q 그게 뭔가요?
A 검색했을 때 큰 글씨로 짧게 짧게 나오는 게 광고 제목이고, 그 아래에 작은 글씨로 길게 나오는 게 설명입니다.
Q 생각 안 해 봤는데… (우물 쭈물) 꽃배달, 꽃바구니, 화환…
A 아니, 아니요. 그건 키워드구요. 꽃집 소개 책자를 만드신다고 생각하면 상호명 빼고 어떤 말을 제일 큰 글씨로 쓰시겠어요?
Q 근조화환 전문, 전국 당일 무료 꽃배달
A 35byte로 글자수가 초과했습니다. 30byte 이내여야 합니다. 3자 정도 더 짧게 해서, 총 5가지 문구가 필요합니다.

5.1.1 오롯한 광고주의 영역, 광고 소재

> **광고 용어와 친해지기**
>
> 광고 소재를 상세히 알아보기 전에, 광고 소재와 관련한 광고 용어들을 먼저 소개합니다.
> 지금은 가볍게 쭉 훑어보고, 이번 절을 학습하면서 의미를 알고 친해져 봅시다!
>
> CPV(Cost Per View, 조회당 비용) / CPC(Cost Per Click, 클릭당 비용)
> CTR(Click Through Rate, 클릭률) / 전환(Conversion, 광고 목표) / 전환 액션(특정 전환)
> CPA(Cost Per Action, 전환당 비용) / KPI(Key Performance Indicator, 핵심성과지표)

'1.2 광고 없이 구글 애즈 계정 만들기'에서 건너뛰었던 광고(광고 소재)를 준비해 보겠습니다.

신문/잡지/TV로 보던 광고가 이제는 인터넷/앱/유튜브로 나가면서 성과 측정이 상당 부분 용이해졌습니다. 이러한 흐름을 타고 광고에 많은 변화가 있었지만, 예나 지금이나 변하지 않는 진리가 있습니다. 바로 광고의 본질은 광고 소재라는 것입니다. 우리가 광고를 클릭할 때 무엇을 보고 클릭을 하는지 한번 생각해 보세요. 타깃팅을 보고 클릭하나요, 아니면 입찰을 보고 클릭하나요? 둘 다 아닙니다. 우리는 광고 소재를 보고 광고를 클릭(상호작용)합니다. 효율적인 입찰과 타깃팅은 구글 애즈가 제공하지만 광고 소재는 광고주의 몫입니다.

다음 [그림 5.1_1]은 제가 운영하는 앱소디 서비스의 동영상 광고 데이터입니다. 60%에 가까운 조회율에, 광고 영상 시청자 중 18%는 10분이 넘는 영상을 100% 시청했습니다. 2명 중에 한 명 꼴로 광고에 관심 있는 사용자를 찾는 일은 구글 애즈의 타깃팅이 해낼 수 있지만, 그 관심을 유지하는 것은 광고 소재의 몫입니다. 사람들이 어떠한 관심이나 목적 없이 광고 영상을 봐주진 않습니다. 참고로 그림의 광고는 5초면 건너뛸 수 있는 인스트림 광고로, 30초 이상 시청하면 조회당 과금$^{\text{CPV, Cost Per View}}$이 됩니다. 같은 CPV로 사용자의 관심을 30초 받다 잊히느냐, 10분 동안 사용자 기억에 새기느냐! 이것은 광고 소재의 능력입니다.

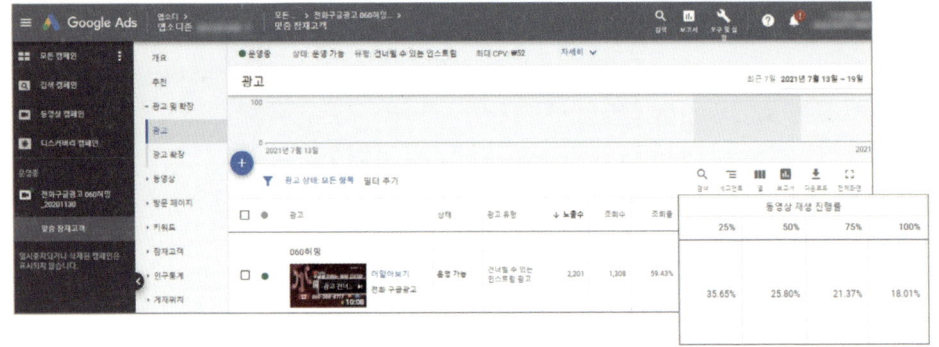

[그림 5.1_1] 구글 애즈의 몫, 광고주의 몫

사용자와 접점이 되는 광고 소재가 변변치 못하면, 즉 클릭할 만한 가치가 없으면 천하의 입찰, 타깃팅이라도 소용없습니다. 그런데 너무나 많은 광고주들이 입찰과 타깃팅에 따른 CPC, CTR, CPA 같이 숫자로 똑 떨어지는 KPI에만 집중하고, 광고 소재는 칸만 채우면 할 일 다 했다는 태도로 광고를 합니다. **CPC, CTR, CPA 같은 KPI는 광고 소재라는 선수가 치른 경기의 스코어와 같습니다.** 좋은 경기 결과를 내려면 경기력이 좋은 선수를 많이 갖출수록 유리하겠죠? 광고 또한 마찬가지입니다. 앞서 '4.2.3 광고'에서는 리마케팅의 광고 소재를 이야기하면서 '같은 메시지를 반복 노출한다고 고객들이 상품을 구매할까', '똑같은 광고 소재를 반복 노출한다고 다른 결과가 나올까'라고 했습니다.

구글 애즈도 광고 흥행을 위해서 가능한 많은 광고 소재를 등록할 것을 권장합니다. 아이돌 센터만 밀어주는 자비 없는 AI가 그중에 가장 경기력이 좋은 선수를 고를 수 있도록 말이죠.

흥행 광고를 만들려면 광고 종류를 불문하고, 야심찬 광고 제목(30바이트)과 설명(90바이트)을 각각 최소한 2개는 준비하세요. 참고로 다음 표는 광고 문구와 설명의 예입니다. 프롤로그에서 클릭률이 24%, 전환율 36%, 전환낭 비용 55원이었다고 한 그 다이어트 앱 광고 소재입니다.

[표] 광고 제목과 설명 예

	광고 소재	바이트
반응형 검색 광고	먹어도 안 찌는 체질 만들기	26/30
	지금 먹으면 0kcal	17/30
설명	정해진 시간에 하루 3번 삼시세끼	31/90
	고무줄 체중 잡는 한 가지, 삼시세끼	34/90

광고 종류에 상관없이 광고 제목과 설명을 2개씩 준비하라고 한 이유는, 어떠한 광고 종류에서든 광고 제목과 설명이 필요하기 때문입니다(단, 건너뛸 수 있는 인스트림 광고는 제외입니다). (그림 5.1_2 ~ 그림 5.1_5 참고)

[그림 5.1_2] 반응형 검색 광고 등록폼   [그림 5.1_3] 반응형 디스플레이 광고 등록폼

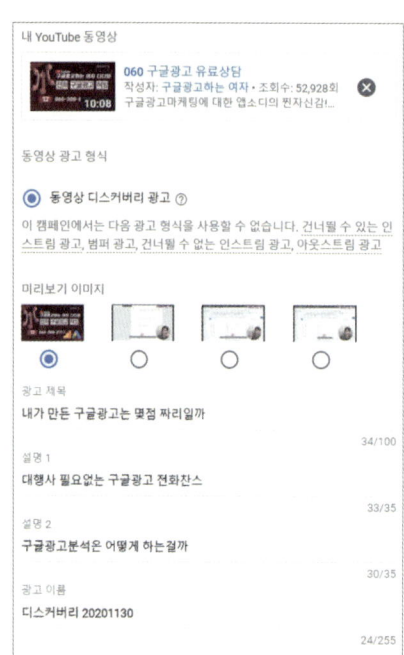
[그림 5.1_4] 인피드 동영상 광고 등록폼

[그림 5.1_5] 건너뛸 수 있는 인스트림 광고 등록폼

5.1.2 구글 애즈의 광고 흥행 공식, 다다익선

광고 제목과 설명에 대해 좀 더 깊고 가겠습니다. 광고 종류마다 화면을 차지하는 영역이 다릅니다. 그렇기 때문에 등록 가능한 광고 제목 및 설명 갯수가 제각각 다릅니다. 다음 표는 광고 종류별 등록 가능한 광고 애셋(광고 소재)의 최대 수량을 정리한 것이니 참고해 보세요.

[표] 광고 종류별 최대 광고 애셋 수량

	광고 제목 (30바이트)	긴 제목 (90바이트)	설명 (90바이트)	이미지	동영상
반응형 검색 광고	15	–	4	–	–
반응형 디스플레이 광고	5	1	5	20 (이미지 15, 로고 5)	5
인피드 동영상 광고	1(100바이트)	–	2(35바이트)	–	–
건너뛸 수 있는 인스트림	1(15바이트)	–	–	–	–

자, 그럼 야심작 2개씩 준비했나요? 나머지는 힘을 빼고 막 던지듯이라도 더 이상 입력할 수 없을 때까지 채워 넣으세요. 노림수만 먹히란 법은 없습니다. **구글 애즈는 광고 소재 대식가입니다.**

5.1.3 광고 종류별 광고 생성 Tip

다음은 광고 종류별로 광고 생성 시 고려할 점을 정리한 팁입니다. 광고 만들 때 참고해 보세요.

■ 검색

검색 광고에서는 일단 키워드를 포함하면 좋습니다. 하지만 키워드만 나열하면 안 됩니다. 나만의 차별화된 카피라이팅을 해야 합니다. 정말 멋진 야심작 광고 소재를 만들었는데 키워드가 포함되지 않았다고 실망하지는 마세요. 앞에서 본 표 '광고 제목과 설명 예'는 다이어트 앱의 광고 소재지만 다이어트라는 키워드를 하나도 사용하지 않았습니다. 품질과 성능을 보장하는 획일화된 규칙이 있는 것은 아니니 가급적이면 검색 광고에서는 광고 제목과 설명이 키워드를 포함하면 좋다는 것입니다. 중요한 건 사람의 마음을 훔치는 것입니다.

- **디스플레이**

디스플레이 광고에서는 기존에 GDN으로 알려진 디스플레이 광고와 반응형 광고의 차이를 먼저 알아야 합니다. 한때 GDN이라고 불린 구식 디스플레이 광고는 GDN^{Google Display Network}의 다양한 광고 영역마다 꼭 맞는 사이즈로 이미지 제작을 해야 했습니다(그림 5.1_6). 하지만 반응형 디스플레이 광고가 등장하면서는 달라졌습니다. 2가지 비율의 이미지들만 있으면 AI가 이미지를 광고 제목, 설명과 조합해 광고 영역을 알아서 채웁니다(그림 5.1_7). 또한 노출량에서도 반응형이 GDN보다 월등히 높습니다. 그래서 요즘 저는 2가지 비율의 이미지들을 한 세트로 해서, 반응형 디스플레이 광고 이미지만 3 ~ 7세트를 준비합니다.

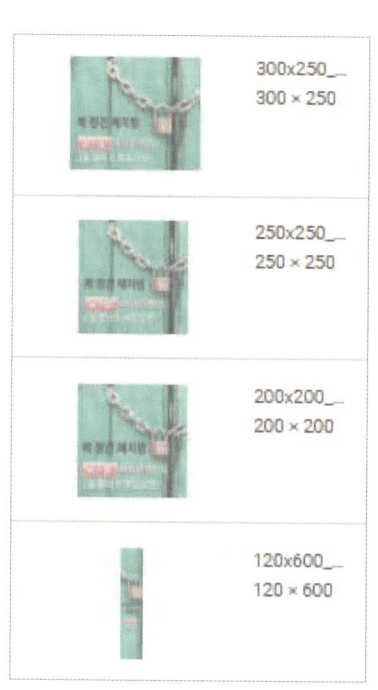

[그림 5.1_6] 구식 디스플레이 GDN 배너의 사이즈 예

[그림 5.1_7] 반응형 디스플레이 이미지 비율 2종 예

> ✅ **반응형 디스플레이 광고 이미지의 기준**
>
> 반응형 디스플레이 광고의 이미지는 다음과 같은 기준이 있습니다.
> - 두 가지 비율(1:1, 1.91:1)
> - **최소 해상도**: 300×300, 600×314 (최소 해상도는 참고하시고 가능한 사이즈 크고 고해상도를 가진 이미지를 준비하는 게 좋습니다.)

저의 경험상, 반응형 디스플레이 광고는 구 GDN 광고와 달리 [그림 5.1_7]처럼 이미지 단독으로 노출되는 경우가 드문 것 같습니다(많은 구글 애즈 전문가들에게 확인해 보았지만, 명확한 답을 받은 적은 없었고 그분들도 저와 비슷한 견해였습니다). AI가 [그림 5.1_8] ~ [그림 5.1_9]처럼 이미지와 광고 제목, 설명의 조합으로 광고 영역 채우기를 좋아하고, 이미지나 텍스트 중 하나를 단독으로 사용할 때는 오히려 [그림 5.1_9]의 오른쪽과 같이 텍스트만 단독으로 노출하는 일이 많아 보입니다.

[그림 5.1_8] 반응형 디스플레이 노출 예 ①

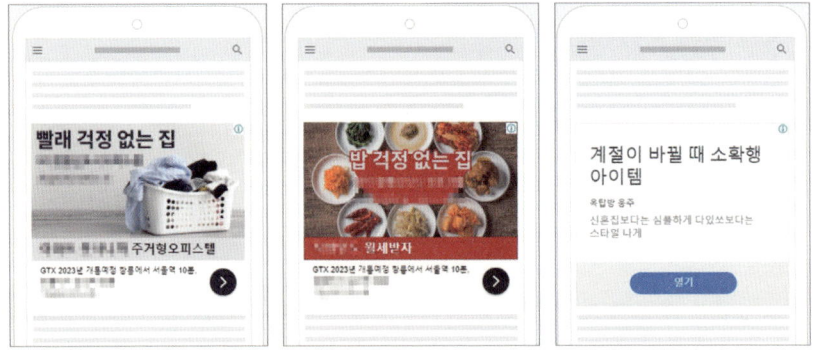

[그림 5.1_9] 반응형 디스플레이 노출 예 ②

간혹 [그림 5.1_8]과 같이 이미지 안의 텍스트가 너무 작아져서 가독성이 떨어지고 심지어 텍스트가 잘려 나가는 경우도 있습니다. 그러니 2가지 비율의 이미지들을 준비할 때, 몇 개는 이미지 위에 텍스트가 아예 없거나 최소한으로 있는 것으로 준비해, 다양한 광고 소재 조합이 가능하게 하면 좋겠습니다(그림

5.1_10). [그림 5.1_9]보다 [그림 5.1_10]이 더 깔끔하면서 고급스럽고, 더 작은 광고 영역에서도 가독성이 떨어지지 않습니다.

[그림 5.1_10] 반응형 디스플레이 예 ②

[그림 5.1_10]과 같은 스타일은 유튜브에만 노출되는 디스플레이 광고라고 할 수 있는 디스커버리 광고에서 특히 유효합니다. 또한 [그림 5.1_11]처럼 검색 광고의 확장용 이미지에는 로고를 제외하고 아예 텍스트가 들어가면 안 됩니다.

[그림 5.1_11] 검색 광고 이미시 확장

그뿐만 아니라 쇼핑 광고에서도 비슷한 패턴을 발견할 수 있습니다. 쇼핑 광고는 별도의 이미지를 요구하지 않고 쇼핑몰에 등록된 상품 이미지를 불러서 광고하는데, 이 상품 이미지에 쇼핑몰 이름이나 브랜드 로고 같은 텍스트가 있으면 광고 이미지로 승인되지 않습니다. 이런 점 등을 감안하면, 앞으로는 디스플레이 광고의 이미지 소재는 기존 배너 제작의 개념보다 사진 노출의 느낌을 갖는 게 좋지 않을까 합니다(디자인 된 배너를 모두 사진과 텍스트로 바꿔야 한다는 뜻은 아니고, 다양한 시도로 추천한 것입니다).

- **동영상**

건너뛸 수 있는 인스트림 광고는 대체로 초반 5초의 임팩트가 강하고 30초 이상 1분 내외의 짧은 영상을 사용합니다. 사용자가 보려고 한 특정 영상 앞에서 자동 재생 되는 광고이기 때문에 영상의 썸네일은 노출되지 않습니다. 반면, 인피드 동영상 광고는 유튜브 검색 결과 상단 또는 시청 중인 영상 옆(모바일에서는 아래), 추천 영상 자리에 썸네일로 노출되는 광고입니다. 그렇기 때문에 영상뿐 아니라 썸네일이 매우 중요합니다. 인피드 동영상 광고는 사용자가 클릭하면 영상이 등록된 채널로 이동하여 영상을 시청하게 합니다. 건너뛸 수 있는 인스트림 광고에 비해 영상 시간의 압박이 적어 풍부한 광고 메시지를 전달하기에 좋습니다. 참고로 동영상 광고는 인피드 동영상 광고든 건너뛸 수 있는 인스트림 광고든 모두 유튜브 채널에 업로드한 링크로만 광고를 만듭니다.

[그림 5.1_12] 건너뛸 수 있는 인스트림 광고 (출처: Google Ads 고객센터)

[그림 5.1_13] 인피드 동영상 광고 (출처: Google Ads 고객센터)

많은 광고주들이 광고 문구에 대한 고민을 전혀 하지 않는 경향이 있습니다. 검색 광고를 할 때는 키워드만 나열하고, 특히 디스플레이 광고나 동영상 광고를 할 때는 광고 제목과 설명을 만드는 데 신경을 잘 쓰지 않습니다. 그런데 한번 생각해 보세요. 제대로 된 제목과 설명 없이 만들어진 배너와 동영상 광고를 보고 고객이 어떤 광고인지 이해할 수 있을까요? 도대체 그 배너와 동영상은 무엇을 시각화한 걸까요? 아무 생각 없이 엄존만 말해주어도 희한하게 배너도 만들고, 동영상도 저렴하게 만들어주는 데가 많기는 많습니다만, 그렇게 막 만든 무념무상 배너와 동영상에 구글 애즈가 돈을 활활 태우는 걸 생각하면 무섭지 않습니까? 이왕 쓰는 돈이면 아깝지 않게, 효율은 최대한으로 뽑아야죠! 먼저 고객의 눈을 사로잡을만한 광고 제목 2개와 광고 설명 2개는 반드시 완성하세요(예: '별이 다섯', '남자한테 정말 좋은데, 뭐라고 설명할 방법이 없네'). 정신을 번쩍 차리고 끈질기게 파고들어서 구글 애즈가 태우는 돈이 아깝지 않은 마케팅이 주인공이 되십시오.

5.2 캠페인의 목표

 알고 보면 캠페인의 목표는 별로 중요하지 않습니다. 왜 그런지를 알아볼까요?

A (광고 대행사 교육 중) 이 사이트에서는 이것을 전환으로 측정하면 좋겠습니다.
Q 그걸로 되긴 한데, 사실 이 사이트에 전환은 필요 없습니다. 사이트 유입만 많으면 돼요.
A 검색 광고와 디스플레이 광고 두 종류 진행하시구요.
Q 네.
A 목표도 웹사이트 트래픽이고 광고 기간이 길지 않으니 둘 다 클릭수 최대화로 만들겠습니다.

새 캠페인을 만들면 처음에는 캠페인 목표들이 있고, 그에 따른 설계 의도를 안내하는 문구가 보입니다. 왠지 신중히 선택해야 할 것 같은 생각이 들겠지만, 사실 이 과정은 그렇게 중요하진 않습니다. 대체로 캠페인을 시작할 때는 [목표 설정 없이 캠페인 만들기]로 시작합니다. 목표 설정이 없다고 하면 자칫 생각, 개념이 없는 느낌이 들 수 있는데, 사실은 (입찰, 광고 유형 등에서) '경계 없는'의 의미입니다. 시작할 때 경계선을 한 번 긋게 되면, 그 선 너머의 옵션은 막혀 버리기 때문에 대부분 선 없는 캠페인 만들기로 시작합니다.

[그림 5.2_1] 목표 선택 한눈에 보기(구글 애즈 구버전 내용 합성)

여기서 저의 느낌을 이야기하자면, 판매와 리드가 목적일 때 추천하는 캠페인 유형을 보십시오. 없는 캠페인 유형이 없습니다. "뭘 고르니, 전환이 쉽겠니?"라는 말을 하고 싶은 것 같습니다.

> 앞의 광고 대행사가 광고 종료가 임박해서 SOS를 청해왔습니다. 광고 목적이 웹사이트 트래픽인데 트래픽양이 기대에 못 미쳐 보고가 걱정이 된다며 방법이 없을까 하는 문의였습니다(목표로 한 수치가 있었던 듯한데, 이를 공유해 주지 않았던 것이 패착인 것 같습니다). 그 동안의 내역을 보니 검색, 디스플레이 모두 CPC가 너무 높았습니다. 그래서 광고주가 검색 광고의 기간을 특정하지 않았다면 지금이라도 검색 광고를 끄고 디스플레이에 집중하는 수밖에 없다고 의견을 드렸습니다. 구글 광고가 사람이 막 열심히 하는 광고는 아니지만, 그렇다고 방치해도 되는 것은 아닙니다. 문제점을 조금 더 일찍 발견했다면 CPC의 상한가를 지정하는 식으로 CPC를 낮추는 노력을 할 수도 있었는데 시기를 놓쳤습니다. 4.4에서 구글 광고는 무엇을 하는 것보다 하지 않는 것이 더 중요하다고 했지만, 그렇다고 방치해서는 안 됩니다. 캠페인의 목표를 항상 기억하며 관찰하고 광고의 방향과 속도를 체크하세요.

5.3 구글 광고의 종류

 최적의 광고 조합은 캠페인 예산에 근거합니다. 이 절을 이해하려면 '4.2 캠페인, 광고 그룹, 광고의 계층관계'의 선이해가 필요합니다.

Q 어떤 광고가 효과 있나요?
A 월 예산이 어느 정도 되시죠?
Q 그게 중요한가요?
A 네, 예산의 사이즈는 광고의 종류뿐 아니라 광고 성과에 중요한 요소입니다.

캠페인 목표에서 [앱 프로모션]을 선택했다면 캠페인 유형은 앱에 관한 것만 나옵니다. 한편 [목표 설정 없이 캠페인 만들기]를 선택하면 모든 캠페인 유형이 나옵니다. 캠페인 목표는 캠페인 유형(입찰의 종류) 선택에 영향을 준다는 정도만 알아두고, 본격적으로 구글 광고의 종류를 살펴봅시다.

[그림 5.3_1]은 캠페인 목표에서 [목표 설정 없이 캠페인 만들기]를 선택하고, 미리 준비해둔 광고 소재에 맞는 캠페인 유형을 선택하는 화면입니다.

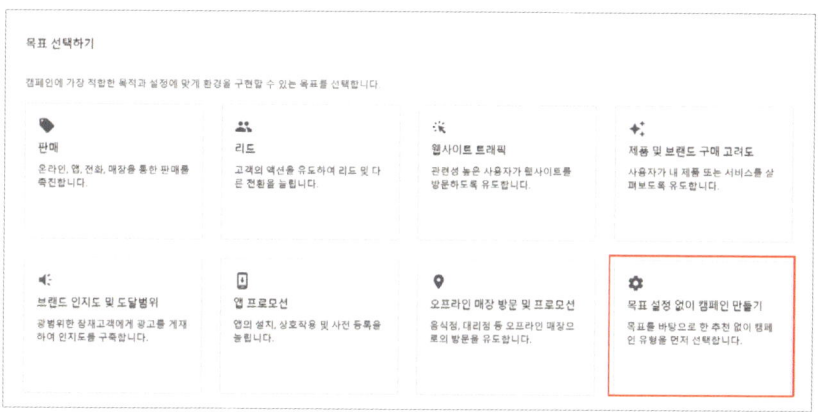

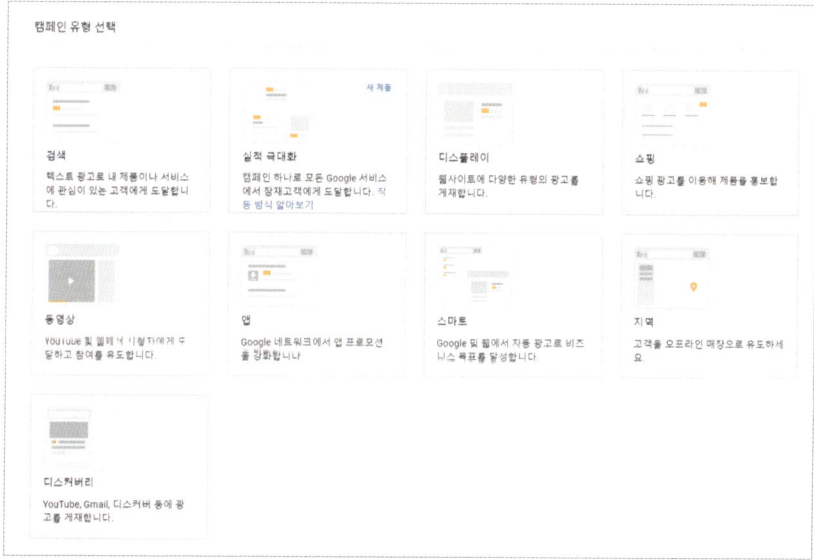

[그림 5.3_1] 캠페인 유형 선택

캠페인 유형들을 훑어봤다면 이제 다음으로 넘어가서 모든 캠페인 유형(구글 광고의 종류)별 특징, 쓰임을 알아보겠습니다. 여러분이라면 어떤 점을 고려해서 어떤 광고를 써야 유효할지 참고해 보세요.

> **구글 애즈의 신상품, 실적 극대화**
>
> 2021년 후반, 구글 광고에 실적 극대화라는 새 광고 상품이 나왔습니다. 모든 광고의 종류를 총망라하는 All in One 스마트 광고입니다. 프롤로그에서 AI가 주도하는 광고가 대세라고 했던 것 기억이 나시나요? 디스플레이 캠페인 생성 과정이라든지 실적 극대화라는 새 제품이 출시된 것을 보면 이제 구글 애즈는 AI 주도에 자신감이 붙은 모양입니다. 요즘은 키워드 타깃팅인 검색 광고에서조차 키워드 입력이 없는 동적 검색의 실적이 꽤나 좋습니다!

5.3.1 검색

■ **검색 캠페인의 네트워크 설정**

[검색]은 구글에서 검색했을 때 나오는 광고입니다. 검색 광고의 캠페인 설정에서 '검색 네트워크'의 체크박스를 선택하면 구글뿐 아니라 야후, 빙(Bing) 같은 타 검색 사이트에도 검색 시 광고를 노출시킬 수 있습니다.

[그림 5.3_2] 검색 캠페인의 네트워크 설정

이 검색 네트워크에는 유튜브가 포함됩니다. 예전에는 광고주가 구글 검색 결과의 노출 순위를 중요시하면 검색 네트워크 체크를 해제했습니다. 광고주가 주시하는 구글에서만 입찰 경쟁하기에도 광고 예산이 모자랄 판에 구글 밖에서 광고 예산을 소진하면 안 되니까요. 그런데 유튜브가 급부상하면서 검색 네트워크 체크는 필수가 되었습니다. 높은 순위의 구글 검색 노출 만큼 유튜브 검색 노출도 중요해졌기 때문입니다. 그런데 구글 검색 순위와 유튜브 검색 순위는 많이 다릅니다.

[그림 5.3_3]은 유튜브 검색 결과에 노출된 검색 광고입니다. 검색 결과로 상위 3개의 광고가 나오는데, 이 광고들은 구글 검색 1~3 순위와 일치하지 않습니다. 구글 애즈 고객센터에 문의해본 바, 구글과 유튜브의 검색 알고리즘이 다르기 때문이라고 합니다.

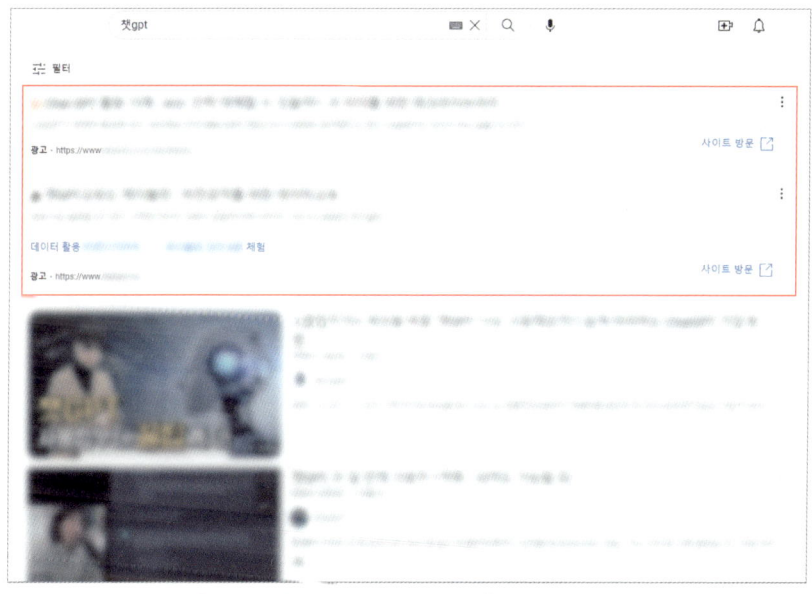

[그림 5.3_3] 유튜브 검색 결과에 노출되는 구글 검색 광고

[그림 5.3_2]에서 '디스플레이 네트워크'를 체크하면 [그림 5.1_8]의 오른쪽 그림처럼 광고가 나갑니다. 배너를 만들기 힘들거나 검색량만으로 충분히 노출하기 힘든 경우라면 '디스플레이 네트워크'를 체크하고, 디스플레이 광고를 운영 중이라면 검색 캠페인에서는 '디스플레이 네트워크'를 체크 해제하세요. 디스플레이 캠페인보디 검색 캠페인의 디스플레이 네트워크 CPC가 높게 나오는 경

향이 있기 때문입니다.

■ 검색 광고 확장

검색 광고는 원래 텍스트 광고지만 다른 유형의 광고로 확장시킬 수 있습니다. 예를 들면 [그림 5.1_10]처럼 이미지 광고 확장을 할 수 있습니다. 이외에도 검색 광고의 광고 확장 종류는 다양합니다. [그림 5.3_4]를 참고해 보세요.

[그림 5.3_4] 검색 광고의 광고 확장 종류 (2021년 기준)

 구글 광고 확장 노출은 아무 때나 일어나지 않습니다!

광고 확장은 AI의 판단에 따라 노출되기도 하고 노출되지 않기도 합니다. 구글 광고는 참 불규칙한 광고입니다. 광고 확장 노출이 어쩌다 한번이라도 되었다면 그건 광고 확장을 만들어 준비했기에 가능했던 것입니다. 광고 확장을 하나도 하지 않으면 추가 노출 기회는 전혀 없는 것이니 가능한 광고 확장은 꽉꽉 채워 넣으세요.

 콜아웃 광고 확장은 '셀링 포인트'

검색 광고 확장 종류 중에 [콜아웃 광고 확장]은 조금 생소하지 않을까 싶습니다. 실제로 제가 광고 확장에서 가장 개념을 잡기 어려웠던 것이기도 한데요, 콜아웃은 셀링 포인트라고 생각하시면 이해하기 더 쉽습니다. 예를 들어 광고주 사업이 쇼핑몰이라면 '회원가입 적립금', '당일 배송', '무료 배송', '사이즈 교환 배송비 무료' 정도가 해당됩니다.

■ **키워드 입력 없이 하는 검색 광고, 동적 검색**

최근에는 동적 검색 광고(이하 동적 검색)도 실적이 좋습니다. 동적 검색은 표준 검색 광고과는 달리 키워드 직접 입력하지 않고, URL에서 웹페이지를 읽어 AI가 키워드까지 만드는 검색 광고입니다.

동적 검색 광고는 [그림 5.3_5]와 같이 키워드 입력 화면에서 표준을 [동적]으로 설정하여 만들 수 있습니다.

[그림 5.3_5] 동적 검색 광고 만들기

5.3.2 디스플레이

디스플레이 캠페인은 두 가지 하위 유형으로 나뉩니다. [스마트 디스플레이 캠페인]과 [표준 디스플레이 캠페인] 중에서 하나를 골라야 하며, 이 선택은 나중에 변경할 수 없습니다. 그러니 두 유형의 차이를 잘 알고 선택해야 합니다.

[그림 5.3_6] 디스플레이 캠페인 하위 유형

- **표준, 스마트 디스플레이 캠페인의 차이**

표준 디스플레이 캠페인은 우리에게 익숙하고, 구글 애즈 신버전에서는 어느 정도 사람의 개입 없이도 잘 작동되도록 바뀌었습니다. 그래도 표준 디스플레이 캠페인은 스마트 디스플레이 캠페인에 비해 입찰, 타깃팅에서 사람이 관여할 부분이 많습니다. 반면에 스마트 디스플레이 캠페인은 전환 설정이 되어 있어야만 활성화되는 전환 광고이며 타깃팅은 제외만 가능합니다. 쉽게 말해 스마트 디스플레이 캠페인은 AI에게 모든 것을 맡기는 광고입니다. 그리고 최근 구글 애즈는 표준보다는 스마트 디스플레이를 추천합니다.

표준과 스마트를 성과 측면에서 비교하자면, 사람이 타깃팅한 표준 디스플레이의 초반 스퍼트가 비교적 좋습니다. 반면에 스마트 디스플레이는 초반 노출량이 엄청나다 보니 클릭률이 엄청나게 낮게 나오게 됩니다. 표준에 비해 초반 성과는 좋지 않지만 타깃팅부터 학습을 거치면서 성과를 개선할 수 있게 됩니다.

스마트 디스플레이와 유튜브의 노출 알고리즘

스마트 디스플레이의 타깃팅 학습은 유튜브의 노출 알고리즘과 흡사해 보입니다. 인급한 김에 번외로 유튜브의 노출 알고리즘의 원리를 간단히 짚어 보겠습니다. 유튜브는 모든 잠재고객 유형에게 영상을 노출해 보고 어떤 잠재고객 유형이 그 영상을 많이 오래 시청하는지로 노출 알고리즘을 만든다고 합니다. 그래서 유튜브에서는 채널 정체성이 중요하다고 하지요. 이런 점을 보면 역시 유튜브도 '어디에 있냐'보단 '누가 보느냐'가 중요하다는 것을 알 수 있습니다.

■ **스마트 디스플레이 캠페인 선택 시 주의점**

편견 없는 타깃팅 측면에서, 스마트 디스플레이는 탐나는 캠페인 유형입니다. 하지만 탐이 나도 아예 작동하지 않아서 운영하지 못하는 경우도 많습니다. 왜 그럴까요?

앞에서 스마트 디스플레이 캠페인은 전환 설정이 되어 있어야만 활성화되는 전환 광고라고 했습니다. 캠페인 설정을 하다 보면 입찰 부분에서 업계의 평균적 CPA^{Cost Per Action, 전환당 비용}를 알려줄 때가 있습니다(알려주지 않을 때도 있지만 그렇다고 구글 애즈에서 CPA를 모르지는 않습니다). 구글 애즈가 권장하는 전환 광고의 일 예산은 CPA의 20배입니다. 업계에 따라 다르겠지만, 대체로 CPA가 1만원대이면 굉장히 낮은 편입니다. 보통 CPA는 4, 5만원대로 상당히 높습니다. CPA가 5만원일 때 권장 일 예산은 100만원입니다. 100만원을 쓴다고 해도 전환이 20개는 커녕 1개도 없을 수도 있습니다. 왠만한 광고주기 감당할 수준을 훨씬 넘죠. 이런 점 때문에 구글 애즈가 100번 양보(?)해서 제안하는 전환 입찰의 최소 일 예산은 CPA의 2~3배입니다. 그래서 예상 CPA가 3만원이고, 일 예산이 6만원 미만이면 스마트 디스플레이 캠페인은 작동하지 않을 수 있습니다.

그래서 저는 스마트 디스플레이 캠페인이 저예산으로 작동한다면 감사한 마음으로(작동하지 않는 경우가 많으니까요). 그 돈은 없는 셈치고 오래 운영하시라고 합니다. 저예산이면 배움에, 머신러닝에 시간이 오래 걸리겠지만 언젠가는 쑥쑥 학습해서 바둑 두는 AI 알파고처럼 되지 않겠습니까?

스마트 디스플레이 캠페인을 만들었는데 작동하지 않는다면, 쓸 수 있는 범위에서 일 예산을 올려 보세요. 그 방법 밖에는 없습니다. 반면 표준 디스플레이는 전환 설정이 안 되어 있다고 해도 노출이 가능해서 저예산 클릭 광고로도 운영할 수 있습니다. 스마트스토어 같이 GA 코드나 구글 애즈 태그를 설치할 수 없는 사이트도 표준 디스플레이는 가능합니다.

5.3.3 쇼핑

- **스마트 쇼핑 캠페인의 특징과 유형**

쇼핑몰 운영자가 구글 광고 딱 하나만 운영한다면, 스마트 쇼핑 광고입니다. 쇼핑 광고를 하려면 구글 판매자 센터 가입과 설정을 먼저 완료해야 합니다. 판매자 센터의 주 기능은 제품 피드라고 할 수 있습니다. 판매자 센터의 제품 피드가 쇼핑몰에서 판매 중인 상품 정보를 구조화 해놓으면, 구글 애즈가 그 피드 정보로 광고 소재를 포함하여 광고를 만듭니다. AI가 다 알아서 하기 때문에 광고 제목, 설명, 이미지가 필요 없고 타깃팅도 없습니다.

쇼핑 광고의 하위 유형도 표준과 스마트로 나뉩니다. 예전에는 리마케팅 모수가 충분해야 스마트 쇼핑이 활성화되었는데, 이제는 그러한 허들 없이 처음부터 스마트 쇼핑으로 시작할 수 있습니다.

스마트 쇼핑을 할 때는 광고 소재를 1장 준비해 두세요!

앞에서 쇼핑몰의 상품 정보가 구조화되면 AI가 알아서 광고 소재를 만든다고 해놓고 무슨 말인가 싶으실 겁니다. 스마트 쇼핑 광고에 광고 소재가 1장 필요한 이유는 리마케팅 배너 때문입니다.

스마트 쇼핑 광고는 자동으로 동적 리마케팅_{사용자가 클릭한 바로 그 상품이 따라다니는 광고}을 하여 개인 맞춤식으로 노출됩니다. 하지만 광고를 본 사용자들이 모두 상품 페이지까지 도달하진 않죠. 그렇기 때문에 홈페이지나 리뷰 페이지만 보고 이탈한 사용자 전용의 일반 리마케팅 배너가 필요합니다.

반응형 디스플레이 광고 소재 같은 광고 소재를 1장만 준비하세요. 그러면 스마트 쇼핑은 구글 애즈가 할 수 있는 모든 광고를 알아서 합니다.

■ 스마트 쇼핑 캠페인의 주의점

그런데 AI가 다 알아서 하는 스마트 쇼핑 광고도 주의할 점이 있습니다. 이 캠페인 역시 전환 광고라 스마트 디스플레이 캠페인과 같은 이유(저예산 문제)나 리마케팅 모수 부족 등으로 아예 처음부터 제대로 작동을 하지 않거나, 전환이 일어나지 않으면 AI가 서서히 포기를 해서 광고가 천천히 멈춰버리는 경우가 있습니다. 이럴 때 사람이 대처할 수 있는 방법은 매우 세한직입니다. 다시 캠페인을 새로 시작하거나 표준 쇼핑으로 바꿔 보는 것이죠.

■ 표준 쇼핑도 쓰기 나름!

표준 쇼핑 광고는 주로 검색 네트워크에 노출되기 때문에 CPC가 스마트 쇼핑에 비해 훨씬 비싼 경향이 있지만, 검색어 정보를 볼 수 있다는 이점도 있습니다. 검색 광고 경험이 없는 광고주라면 한시적으로 표준 쇼핑 광고를 해보는 것도 나쁘지 않습니다. 스마트 쇼핑 광고에서는 알 수 없는 검색어를 점검하는 기회로 이용할 수도 있기 때문이죠.

실제로 제가 만난 광고주 중에 표준 쇼핑 광고의 이점을 이용해 발빠르게 광고를 개선한 사례가 있습니다. 마스크팩 상품을 표준 쇼핑 광고로 시작했는데 상품 이름을 OO마스크로 해서, 검색어로 KF94 마스크가 너무 많이 나온 것입니다. 상품 이름을 OO마스크팩으로 변경해 광고에 적절한 검색어를 유도하였습니다. 이 분이 스마트 쇼핑 광고를 운영했더라면 검색어를 알 수 없었을 테고, 엉뚱한 마스크만 찾는 데 아까운 돈이 빠져 나가는 사실을 발견하기 어려웠을지도 모르겠습니다.

5.3.4 동영상

 광고 용어와 친해지기

동영상 캠페인을 알아보기 전에 동영상 캠페인에 관련한 광고 용어들을 먼저 소개합니다. 앞에서 만나본 것도 있고 새롭게 만나는 것도 있을 겁니다. 가볍게 쭉 훑어보고 이번 절을 학습하면서 좀 더 익숙해져 봅시다!

CPV(Cost Per View, 조회당 비용) / CPC(Cost Per Click, 클릭당 비용)
CTR(Click Through Rate, 클릭률) / 전환(Conversion, 광고 목표) / 전환 액션(특정 전환)
CPA(Cost Per Action, 전환당 비용) / KPI(Key Performance Indicator, 핵심성과지표)
CPM(Cost Per Mille, 1,000회 노출 비용) / CPI(Cost Per Install, 설치당 비용)

동영상 캠페인에는 다양한 하위 유형이 있습니다. 여기서는 소액 광고주들이 참고할 수 있는 선에서 유형들을 정리해볼 겁니다. [그림 5.3_7]을 참고하면서 알아봅시다.

[그림 5.3_7] 동영상 캠페인의 하위 유형

- **맞춤 동영상 캠페인**

동영상 캠페인의 첫 번째 하위 유형인 [맞춤 동영상 캠페인]에는 건너뛸 수 있는 인스트림, 인피드 동영상 광고, 범퍼 광고 등이 있습니다. 이 중에서는 소액 광고주들이 많이 하는 광고는 무엇이고, 이들에게 적합하지 않은 광고는 무엇인지 알아봅시다.

소액 광고주가 많이 하는 맞춤 동영상 캠페인으로는 건너뛸 수 있는 인스트림과 인피드 동영상 광고가 있습니다(그림 5.3_7의 첫째 줄). 둘 다 CPV$^{Cost Per View, 조회당 과금}$ 방식으로 입찰하는데, 30초 이상 시청해야 조회(30초가 안 되는 영상은 끝까지 시청해야 조회로 인정)로 인정되고 과금됩니다. 다만 인피드 광고는 꼭 영상을 클릭해서 시청해야 과금됩니다. 홈피드에서 광고로 노출된 광고 영상이 미리보기로 재생되는 것으로는 과금되지 않습니다. 또한 인피드는 유튜브 검색 결과로도 노출 가능하기 때문에 키워드 타깃팅을 하며 검색어 정보를 얻을 수 있기도 합니다.

한편 범퍼 광고^{6초 이하의 영상 길이를 가진 건너뛸 수 없는 광고}는 소액 광고주들에게 적합하지 않습니다. 내 광고를 보기만 봤으면 좋겠다는 소망 하나로 이 광고를 하고 싶어 하는 분들이 참 많습니다. 하지만 소액 광고주에게 이 광고는 부담이 큽니다. 범퍼 광고는 대표적인 브랜드 인지도 제고용 광고로, 과금 방식은 조회가 아닌 CPM^{Cost Per Mille, 노출 1,000회당 과금} 입찰입니다. 그리고 이 광고는 구글 애즈가 사용자 서베이를 통해 브랜드 인지도를 측정해주는 서비스도 있는데, 그 비용만 1,500만원입니다. 배보다 배꼽이 더 큰 서베이를 하지는 않겠죠? 범퍼 광고는 어떤 광고주들이 주로 하는지, 소액 광고주에게 왜 비추천하는지 납득이 되셨길 바랍니다.

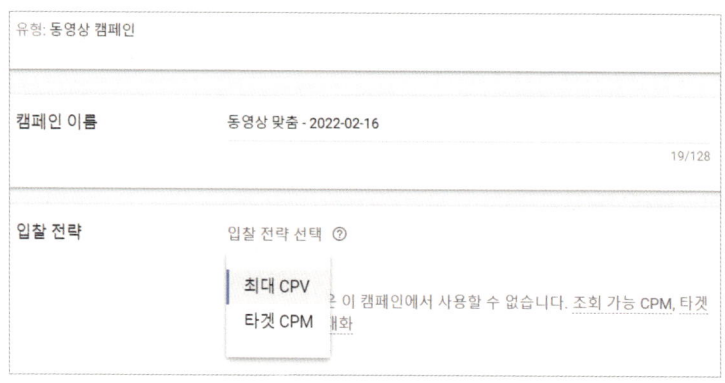

[그림 5.3_8] 맞춤 동영상 캠페인의 입찰 전략

■ **전환을 유도하세요**

동영상 캠페인의 네 번째 하위 유형인 [전환을 유도하세요]를 살펴봅시다. 이 유형을 이용하려면 각각 전환 설정과 판매자 센터 피드가 준비되어 있어야 합니다. 그리고 입찰 방식으로 전환당 비용 옵션을 선택하지 않으면 기본 옵션인 CPV 방식으로 입찰합니다.

- **그 외 광고 유형**

[건너뛸 수 없는 인스트림], [아웃스트림], [광고 순서]는 입찰 방식이 CPM이라, 소액 광고주에게는 부담되는 유형입니다. 경험담을 하나 이야기 해보자면, 가끔 건너뛸 수 있는 인스트림 광고를 세팅했는데 노출이 되지 않는 경우가 있었습니다. 입찰 전략으로 기본 CPV를 CPM으로 해서, 저예산으로 운영하려고 하니 CPM 입찰 경쟁력이 떨어졌던 겁니다. 이 점 참고하시고 광고 유형 선택에 도움이 되길 바랍니다.

5.3.5 앱

앱 캠페인은 안드로이드 개발자 콘솔과 연결되어 있어야 설치 전환을 자동 측정할 수 있습니다. iOS의 경우 파이어베이스^{Firebase}와 GA4를 연동해야 합니다. 앱 캠페인 역시 100% AI 광고라서 직접 타깃팅할 수 없으며, 전환 광고이기 때문에 예산 사이즈가 미치는 영향이 큽니다. 광고주마다 예산 사이즈는 어느 정도 정해져 있을 겁니다. 광고 소재를 풍부하게 만들어 주는 것만이 사람이 할 수 있는 일의 전부라고 해도 과언이 아닙니다. CPI^{Cost Per Install, 설치당 비용} 대비 예산 사이즈가 너무 작거나, CPI 자체가 너무 낮으면 광고가 작동하지 않을 수 있습니다.

5.3.6 스마트

구글 애즈 계정을 만들면서 초보 광고주가 얼떨결에 가장 많이 만드는 캠페인 유형입니다. 어느 정도 구글 광고에 대한 지식이 있는 광고주에게는 구글 애즈도 그다지 추천하지 않는 캠페인 유형입니다.

5.3.7 지역

구글 마이 비즈니스와 연동해서 지도와 함께 노출되는 광고입니다. 그런데 우리나라는 미국만큼 구글 맵이 작동하기는 어려운 여건이라, 구글 애즈도 지역 광고는 그다지 추천하지 않는 것 같습니다. 그래서인지 보통의 오프라인 사업자들은 지역 광고보다는 검색 광고에서 위치 확장을 이용하는 편입니다.

5.3.8 디스커버리

최근에 등장한 캠페인 유형입니다. 디스플레이 캠페인과 비슷하지만 차이가 있습니다. 디스플레이 캠페인은 6만여 GDN에 노출되는 반면, 디스커버리 캠페인은 구글 플랫폼인 유튜브와 지메일에만 노출되며, 모바일 전용 광고라 PC에서는 노출되지 않습니다. 그리고 디스커버리 캠페인은 전환 광고입니다. 전환 설정이 없으면 만들 수 없습니다.

디스플레이와 디스커버리 캠페인의 또 다른 결정적 차이는 리마케팅에 있습니다. [그림 5.3_9]를 보면 영상 조회 잠재고객 사이즈가 디스플레이에서만 0인 것을 볼 수 있습니다. 유튜브라는 거대하고 강력한 플랫폼에서 영상 광고를 했을 때, 디스플레이 캠페인으로는 영상 조회자에 대한 리마케팅을 할 수가 없습니다. 하지만 디스커버리 캠페인을 함께 한다면 유튜브의 조회 정보를 동영상 캠페인과 주거니 받거니 할 수 있습니다. 그래서 동영상과 디스커버리를 영혼의 단짝이라고 합니다.

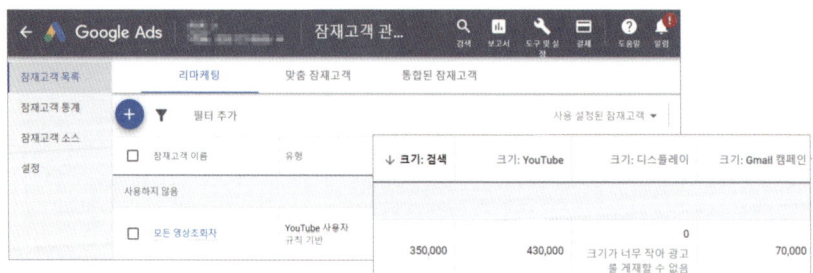

[그림 5.3_9] 동영상 조회자 리마케팅 사이즈

> **이름 때문에 헷갈렸던 광고 종류 – 디스커버리 VS 트루뷰 디스커버리**
>
> 디스커버리 캠페인의 등장으로 한참 동안 트루뷰 디스커버리 동영상 광고와 헷갈렸습니다. 그러다가 굴러 들어온 돌이 박힌 돌을 빼낸다고 더 오래된 트루뷰 디스커버리 광고가 인피드 동영상 광고로 이름이 바뀌었습니다.

어떤 광고를 할 것인가는 캠페인 설계에서 중요한 요소입니다. 광고의 목적, 제작 가능한 광고 소재, 전체 예산 사이즈를 고려해서 캠페인 설계를 해서 잦은 변경이 없도록 운영해야 머신러닝을 지속할 수 있습니다. 그래서 앞에서 여러 광고 종류들을 살펴봤지만, 그럼에도 광고 선택이 막막하고 "어떤 광고를 해야 효과 있어요?"라는 질문을 던지는 광고주들이 많을 겁니다(여기서 말하는 효과는 전환일 것이고, 어떤 광고가 전환이 많이 나는가 하는 질문일 겁니다). 이 질문에는 마케팅 퍼널을 이용해 답을 드릴 수 있습니다.

■ **마케팅 퍼널 단계별 구글 광고 종류**

이해를 돕기 위해 마케팅 퍼널을 간단히 설명하겠습니다. 마케팅 퍼널은 쉽게 말하자면 사용자 유입에서 최종 전환까지의 사용자 여정을 깔때기 모양으로 표현한 분석 모델입니다. 마케팅 퍼널은 크게 상/중/하단 퍼널로 단계를 나누는데, 보통 [그림 5.3_10]과 같은 형태로 구성합니다. 깔때기에 무언가를 흘려서 목표 지점에 도달해내듯, 위에서 아래 방향으로 사용자들을 단계별로 유도하는 것이죠. 이제 마케팅 퍼널이 어느 정도 이해되셨나요?

[그림 5.3_10] 마케팅 퍼널

이제 마케팅 퍼널의 각 단계에 구글 광고 종류를 구분해 넣어 보겠습니다.

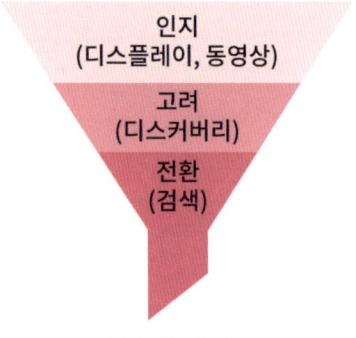

[그림 5.3_11] 마케팅 퍼널 단계별 구글 광고의 종류

구글 광고 종류를 단계별로 넣어 보니 앞의 질문에 대한 답이 뻔하게 보이실 겁니다. 그런데 한 번 더 생각을 해봅시다. 과연 검색 광고만 하면 전환을 쓸어 담을 수 있을까요?

학생 시절 시험을 치르던 때를 잠깐 떠올려 봅시다. 불시에 시험을 봐도 100점을 맞는 친구들이 있었죠? 평소에 (깔때기를 학습으로 꽉꽉 채워) 공부했기 때문입니다. 광고(마케팅)를 잘하는 것도 이와 같은 맥락입니다. 전환 단계인 로우 퍼널 Low Funnel만 대비한다고 해서 되는 것이 아니라, 풀 퍼널 Full Funnel 마케팅을 잘 해야 합니다.

풀 퍼널이 중요한 이유는 사용자 경험 UX, User Experience이 복잡하기 때문입니다. 우리의 모든 경험이 [인지-고려-전환] 순으로, 선형적으로만 이루어지진 않습니다. 마케팅 퍼널은 사용자 경험을 단순화해 놓은 모형에 불과합니다. 나의 구매 경험을 돌이켜 봅시다. 문득 생각나서 상품을 검색한 적 있나요? 이 경우는 [검색]이지만 [인지] 또는 [탐색] 단계에 해당합니다. 이때를 놓칠세라 이 검색 행위를 타깃팅한 배너와 동영상으로 잠재고객을 낚아채 가는 경쟁자가 있습니다.

이처럼 다양한 종류의 구글 광고로 풀 퍼널 마케팅하는 경쟁자들이 많아지면 나의 마케팅 퍼널은 [그림 5.3_12]처럼 될 수도 있습니다.

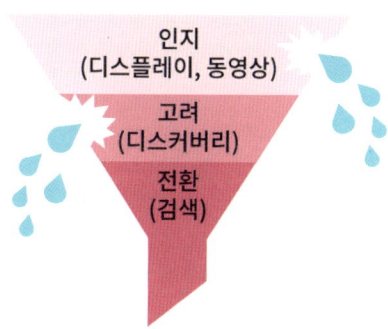

[그림 5.3_12] 선수를 만난 나의 검색 광고

지금까지는 검색 광고가 광고의 끝판왕이었지만, 위와 같은 상황이 되면 더 이상 검색을 기다릴 틈이 없을 수도 있습니다. 모든 경쟁자가 [그림 5.3_13] ~ [그림 5.3_14]와 같은데 나 혼자 검색에만 올인한다면 감나무 아래서 감(검색) 떨어질 때까지 기다리는 꼴이 될 수도 있으니 말입니다.

[그림 5.3_13] 검색 광고보다 전환율 높은 디스플레이 광고 ①

[그림 5.3_14] 검색 광고보다 전환율 높은 디스플레이 광고 ②

[그림 5.3_13]의 검색 광고의 전환율은 디스플레이 광고보다 3배 높지만, 전환당 비용이 디스플레이에 비해 4배 이상 높습니다. [그림 5.3_14]는 검색 광고가 모든 면에서 디스플레이 광고만 못합니다. 이럴 경우 광고주들은 다음과 같은 후속 전략들을 생각해볼 것입니다.

① 검색 광고를 당장 끄고, 디스플레이에 올인한다. (오늘만 사는 광고주)
② 검색 광고의 예산을 낮추고, 디스플레이 광고의 예산을 높힌다. (반응형 광고주)
③ 검색 광고의 예산은 그대로 두고 디스플레이 광고의 예산만 올린다. (여유 있는 광고주)
④ 검색 광고의 성능을 높이는 데 총력을 기울인다. (검색은 나의 운명형 광고주)
⑤ 디스플레이 광고의 종류를 늘려서 디스플레이 광고 성능을 올릴 수 있는 데까지 올려본다. (콜럼버스형 광고주 1)
⑥ 디스플레이 광고가 잘 되니 동영상 광고도 해본다. (콜럼버스형 광고주 2)
⑦ 캠페인별 예산의 비율은 그대로 두고 전체 예산만 증액한다. (성장형 광고주)
⑧ 이대로 유지한다 (신중한 광고주) 등등

이 중에 항상 옳은 선택은 없습니다. 광고주의 성향과 상황이 전략 선택에 가장 큰 영향을 미치기 때문이죠. 로컬 비즈니스라 예산 증액에 한계가 있을 수도 있고, 광고주의 선호나 성향에 따라 다른 선택을 할 수도 있습니다. 다 관심 없고 전환만 많으면 좋다면 ①, 당장 성과가 좋은 디스플레이도 좋지만 재구매율도 높고 브랜드 평판을 만드는 건 역시 검색 광고라고 여긴다면 ④를 선택할 수도 있습니다. 참고로 ④ 유형의 광고주는 경우에 따라 이상적일 수도, 문제적일 수도 있습니다. 이 유형의 문제점은 '7.5 구글 광고하는 나쁜 습관'에서 자세히 이야기해 보겠습니다.

자, 이제 어떤 광고를 할지 결정하셨나요? 그렇다면 그 광고의 예산을 결정합니다. 어떤 광고를 할 것인지, 예산을 얼마나 사용할지는 캠페인 설계와 연결되며, 캠페인 설계가 잘 되어야 안정적으로 머신러닝을 할 수 있습니다. 구글 광고에서 잦은 변경만큼 나쁜 것은 없습니다. 머신러닝을 지속할 수 있도록 광고의 목적, 제작 가능한 광고 소재, 전체 예산 사이즈를 잘 고려해서 캠페인을 설계하시길 바랍니다.

> 앞의 대화에서 광고의 종류와 성과에 예산의 사이즈가 중요한 요소라고 했습니다. 그리고 한 가지 덧붙이자면, 사이트 품질입니다. 사이트 품질이 좋으면 적은 예산으로도 할 수 있는 것이 아주 많아지고 하는 것마다 재미있어집니다.

입찰의 종류

 인공지능 학습을 끌어올리는 입찰법을 알아봅시다.

Q 구글 광고가 예산을 다 못 씁니다.
A 네, 지금 타깃 CPA 입찰인데 입찰가가 너무 낮네요. 광고 세팅은 직접 하셨나요?
Q 아니요. 사위가 했습니다. 광고 대행사 다녀요.
A 아, 네. 어쩐지 광고 확장이나 이런 세부 세팅이 꼼꼼하다 싶었습니다. 그런데 네이버 광고하는 분들이 입찰을 이렇게 많이 하시더라구요. 일단 전환수 최대화로 바꿔서 예산을 소진하도록 하면서 CPA 수준을 한번 살펴보도록 하죠.
Q 네네.
A CPA 입찰을 하면 예산이 입찰가에 못 미칠 경우 입찰을 포기하는 수가 있어서 예산을 완전히 소진하지 않을 수 있습니다. 이 광고는 상담 문의가 많이만 들어오면 좋지 않나요?
Q 그럼요.
A 그러면 입찰을 전환수 최대화에서 나중에 타깃 CPA로 바꾸지 않아도 될 것 같다는 의견을 미리 말씀드립니다.

지금까지 캠페인 시작을 위해 목표, 광고 종류(캠페인 하위 유형) 선택을 마쳤습니다. 이후에도 다양한 광고 설정이 남아 있는데, 이 절에서는 그중 [입찰]에 대해 자세히 알아보겠습니다.

광고 종류마다 선택 가능한 입찰 전략에 차이가 있습니다. 이 책에서는 검색 캠페인과 동영상 캠페인을 중심으로 어떠한 입찰 전략이 있는지 살펴볼 것입니다.

5.4.1 전환수 최대화

먼저 검색 캠페인에서 입찰 전략들을 보겠습니다. 캠페인 세팅 요소 중 [입찰]을 열어보면 [전환]이 기본으로 설정되어 있습니다. 이는 구글 애즈가 권장하는 기본 입찰이 '전환' 즉, '전환수 최대화'라는 것입니다.

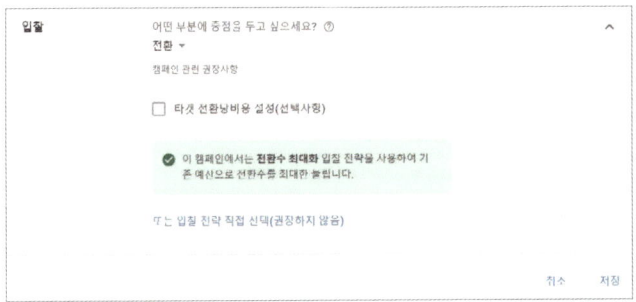

[그림 5.4_1] 검색 캠페인 설정 〉 입찰 ①

그리고 [입찰]에는 드롭다운 메뉴가 있어 다양한 입찰 전략을 선택할 수 있습니다. 광고를 운영하는 상황마다 유효한 입찰 전략이 다릅니다. 다음으로 넘어가 입찰 전략별 쓰임을 한번 살펴봅시다.

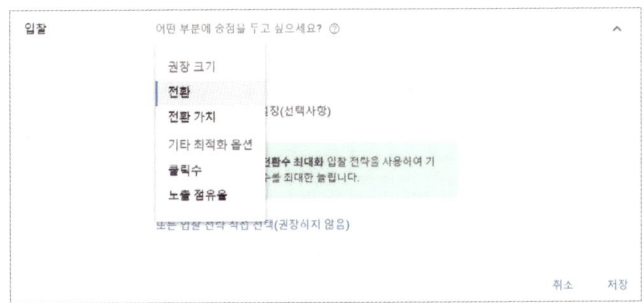

[그림 5.4_2] 검색 캠페인 설정 〉 입찰 ②

5.4.2 전환수 최대화와 클릭수 최대화

전환수 최대화 입찰은 AI에게 광고주가 정의한 전환의 갯수를 최대화하라는 입찰입니다. 구글 애즈 권장은 전환수 최대화지만 전환 입찰은 초반 예산 소진이 원활하지 않은 경우가 있습니다. 예산을 2~3배 초과해서 활활 태워도 초기 머신러닝 기간을 기다리기가 어렵지만, 예산 소진조차 잘 안 되면 이것도 너무 답답합니다. 그래서 맨 처음 구글 광고의 [입찰]은 [클릭](클릭수 최대화)로 시작해, 일단 트래픽을 많이 일으켜서 유입 대비 전환율을 어느 정도 파악한 후 [전환](전환수 최대화)로 바꾸는 것도 나쁘지 않습니다. 만약 캠페인 기간이 짧아서 빠른 노출과 클릭이 필요하다면 그때는 꼭 클릭수 최대화로 시작하세요.

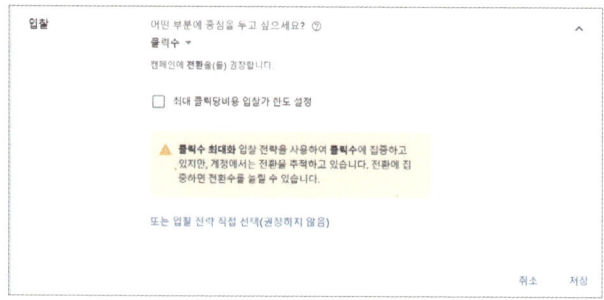

[그림 5.4_3] 클릭수 최대화

> **입찰 전략 주의사항**
>
> 방금 구글 광고 입찰을 클릭수 최대화로 시작했다가 전환수 최대화로 바꾸는 전략을 알려 드렸지만, 어떤 경우에든 유효한 것은 아닙니다. 입찰 전략이 마법의 주문은 아니기 때문이죠.
>
> 예를 들어 입찰을 클릭수 최대화로 했는데 클릭량은 수백, 수천인 반면 전환수가 0인 경우가 있습니다. 이때는 전환수 최대화로 바꿔도 극적인 반전 효과를 보기 어려우니 광고 준비를 다시 해야 합니다(광고 도착 페이지를 다시 만들어야 한다는 것입니다).
>
> 한편 입찰이 클릭수 최대화 입찰일 때는 일 예산을 다 소진해서 클릭도 많고 전환도 나왔는데, 전환수 최대화로 바꾸니 예산 소진이 안 되어서 클릭수가 인 나오는 경우가 있습니다. 이럴 때는 1~2주 정도 기다려 보세요. 그 동안 예산을 안 쓴 만큼 2배씩 사용하면서 노출과 클릭이 뻥 뚫리며 전환 학습을 시작할 것입니다(다양한 전개 중 하나의 예일 뿐이니 참고만 해주세요). 전환 입찰은 이런 현상이 잦으니 조기 예산 소진이 시급하거나 광고 운영 기간이 짧은 경우에는 클릭수 최대화 입찰을 권합니다.

5.4.3 전환 가치 극대화

앞서 2.1에서 전환 학습에 대해 알아보았습니다. 전환수가 일정량에 도달하면 AI가 전환 학습을 시작하므로, [구매]나 [리드] 같은 큰 전환에 전환수가 충분치 않을 땐 그보다 작은 [장바구니], [회원가입] 같은 작은 전환을 만들어서라도 전환 학습이 가능한 환경을 만들어 주는 사람의 센스가 필요하다고 했습니다. 이러한 상황에서 입찰 방식이 전환수 최대화로 설정되어 있다면 AI는 구매도 1개 전환, 회원가입도 1개 전환, 장바구니도 1개 전환으로 동등한 전환으로 취급합니다. 만약 실제 구매 전환은 별로 없고 장바구니 전환만 잔뜩 있다면 어떨까요? AI는 큰 전환, 작은 전환 가리지 않고 전환수를 늘리라는 입찰에 충실했지만 광고주는 한숨이 나올 겁니다.

위와 같은 상황을 개선하려면 어떻게 하면 좋을까요? AI가 전환의 가치를 고려해 입찰하게 할 수 있습니다. [캠페인 설정]에서 [입찰]의 드롭다운 메뉴를 열면 여러 입찰이 나오는데, 그중 [전환 가치](전환 가치 극대화) 입찰을 선택해 봅시다 (그림 5.4_4).

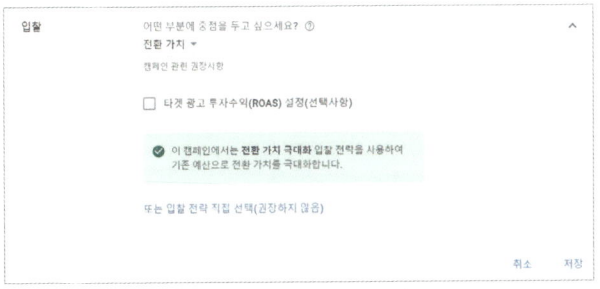

[그림 5.4_4] 전환 가치 극대화

예를 들어 5만원짜리 상품과 12만원짜리 상품의 구매 전환이 한 번씩 일어났다고 해보겠습니다. 전환수 최대화에서는 AI가 똑같은 전환 2개로 취급하겠지만, 전환 가치 극대화 전략에서는 하나를 팔아도 12만원짜리 상품을 팔아야 가치가 높으니, 12만원짜리의 구매 전환에 예산을 씁니다. 그래서 스마트 쇼핑 광고의 입찰은 선택의 여지 없이 전환 가치 극대화입니다.

이처럼 전환 가치 극대화 입찰에서 가격이 낮은 상품과 가격이 높은 상품의 전환율이 비슷하면 AI는 비싼 상품을 많이 팔아서 전환 가치를 극대화하려고 합니다. 하지만 가격이 높은 상품의 전환율은 너무 낮은데 저렴한 상품의 전환율은 높다면, AI는 큰 거 한방을 포기하고 티끌 모아 태산 만들기로 태세전환 할 수도 있습니다.

 입찰 전략 변경이 만능은 아닙니다!

입찰 전략의 차이는 이해하기 쉽지만, 그 실행 결과가 입찰 전략에 따라 쉽게 보장되는 것은 아닙니다. 전환이 장바구니까지고, 구매 전환은 전혀 나지 않는 쇼핑몰이 광고 입찰을 바꾼다고 전환율이 올라갈 리 없습니다. 장바구니 이탈의 진짜 원인을 찾아 해결해서 구매 전환율을 높여야 합니다. 구글 애즈에서 사용할 수 있는 기술은 꽤 수준 높고, 다양하지만 내 사업이 그 기술을 사용할 수준에 도달하지 않으면 모두 그림의 떡입니다. 팔 줄 아는 쇼핑몰은 스마트스토어라도 구글 애즈에서 클릭수 최대화 입찰(그림 5.4_3)로도 잘만 팝니다. 이런 광고주가 자사몰을 키워서 구글 광고를 한다면 구글 애즈의 기술을 날개 삼아 훨훨 날 것입니다.

5.4.4 수동 CPC와 타깃 CPA

앞의 [그림 5.4_4]에서 [또는 입찰 전략 직접 선택(권장하지 않음)]을 클릭하면 [그림 5.4_5]와 같은 입찰 옵션이 나옵니다.

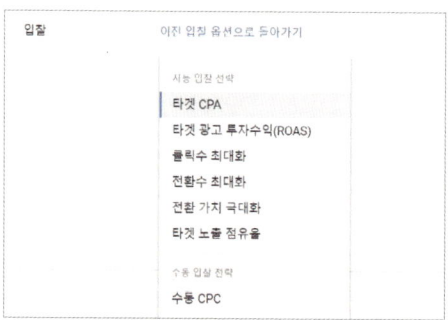

[그림 5.4_5] 입찰 전략 직접 선택 옵션

이 중에서 타깃 노출 점유율(검색 전용 입찰)과 수동 CPC는 맨 처음 입찰로는 그다지 추천하진 않는데, 네이버 광고하시던 분들이 유독 수동 CPC와 타깃 CPA 입찰을 즐겨하십니다. 네이버와는 달리 구글 광고는 광고 노출 순위에 따라 자리값이 정해지는 게 아닌데 CPC를 수동으로 고정한다는 것은 살짝 핀트가 맞지 않습니다.

 예산 사이즈가 충분치 않으면 타깃 CPA 광고가 작동하지 않습니다!

타깃 CPA 입찰을 생각하시는 광고주라면 참고해 주세요. 네이버 광고 대행사 출신들이 설정한 타깃 CPA 광고가 작동하지 않아서 직접 해결 방법을 찾고자 광고주 분들이 저에게 문의한 적이 한두 번이 아닙니다. '5.3.2 디스플레이'에서 CPA와 광고 예산 관계를 설명했었죠? 타깃 CPA 입찰이 작동할만한 예산 사이즈에 못 미친다면 전환수 최대화로 입찰 전략을 수정하세요.

5.4.5 CPV와 CPM

'5.3.4 동영상'에서 동영상 캠페인의 입찰 방식으로 CPV^{Cost Per View, 조회당 과금}와 CPM^{Cost Per Mille, 1,000회 노출 비용}이 있는데, 소액 광고주에게는 CPM 입찰이 적합하지 않다고 했었죠? 디스플레이도 마찬가지입니다. 소액 광고주에게는 CPM 입찰이 적합하지 않은 이유로, CPM 입찰인 [조회 가능 노출] 입찰 전략은 거의 사용하지 않습니다.

이상으로 주요 입찰 전략에 대해 알아봤습니다. 다음의 표는 캠페인 유형별로 가능한 입찰 전략을 정리한 것인데, 기본으로 설정되는 입찰은 다른 색으로 표시했습니다. 가급적이면 기본 설정된 입찰을 선택하세요. 조바심에 타깃 CPA나 ROAS 등으로 입찰값을 세부적으로 설정했을 때 머신러닝이 더 힘들어지는 경험을 많이 했습니다. 전환수가 월 1,000을 훌쩍 넘는 수준이 아니면 입찰 변경으로 유의미한 변화를 기대하기는 어렵습니다. 일단 전환수 최대화로 전환 사이즈부터 만드세요.

[표] 광고 종류별 가능한 입찰 방식 정리

	클릭수 최대화	전환수 최대화	전환 가치 극대화	타깃 CPA	ROAS	타깃 노출 점유율	수동 CPC	CPM	CPV
검색 캠페인	O	O	O	O	O	O	O	-	-
표준 디스플레이 캠페인	O	O	-	O	O	-	O	O	-
스마트 디스플레이 캠페인	-	O	O	-	-	-	-	-	-
맞춤 동영상 캠페인	-	-	-	-	-	-	-	O	O
전환 동영상 캠페인	-	O	-	O	-	-	-	-	-
쇼핑 동영상 캠페인	-	O	-	-	-	-	-	-	-
기타 동영상 캠페인	-	-	-	-	-	-	-	O	-
표준 쇼핑 캠페인	O	-	-	-	O	-	O	-	-
스마트 쇼핑 캠페인	-	-	O	-	O	-	-	-	-
디스커버리 캠페인	-	O	-	O	-	-	-	-	-

네이버 광고 고수 분들이 타깃 CPA, ROAS 입찰을 선호합니다. 그런데 저는 네이버 광고 대행사 출신이 아니라서 그런지 생각이 참 단순합니다. 전환이 많으면 되지 꼭 얼마에 전환이 나야 하나요? 전환수를 계속 늘리다 보면 CPA는 계속 낮아지고, ROAS는 높아질 텐데 둘을 왜 고정시키는지 저는 잘 모르겠습니다(구글 애즈도 상위 입찰 전략으로 추천하지만 저는 아직 그 정도로 입찰이 고도화될 필요를 느끼지 못했습니다). 제가 느끼기엔 타깃 CPA를 선호하는 건 특정 키워드로 전환이 나야 한다는 것처럼 다소 고집스러워 보입니다('7.5 구글 광고하는 나쁜 습관 5' 참고). 그리고 ROAS 입찰도 마찬가지입니다. 제가 다이어트 앱을 만들기 전에 다이어트 다이어리와 캘린더를 만들어 유명 쇼핑몰과 오픈마켓에서 판매해본 적이 있습니다. 상품 제작 원가를 포함해서 각종 수수료와 경비를 생각하면 이상적인 판매가는 원가의 1,000%이고, 최소한 800%는 되야 합니다. 그런데 도저히 그렇게 못합니다. 이처럼 광고도 ROAS가 800% 정도는 되어야 이것 떼고 저것 떼고 남는 장사가 되는데 그러기가 쉽지 않습니다. 사실 ROAS

200%(밑지는 장사)라도 전환만 많이 났으면 하는 광고가 태반입니다. 상품 가격은 어쩌지 못하면서 왜 광고 입찰은 성격대로 하려고 하시는지…

ROAS에 대한 경험담을 하나 들려 드리자면, 추석을 시작으로 하반기 커머스 성수기 대비 구글 애즈 주최 웨비나에 참석했을 때입니다. 연중 최대 성수기이므로 입찰 경쟁이 심하니 예산도 30% 정도 여유 있게 증액하고 ROAS 입찰 시에는 200% 수준을 권장했습니다. 그랬더니 댓글창에 ROAS를 낮추는데 어떻게 광고 '효율'이 높아지는지 질문이 올라왔습니다. 실시간으로 질문에 답이 올라오지 않아서 구글 애즈 측의 답변을 확인하지는 못했지만, 제 해석은 이렇습니다. "경쟁이 심하고 전환 사이즈가 클 때이니 일단 입찰의 기회부터 놓치지 말아라. 많이 남는 장사만 하려다(효율 고집하다) 완전 공칠 수 있다."

높은 ROAS와 낮은 ROAS 중 어느 쪽이 입찰 가능성이 높을까요? 입찰에 성공해야 노출이 되고, 노출이 많아야 클릭과 전환도 비례할 텐데, 광고에 대한 관점과 경험의 차이가 큰 것 같습니다. 효율이냐 사이즈냐… 저는 백분율이라는 현혹되기 쉬운 숫자보다 사이즈라는 실체적 숫자를 추구하렵니다.

5.5 타깃팅의 종류

 구글 애즈가 잘하는 타깃팅과 특정 캠페인에 유용한 타깃팅을 알아보고, 타깃팅에 대한 오해와 환상을 바로잡아 봅시다.

(1:1 레슨 중)

- A 디스플레이 타깃팅은 이렇게 하면 됩니다.
- Q 네, 이 상품은요?
- A 두 상품 다 디스플레이 타깃팅은 같습니다.
- Q 두 개가 다른 상품이에요.
- A 다른데 카테고리가 같으니까요.
- Q 아니에요. 달라요.
- A 크게 보세요. 디스플레이 타깃팅은 크게 보셔야 합니다.
- Q 어떻게 이 둘이 같아요?

 광고 용어와 친해지기

타깃팅의 종류를 알아보기 전에 타깃팅에 관련한 광고 용어들을 먼저 소개합니다. 앞에서 만나본 것도 있고 새롭게 만나는 것도 있을 겁니다. 가볍게 쭉 훑어보고 이번 절을 학습하면서 좀 더 익숙해져 봅시다!

CPV(Cost Per View, 조회당 비용) / CPC(Cost Per Click, 클릭당 비용)
CTR(Click Through Rate, 클릭률) / 전환(Conversion, 광고 목표) / 전환 액션(특정 전환)
CPA(Cost Per Action, 전환당 비용) / KPI(Key Performance Indicator, 핵심성과지표)
CPM(Cost Per Mille, 1,000회 노출 비용) / CPI(Cost Per Install, 설치당 비용)

앞서 캠페인의 주요 세팅을 알아보았으니, 이번에는 광고 그룹을 세팅할 차례입니다. 4.2.2에서 광고 그룹은 타깃팅이라 정의하고, 타깃팅 종류로 무엇이 있는지 간단히 언급했었죠? 이번 절에서는 타깃팅 종류별로 어떤 광고 종류에 적합할지 알아보고, 타깃팅 설정 시 주의점과 생각할 점을 다뤄볼 것입니다.

5.5.1 타깃팅의 종류

[그림 5.5_1]는 타깃팅 종류의 변천사입니다. 구글 애즈의 버전에 따라 왼쪽에서 오른쪽으로 메뉴가 변화한 모습으로, 명칭의 변화나 요소의 추가/삭제가 보이기도 합니다. 그 예로, 그림 왼쪽에 네모로 표시한 타깃팅들을 한번 볼까요? 이 중에서 [주제] 타깃팅은 요즘은 잘 사용하지 않고, 제외할 때나 가끔 사용하는 편이었습니다. 왼쪽에서 오른쪽으로 약 2년씩의 시차가 있는데, 주제 타깃팅의 순서가 뒤로 밀려나 메뉴를 접으면 나오지도 않게 되어 버렸다가 최신 버전에서는 접근성이 좀 더 좋아졌습니다. 이것은 타깃팅에서 제외만 가능한 스마트 디스플레이가 주종이 되었기 때문으로 생각합니다. 한편 주요 타깃팅은 크게 변하지 않았습니다. [키워드], [잠재고객], [게재위치]와 같이 자주 사용하는 타깃팅은 그대로 살아 있죠? (참고로 구글 애즈 최신 버전은 [잠재고객]과 [인구통계]가 통합되었습니다.)

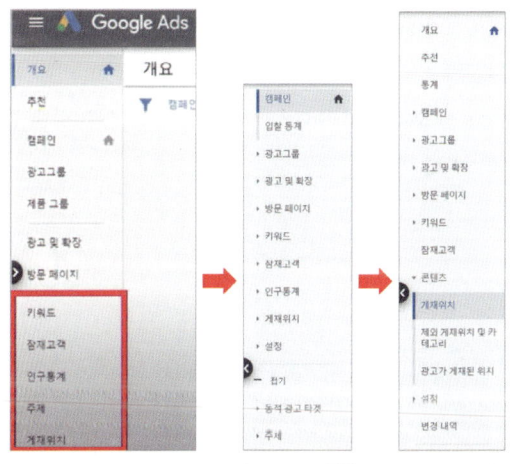

[그림 5.5_1] 타깃팅 종류의 변천사 (왼쪽 → 오른쪽 방향으로 버전업 되었음)

주요 타깃팅들의 쓰임 정리

[그림 5.5_1] 왼쪽에 네모 표시한 타깃팅들의 쓰임을 간단히 정리하고 넘어가겠습니다. [키워드]는 검색 광고의 타깃팅이지만, 검색 아닌 광고의 종류에서 키워드 타깃팅을 하면 그 키워드를 포함한 웹페이지(영상)에 내 광고를 노출합니다. [잠재고객]은 구글 애즈의 타깃팅 맛집으로, 구매의도나 관심사 기반의 타깃팅입니다. 이밖에 [인구통계]는 성별, 연령, 자녀유무 가계소득 타깃팅이고, [게재위치]는 광고가 노출되는 위치 타깃팅입니다.

(키워드, 잠재고객, 게재위치 타깃팅에 대해서는 '3.3 키워드가 검색어와 달라?', '3.1 내 광고의 자리는 어디인가?', '3.4 잠재고객은 처음이지?'에서 이미 알아보았습니다. 자세한 내용은 해당 절을 참고해 주세요.)

타깃팅 종류를 쭉 훑어보았으니, 이젠 타깃팅 종류별로 어떤 광고 종류에 쓸만할지 알아보겠습니다. 내 광고에는 어떤 타깃팅이 유용할지 참고해 보세요.

- **게재위치 타깃팅**

게재위치 타깃팅은 동영상 광고에서 해 볼 만합니다. 특정 채널 1~2개에 집중 노출은 절대 할 수 없지만, 내 광고가 노출되면 좋겠다 싶은 채널의 주소(URL)를 2, 3백 개 정도 게재위치에 추가하면 다른 타깃팅에 비해 저렴한 비용으로 좋은 성과를 내는 경우가 많습니다.

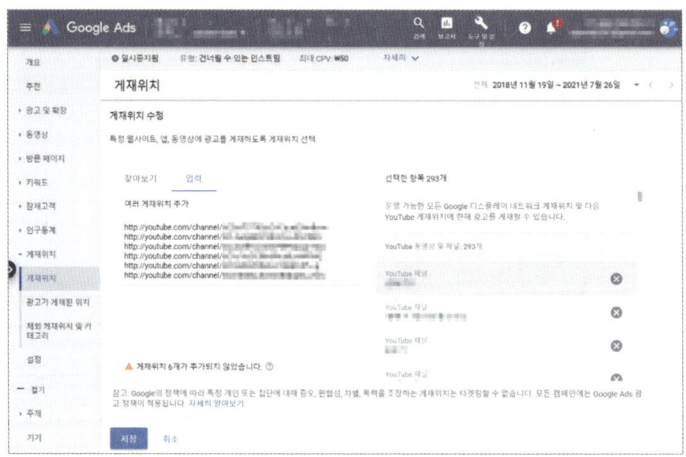

[그림 5.5_2] 게재위치 타깃팅

- **키워드 타깃팅**

키워드 타깃팅은 기본적으로 검색 광고의 타깃팅이지만, 인피드 동영상 광고에 잘 쓰이기도 합니다. 이 광고는 유튜브 검색 화면에도 노출되기 때문입니다.

- **그 외 타깃팅**

동적 리마케팅은 쇼핑 광고에서, 동적 광고 타깃은 검색 광고에서 사용합니다. 동적 검색 광고를 만들면 자동으로 동적 타깃을 하게 됩니다.

제외 타깃팅은 모든 타깃팅에서 가능합니다. 제외 타깃팅은 특히 타깃팅을 하지 않는 스마트 디스플레이 캠페인에서 잘 활용하면 좋습니다.

5.5.2 타깃팅 설정 시 주의점과 바람직한 태도

이번에는 타깃팅 실무에서 주의해야 할 2가지와 타깃팅에 대한 바람직한 태도를 주제로 이야기하겠습니다.

- **타깃팅 실무에서 주의해야 할 2가지**

타깃팅 실무에서 주의해야 할 2가지는 아주 간단합니다. 첫 번째, **타깃팅은 교집합**이라는 것입니다. 키워드, 잠재고객, 인구통계, 게재위치를 중복 타깃팅하면 [그림 5.5_3]의 맨 오른쪽처럼 타깃팅 사이즈가 작아져 바늘 구멍만 해집니다. 너무 사이즈가 작은 타깃팅은 광고 노출이 되지 않을 확률이 높습니다. 그래서 구글 애즈는 타깃팅의 종류 중 2가지 정도만 함께 사용하기를 권장합니다.

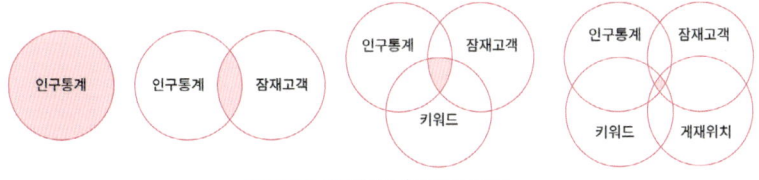

[그림 5.5_3] 타깃팅의 교집합 사이즈

두 번째, **인구통계에서 알 수 없음이 60~70%**라는 사실입니다. 인구통계에서 연령, 성별 등의 알 수 없음에 체크 해제하면 [그림 5.5_3]의 교집합 사이즈는 또 그만큼 작아지게 됩니다. 그러니 인구통계에서 '알 수 없음'은 항상 활성화하십시오. 이 부분은 '2.1.2 잠재고객 관리자'에서 다룬 적이 있습니다. 특정할 수 없는 사용자 60~70% 관련 내용을 참조하세요.

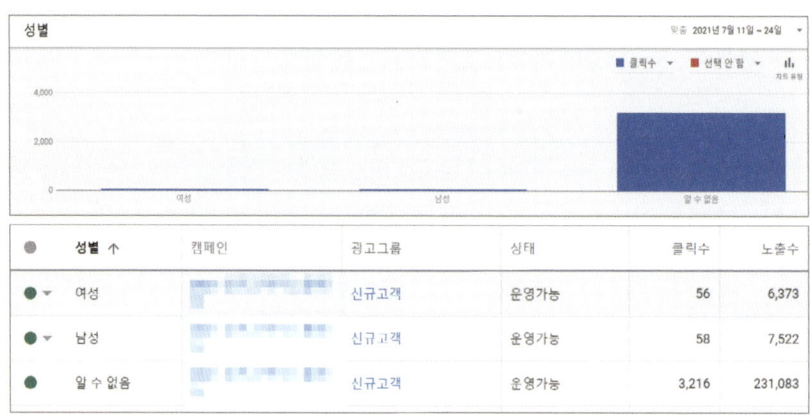

[그림 5.5_4] 인구통계는 알 수 없음 빼면 시체

■ 타깃팅에 대한 바람직한 자세

그런데 앞서 4.3에서 많은 광고주들이 잠재고객 설정 창만 열리면 작두를 타려고 한다고 했듯이, 많은 광고주들이 타깃팅을 좁히는 데만 혈안이 됩니다. 심지어 아웃소싱 중개 플랫폼에는 구글 애즈 정밀 타깃팅이라며 전문성을 어필하려는 경우도 봅니다. 이것은 흡사 피자 전단지를 돌릴 때, 피자를 시킬 것 같은 집만 골라서 전단지를 붙이겠다는 것과 같습니다. 피자 주문수를 늘리려면 전단지를 많이 돌리는 것이 가장 확실합니다. 종이 전단지는 부수를 늘릴 때마다 비용이 증가하지만, 인터넷 광고는 부수 즉, 노출에는 돈이 들지 않습니다. 클릭당 과금 CPC, Cost Per Click 입니다. 노출을 아끼지 마세요. 관건은 전환 학습입니다.

네이버로 광고를 배운 광고주들에게 타깃팅은 과녁 맞추기와 같습니다. 많은 광고주가 양궁 경기에서 카메라를 뚫은 10점 과녁, 과녁의 한복판만 타깃팅하면 전환율이 높아지리라 기대합니다. 근거 없는 기대려니와 그렇게 작은 과녁을 제시하면 AI는 과녁이 보이지 않아 활쏘기를 포기합니다.

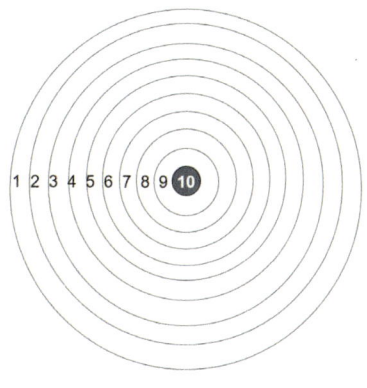

[그림 5.5_5] 타깃팅과 전환

그런데 문제는 현실의 고객들이 10점 영역에 옹기종기 모여 있지 않다는 것입니다. 고객들은 7점 단계에 있을 수도, 5점 단계에 있을 수도 있습니다. 즉 [그림 5.5_5]는 [그림 5.3_11]의 마케팅 퍼널과 모형만 다를 뿐, 같은 개념입니다.

머신러닝은 사람의 학습과도 참 많이 닮았습니다. 처음에는 AI도 서툽니다. 서툴지만 활을 많이 쏘다 보면 실력이 늘어서 처음에는 1점, 2점 과녁 맞추기도 힘들다가 점점 높은 점수의 과녁을 맞출 수 있게 됩니다. 그리고 마침내 전환을 경험합니다(1~10 구간 어딘가에 있는 전환 고객을 찾은 것입니다). 그렇게 전환을 주 50회 이상 경험하게 되면 마침내 전환 학습이 되어서 점점 더 자주 타깃에 명중합니다. 이때 사람이 다른 거리의 표적도 맞춰 보라며 과녁을 엄청 더 멀리 또는 더 가까이 이동시킵니다. 예산을 변동하는 경우입니다. 그러면 AI는 예산(거리)에 맞춰 다시 머신러닝을 시작합니다. 그래서 예산 변동으로 머신러닝을 무너뜨리지 않으려면 최소 일주일 간격을 두고 10~15%씩 예산 수정을 하라고 했습니다.

또한, 기록이 좋았던 AI도 오랜만에 활을 쏘려면 감을 찾는 데 시간이 걸립니다. 사람도 한참 운동할 때는 운동 자세와 근력이 유지되지만, 운동을 쉬면 근손실 일어나고 자세도 흐트러지듯 말입니다. 그래서 구글 광고를 껐다 켰다 하는 것은 좋지 않습니다. 가능하면 지속적으로 계획하는 것이 좋습니다.

이 절 도입부의 대화는 1:1 레슨 중에 있었던 일입니다. 상품이 딱 2종인 광고주였는데, 디스플레이 타깃팅에서 이 둘이 전혀 다른 상품이라 타깃팅이 달라야 한다는 주장에 한참을 설득하느라 애를 먹었습니다. 그 둘이 다른 상품인 것은 맞습니다. 하지만 같은 카테고리에 묶을 수 있는 상품이기에 디스플레이 타깃팅에서 차이는 없습니다. 예를 들면 두 상품이 있는데 하나는 모종삽이고, 하나는 식물 영양제입니다. 검색 광고라면 키워드가 다른 게 맞습니다. 키워드는 세세하게 분류해야 하기 때문이죠. 하지만 디스플레이 광고라면 이 둘은 원예 카테고리 하나로 크게 타깃팅하는 것이 맞습니다. 오프라인으로 치자면 다이소에서 원예 코너를 그냥 지나치지 않고, 머무는 시간이 많은 사람이 타깃입니다. 그 사용자가 검색을 하기 전에는 지금 정확히 무엇을 구매할 가능성이 높은지 알 방법이 없지만, 인터넷에서의 쇼핑 행동이나, 블로그나 유튜브 시청 패턴 등으로 관심사나 구매의도를 파악해서 가드닝, 원예, 식물에 관심이 있는 사람이라는 것은 알 수 있습니다. 그 사람들에게 원예 관련 상품을 노출하는 것이 디스플레이 광고입니다. 모종삽 사는 사람이 식물 영양제도 사고, 식물 영양제를 사는 사람이 모종삽도 사는 것이니까요.

그리고 노파심에 알려드리는데, 디스플레이 광고의 타깃팅에 너무 고민하지 마세요. 표준 디스플레이 광고의 타깃팅 기능은 캠페인 초반 스퍼트를 내는 정도입니다. 타깃팅 없는 스마트 디스플레이 광고도 있습니다. 최근 구글 애즈 개편 후에는 표준 디스플레이로 시작해도 타깃팅을 구버전처럼 필수로 하지 않습니다. 구글 애즈가 미는 디스플레이 광고는 표준보다 스마트입니다. 타깃팅보다 전환 학습이 더 중요합니다.

광고 애셋은 기본 3개

 많으면 많을수록 좋은데 만들기는 힘든 광고 애셋. 인공지능 활용이 극대화되도록 광고 소재 갯수를 늘리는 꿀팁을 알아봅니다.

> Q 리마케팅 광고하려면 배너 사이즈를 어떻게 준비하면 될까요?
> A 배너 사이즈 1200×1200, 1200×638을 1세트로 해서, 여러 세트를 만들어 주시면 됩니다.
> Q 네? GDN 사이즈가 엄청나게 다양한 걸로 알고 있는데요. 겨우 2개면 되요?
> A 네, 요즘엔 반응형 하나면 됩니다. GDN 사이즈별로 만들어 주시면 올리기는 하는데, 제작에 들인 공에 비해 성과가 좋지 않습니다.

광고 세팅의 마지막으로, 광고 애셋을 살펴봅시다.

[그림 5.6_1]은 반응형이 아닌 텍스트형 광고(구형)로, 첫 번째 제목과 두 번째 제목의 짝을 딱 맞춘 광고 애셋이 1개뿐입니다. 텍스트형 검색 광고 애셋의 필요 수량은 최소 3개, 권장량은 5개였습니다.

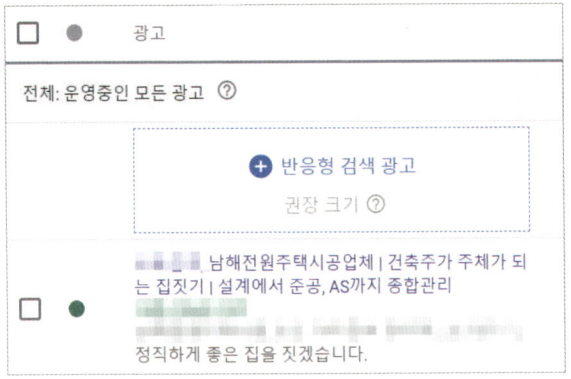

[그림 5.6_1] 텍스트형 검색 광고 애셋 1개

- **검색 광고와 디스플레이 광고의 경우**

반응형 광고가 등장한 후로는 광고 애셋 1개면 충분합니다. '5.1 미리 준비해야 할 광고 소재'의 가이드대로 광고 등록폼의 빈 칸을 모두 채우셨나요? 검색 광고와 디스플레이 광고는 반응형이라 빈 칸을 모두 채웠다면 광고 애셋 기본 3개, 권장 5개를 모두 충분히, 아니 그 이상 만족시킵니다. [그림 5.6_1]처럼 반응형 검색 광고 칸이 비어 있으면 빨리 채우세요. 반응형에서 더 좋은 광고 조합을 훨씬 많이 만들 수 있습니다(2022년 6월 30일부터 더 이상 확장 텍스트 광고를 만들거나 수정할 수 없습니다). 디스플레이 광고 역시 다양한 크기의 이미지가 필요했던 과거와 달리, 광고 소재 준비가 편리해졌습니다. 구글 애즈가 권장하는 두 가지 이미지 비율을 준비하면 충분합니다.

- **동영상 광고의 경우**

반면에 동영상 광고의 반응형은 검색 광고나 디스플레이의 반응형과는 좀 다릅니다. 동영상 액션(전환) 캠페인에서는 [그림 5.6_2]처럼 '건너뛸 수 있는 인스트림'과 '인피드 동영상 광고'를 반응형으로 동시에 만들 수 있는데, 이걸 3~5개 만들어 주어야 합니다.

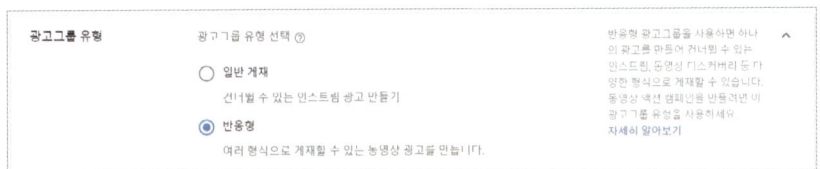

[그림 5.6_2] 동영상 액션 캠페인의 반응형

그런데 동영상을 만드는 것은 디스플레이 광고의 이미지를 만드는 것보다 훨씬 어려운 일입니다. 그렇더라도 광고 애셋을 3개 이상으로 만들어 주는 것이 좋습니다. 똑같은 영상의 제목과 설명을 달리 해서라도 말입니다(그림 5.6_3 참조). 가장 좋은 방법은 3가지의 각기 다른 스토리로 완전히 다른 영상을 만드는 것이고, 좀 더 바람직한 방법은 하나의 스토리당 비율별 영상(가로 영상, 세로 영상, 1:1 비율의 영상)을 추가 제작하는 것입니다.

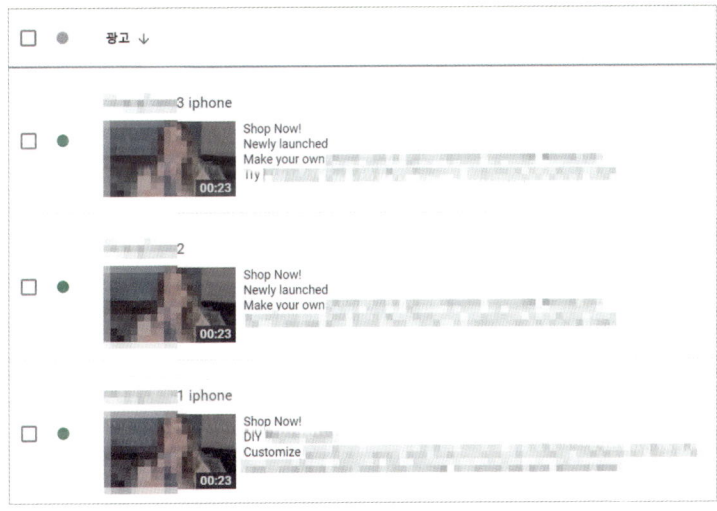

[그림 5.6_3] 동영상 1개로 만든 광고 애셋 3개 예

그리고 맨 처음 광고를 만들 때 광고 애셋을 충분히 채웠음에도 시간이 지나 애셋별 실적이 제각각 다르다면, 아주 낮음의 애셋은 새 애셋으로 교체해 주는 것이 좋습니다(애셋별 실적 보기는 [그림 5.6_4] 참조).

[그림 5.6_4] 실적이 낮은 광고 애셋은 새 광고 애셋으로 바꿔주기

GDN이라는 용어의 생명력이 참 강합니다. GDN는 Google Display Network의 약자로 구글 광고의 방대한 네트워크를 일컬을 뿐, 구글 애즈 어디에서도 특정 광고의 종류를 지칭하지 않습니다. 그런데 구글 애즈에서 디스플레이 광고를 하려면 GDN이라는 이름으로 수많은 사이즈의 배너를 만들어야 하는 것으로 인식이 굳어졌습니다. 반응형 디스플레이 광고가 나온 지 6년도 넘었고, 이제는 '디스플레이=반응형 디스플레이'나 마찬가지인데도 여전합니다. 반응형 디스플레이 광고는 광고 소재를 꽉꽉 채워도 광고가 딱 하나인 것처럼 1줄로 보이는데, GDN은 배너 하나하나가 1줄로 펼쳐져서 일을 참 많이 한 것처럼 보이기는 합니다. 그래서 광고 대행사들이 지금도 GDN을 열심히 어필하지 않나 생각합니다(계속 말씀드리지만 저는 광고 대행사 출신이 아니고 스타트업으로서 자사 앱 광고를 히다가 구글 애즈를 처음 접했습니다).

이제 저는 제 광고에도 소위 GDN 배너에 시간과 에너지를 낭비하지 않습니다. 물론 처음부터 그랬던 것은 아닙니다. 일명 GDN 배너들의 노출이 미미한 것을 발견하고 이런 일을 이렇게 열심히 할 게 아닌 것 같다고 생각하기 시작했죠. 그래서 2019년에는 노출이 좀 되는 배너 사이즈로 5개, 2020년 초까지는 3개 사이즈 정도만 뽑아서 계속 올렸습니다. 하지만 이제는 더 이상 GDN 배너라는 것은 취급하지 않습니다. 반응형 디스플레이로 두 가지 비율의 이미지들을 준비하면 충분합니다. 수없는 사이즈의 GDN 배너 만들 시간에 차라리 동영상을 만듭시다!

비승인 광고 대처법

 구글 애즈 정책에 위반되진 않지만 비승인되는 광고가 흔합니다. 이럴 때는 어떻게 대처하는지 알아봅니다.

> Q 민감한 사건이라는 이유로 영상이 비승인 났어요.
> A 요즘 코로나 관련해서 민감한 사건으로 비승인 나는 경우가 많습니다. 혹시…
> Q 아니에요, 전혀 그쪽하곤 상관이 없는 콘텐츠에요.
> A 구글 애즈 고객센터에 문의해봐야 겠습니다.
> (얼마 후)
> A 광고주님, 영상 40초쯤에 코로나라는 말이 나온다는데요?! '요즘 코로나 때문에 힘드시죠', 이렇게요.
> Q 어머 어머! 지나가는 인사말이라 생각도 못 했어요…

광고를 만들었다고 바로 광고가 시작되는 것은 아닙니다. 이 광고가 구글 애즈의 광고 정책에 맞는지 어긋나는지 승인 과정을 거칩니다(최대 24시간 소요). 그 결과, 비승인이 나는 경우도 많습니다.

구글 광고의 승인 심사는 사람뿐만이 아니라 AI가 하기도 하는데, 종종 우리가 납득하기 어려운 결과가 나오곤 합니다. 똑같은 광고라도 저번에는 승인이 났는데 이번에는 비승인이 날 수 있습니다. 경우에 따라서는 저번에는 승인 날 광고가 아니었는데 요행히 승인 났을 수도 있고, 당연히 승인이 날 광고인데 얼토당토 않은 이유로 비승인 되는 경우도 있습니다. 동영상 광고에서 썸네일로 남자 얼굴이 나오면 음란물로 보고, 비승인 하는 경우가 많은 것처럼 말입니다. 구글 애즈 정책에 위반되지 않았음에도 광고가 비승인 되었다면 이의신청을 해봅시다. [그림 5.7_1]과 같이 비승인 란에 마우스 커서를 가져다 대면 이의신청 링크가 나옵니다.

[그림 5.7_1] 비승인 광고의 이의신청 ①

이익신청을 하며 사람이 다시 승인 심사를 합니다. 이때 AI의 미숙한 승인 검토는 대부분 바로잡아집니다. 승인 심사 결과는 [그림 5.7_2]와 같이 스패너 모양 [도구] 〉 [설정] 〉 [정책 관리자]에서 확인할 수 있습니다.

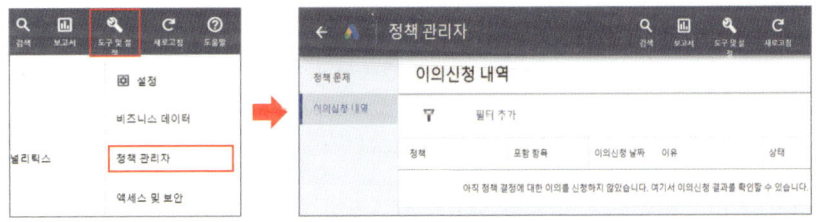

[그림 5.7_2] 비승인 광고의 이의신청 ②

구글 애즈의 광고 승인 심사는 맨 처음 광고를 만든 후 딱 1번뿐이 아닙니다. 이후로도 주기적으로 AI와 사람이 번갈아 가면시 광고 심사를 합니다. 그래서 하번의 요행으로, 구글 애즈의 정책을 위반한 광고가 승인이 나더라도 언제든지 재심사를 통해 비승인으로 변경될 수 있습니다. 내 광고가 구글 애즈의 정책을 위반하는 광고인지 확인하고 싶다면, 구글 애즈 고객센터 검색 창에서 'Google Ads 정책'을 검색하세요.

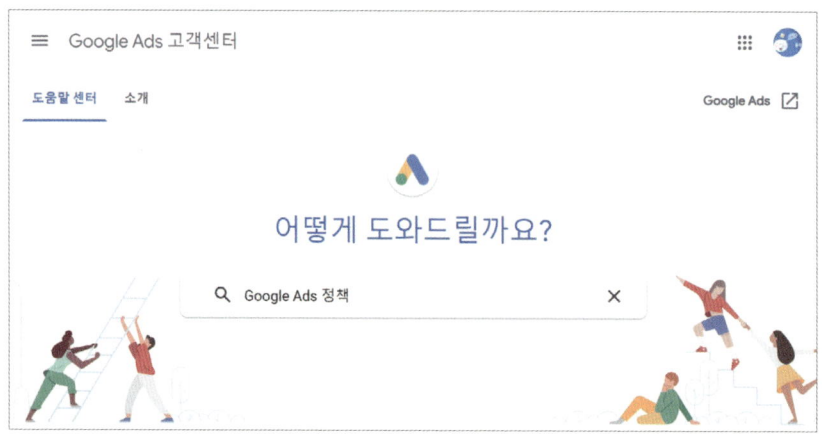

[그림 5.7_3] 구글 애즈 고객센터에서 구글 애즈 정책 검색

광고 운영 중에 일시적으로 구글 애즈 정책을 위반하는 경우가 발생할 수 있습니다. 트래픽 폭증으로 웹사이트가 열리지 않는다든지, 광고 소재로 운영 중인 동영상을 유튜브 채널에서 삭제, 혹은 비공개로 설정을 변경하는 경우처럼 말입니다. 그러면 앞에서와 같이 광고에 비승인 표시가 바로 뜹니다. 이럴 경우에는 날짜가 바뀌어 웹사이트 접속이 원활해지거나 동영상 공개 설정을 되돌리면 바로 승인 처리 되기도 합니다.

이외에 가장 흔한 광고 비승인 원인으로 구두점 오류가 있습니다. 콤마(,) 뒤에는 꼭 한 칸 띄어쓰기 해야 합니다.

구글 광고 검토는 광고 소재만이 아니라 광고 도착 페이지도 함께 검토합니다. 이에 관련한 한 가지 경험담을 이야기하면서 이번 챕터를 마치겠습니다.

광고 비승인 사유 중에 가장 난감했던 것이 멀웨어 의심이었습니다. 광고 도착 사이트에서 악성 소프트웨어가 감지되었다는 것입니다. 워드프레스로 만든 쇼핑몰이었는데, 구글 광고측에서는 URL을 20여개나 보내주며 멀웨어 의심이 확실하다는 반면, 개발자는 모르는 일이라고 꿈쩍하지 않았습니다.

[그림 5.7_4] 쇼핑몰 사이트의 멀웨어 의심으로 구글 애즈가 보낸 메일

결국, 그 쇼핑몰은 구글 광고를 포기했습니다. 2.3의 도입부 대화처럼 개발자 한 사람의 협조를 구하는 일이 가능한 없을 때, 우리는 행복합니다. 그러려면 호스팅으로 유명한 회사의 서비스를 이용하는 것이 좋습니다. 워드프레스도 알려진 서비스 아니냐고요? 워드프레스는 워드프레스 프로그램이 유명하지, 호스팅은 별개입니다. 개발자 마음대로 웹사이트를 만들고 나면 내 사이트인데 내 마음대로 못하기도 쉽습니다. 개발 용역을 주더라도 '카페24 호스팅', '아임웹 솔루션' 같이 호스팅 서비스를 지정하세요. 그래야 개발자가 아닌 호스팅 업체, 솔루션 업체의 지원이라도 기대할 수 있습니다.

실제로, 작동하지 않는 도착 페이지라는 이유로 비승인 되는 사이트가 호스팅을 바꿔 새로 홈페이지를 만들어서 광고를 재개한 경우도 2번 있었습니다. 우리가 홈페이지를 열었을 때 아예 안 열리면 개발자가 무슨 수를 써서든지 우리 눈에는 보이게 해줄 테지만, 구글 애즈가 체크하는 다양한 경로와 조건 중 일부에서 사이트가 열리지 않을 때 구글 애즈는 이 사이트가 문제 있다고 하고, 개발자는 문제 없다고 하면 광고주만 고래 싸움에 새우등 터집니다. 홈페이지가 내 눈에 보인다고 다 같지는 않습니다. 멀끔해 보여도 속은 엉망진창인 경우가 있습니다. 우리 측에서 마케팅 코드 작업을 하기 위해서 FTP(파일 전송 프로토콜) 접근을 요구했을 때 불허하는 업체가 다섯 손가락으로 꼽을 만큼 있었는데, 이런 경우는 비정상적 개발이라고 봐도 무방합니다. 꼭 개발자에게 (또는 개발사에) FTP 아이디와 비밀번호를 물어 보세요. 알려줄 수 없다고 하면 신뢰하기 힘든 업체입니다.

Chapter 06

광고
데이터 보기

보통 광고 데이터는 광고 성과를 판단하는 지표로만 사용됩니다. 지금까지 이 책을 정독하셨다면, 구글 애즈에서 광고 데이터는 머신러닝의 성숙도를 판단하는 지표도 될 수 있다는 것에 동의하실 겁니다. 지금까지 경험해 보지 못한 인공지능 광고 경험은 광고 데이터에서도 계속됩니다. 분류와 열 수정을 통해 보다 풍성하고 입체적인 광고 데이터를 경험해 보세요.

6.1 견디자! 인공지능 학습기간
6.2 내 광고, 어디에 노출되었는지 알아보자
6.3 원치 않는 노출은 제외하기
6.4 데이터 보따리를 풀어보자, 분류와 열 수정

6.1 견디자! 인공지능 학습기간

 인공지능 학습 기간 만큼 아는 게 힘이 되는 지식도 없습니다. 아는 것과 실행(waiting)을 일치시킬 수 있다면 당신은 구글 애즈 전문가입니다.

> Q 어후! CPC가 6,000원이면 너무 비싼데요?
> A 처음 1~2주는 인공지능 학습 기간이라 이 기간의 데이터는 의미 없다고 안내 드렸습니다.
> Q 네, 기억합니다. 그래도 너무 비싸서 깜짝 놀랐어요.
> A 네, 1주일 정도 지나면 확실히 CPC가 낮아지긴 하겠지만 기대하신 만큼 싸지진 않을 수 있습니다. 예전에는 구글 광고 하시는 분들이 많지 않았지만, 요새는 네이버 광고하시는 분들이 거의 구글 광고도 하셔서 경쟁이 심해요.

광고를 만들고 승인도 받았다면 이제 본격적으로 광고를 운영할 차례입니다. 앞서 언급했듯이, 광고를 처음 운영할 때는 인공지능 학습 기간을 지키는 것이 중요합니다. 같은 이야기를 반복하는 셈이지만 그만큼 중요하니, 이 절을 꼭 짚고 넘어가시길 바랍니다.

맨 처음 구글 광고의 AI 학습 기간은 2~4주입니다. 이 기간에는 일 예산을 훌쩍 넘게 큰 돈을 써버리기도 하고, CPC가 엄청나게 높을 수 있습니다. 이에 놀라 예산을 증액하거나 캠페인을 정지시키지 마시고 최소 일주일은 기다려 보세요. 광고 승인이 났고, 노출이 0은 아닌데 노출이 저조하여 예산 소진이 잘 안 되는 경우에도 일주일 정도 기다려 보면 저절로 해결되기도 합니다. AI 학습 기간 동안에 특별한 문제가 없어도 흔히 발생하는 현상입니다.

AI의 학습 기간을 건너뛰거나 줄이는 방법은 없습니다. 아무것도 하지 않고 가만히 기다리기 불안하다면, 구글 애즈 우측 상단의 물음표(?), [도움말]에서 [문의하기]를 클릭해서 고객센터 직원에게 문의해 보세요(그림 6.1_1).

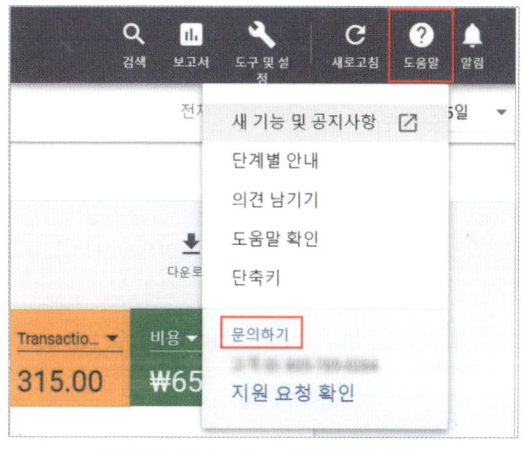

[그림 6.1_1] 구글 애즈 고객센터에 문의하기

일부 광고주들은 AI 학습 기간만 딱 기다렸다가 "학습 끝나봐야 별거 없네" 하는 듯 광고를 멈추시곤 합니다. 학습 기간이 끝나면 광고 성능의 끝장을 다 본 것일까요? 학습 기간은 연습 게임이었던 것이고, 이제부터가 본 게임입니다.

> 구글 광고 잘하고 싶으신 분들! 유튜브 채널을 키운다고 생각해 보세요. 대부분의 사람들은 영상을 1~2개 만들어 보고 "구독자는 커녕 조회도 없네" 하며 유튜브 세계에 한 걸음 떼어 보고는 중도 포기하지만, 수익 창출까지 성공한 일부 유튜버들은 한결같이

3개월 이상 조회, 구독 없어도 묵묵히 영상을 주기적으로 업로드하였다고 합니다. 구글 광고가 유튜브 알고리즘과 굉장히 비슷해서, 구글 광고에 대한 인사이트는 유튜브에 대입했을 때 확 쉬워집니다. 블로그든, 인스타그램이든, 유튜브든, 언론사 뉴스든 간에 로봇들이 콘텐츠에서 가장 우선시하는 가치는 최신성입니다. 그 최신성을 비빌 언덕 삼아서, 새 영상을 꾸준히 업로드하여 유튜브 AI에게 노출과 시청 데이터를 조금씩 모아주다가 마침내 AI가 학습할 만한 데이터 사이즈가 되어서 AI가 분석해 낸 타깃층에 노출을 시작하는 게 이른바 유튜브 알고리즘을 타는 것입니다. 머신러닝과 사이즈, 구글 애즈의 양대축과 꼭 들어맞죠? 인내심, 콘텐츠 제작 능력, 공감 능력, 트렌드를 읽는 능력 등 여러 면에서 유튜브 채널 운영을 잘 할 사람이 구글 광고도 잘 합니다. 단, 유튜브에 없는 구글 광고만의 특징이 있는데, 그것은 돈이 필요한 머니 게임이라는 점입니다. 돈을 태워서 광고비 버프를 받느냐, 현질 호갱이 되느냐는 백짓장 차이입니다.

- **버프**: 온라인 게임 등에서 캐릭터의 능력치를 일시적으로 올려주는 모든 효과
- **현질**: 온라인 게임의 아이템을 현금을 주고 사는 것
- **호갱**: 일반적으로 판매자는 '호갱님'이라고 하고 소비자들은 '호갱'이라고 부른다. '호갱님'은 판매자들이 입으로는 '고객님'이라며 친절하게 굴지만 실제로는 고객을 우습게 보는 현실을 비꼰 표현이다.

[출처: 네이버 지식백과]

6.2 내 광고, 어디에 노출 되었는지 알아보자

> 광고가 제개된 위치가 광고 목적과 맞는지, 광고 품질은 어떤지 알아봅니다. 특히, 노출 순위를 보장하지 않는 검색 광고의 노출 위치를 중점적으로 알아봅니다.

> A 스마트스토어라 전환 학습도 안 되는데, 검색 광고로는 하루 클릭량이 너무 작다! 디스플레이로 바꿔서 스마트스토어 유입을 키우자!
> (2주일 후)
> A 아니, 무슨 디스플레이 CPC나 검색 CPC나 차이가 없어?! 이러려고 디스플레이 하는 게 아닌데…

6.2.1 검색 광고의 게재위치

게재위치 타깃팅은 그다지 추천하지 않지만, 광고가 게재된 위치를 확인해 보는 것은 나쁘지 않습니다.

■ **검색 광고의 네트워크별 검색 데이터 확인**

우선 검색 광고의 검색 데이터를 확인하는 방법을 알아보겠습니다. 검색 캠페인의 설정에서 '검색 네트워크'와 '디스플레이 네트워크'의 체크 항목을 선택했을 때, 네트워크별 데이터를 알아보는 방법입니다.

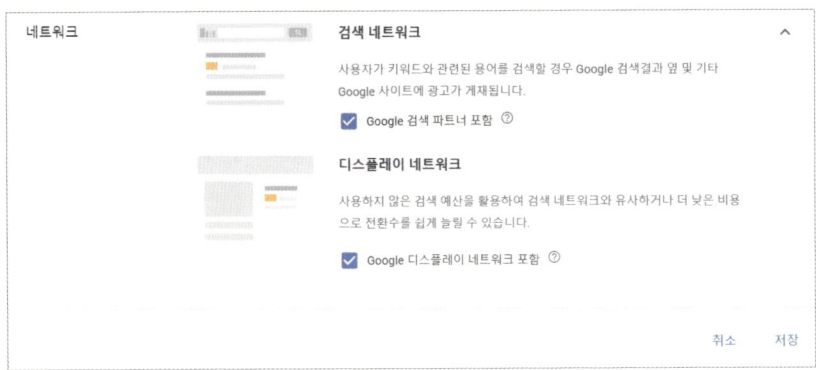

[그림 6.2_1] 검색 캠페인의 네트워크 설정

[모든 캠페인] > [검색 캠페인] > [세그먼트]에서 네트워크별로 데이터를 분류할 수 있습니다. [세그먼트]에서 [네트워크(검색 파트너 포함)]을 선택하면 야후, 빙, 유튜브 등의 네트워크에 얼마나 노출, 클릭, 전환이 있었는지 확인 가능합니다.

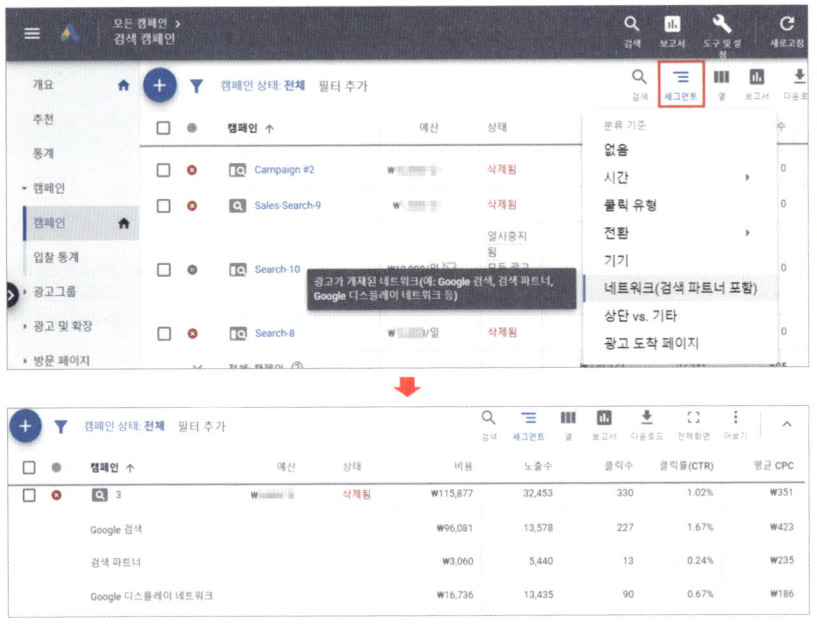

[그림 6.2_2] 검색 캠페인 네트워크 보기

반면, 검색 캠페인 설정에서 검색 네트워크와 디스플레이 네트워크에 체크하지 않았다면 검색 데이터는 오직 구글 검색 결과로만 노출됩니다. 함께 운영 중인 광고의 종류와 네트워크별로 CPC, CPA를 고려해서 검색 네트워크를 최적화하세요.

■ 검색 광고의 노출 알고리즘

검색 광고 하시는 분들이 많이 궁금해 하는 광고 게재위치는 구글에서 검색했을 때 노출 순위일 겁니다. 그래서 네이버처럼 구글도 직접 검색해서 몇 번째 나오는지 확인하려는데, 단언컨대 이러면 안 됩니다. 구글은 네이버와 노출 알고리즘 자체가 달라서 항상 같은 자리에 나오지 않을뿐더러 광고 예산이 남아 있어도 노출되지 않을 때도 있습니다.

아주 단순하게 가정해서, 키워드가 1천 원이고 일 예산이 1만 원이라면 클릭 10번에 일 예산이 소진되어 광고가 끝날 겁니다. 이러할 때, 네이버에서는 10번째 클릭이 일어나기 전에 항상 같은 자리에 나옵니다. 구글에서는 10명이 검색해서 노출된 것만으로도 모두 클릭할 경우에 대비해서 11번째, 12번째로 검색한 사람에게는 더 이상 광고를 노출하지 않습니다. 예산이 적을수록 직접 검색으로 노출 순위를 확인할 때 데미지가 더 큽니다. 단 10번의 노출 기회 중 하나를 내가 차지하고 있는 것이니까요.

구글은 사용자의 검색 의도를 압니다. 구글 검색 결과는 어떤 의도로 어떤 검색어를 입력하고 엔터를 쳤는지, 이전 검색어는 무엇이었는지에 따라 매번 다른 계산값을 보여 줍니다. 특정 검색을 집중적으로 하는 사람과 뜬금없이 검색하는 사람의 검색 결과가 다르고, 검색하는 사람의 전환 가능성을 AI가 따져서 노출 위치가 달라지기도 합니다. 구글 광고에서는 내 눈에 보이는 것이 전부가 아닙니다.

■ **검색 광고의 게재위치 확인**

검색 광고의 노출 위치를 꼭 확인하고 싶다면, '광고 미리보기'를 이용하는 방법이 있습니다. 구글 애즈 우측 상단 스패너 모양, [도구]에서 [계획] > [광고 미리보기 및 진단 도구]를 누르면 확인할 수 있습니다.

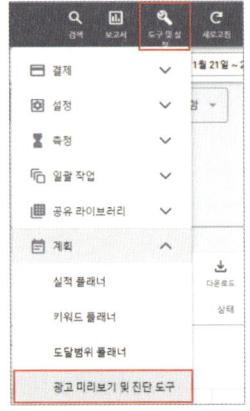

[그림 6.2_3] 도구 > 계획 > 광고 미리보기 및 진단 도구

다만 '광고 미리보기'로는 지금 이 순간의 노출 여부만 알 수 있습니다. 하루 24시간 동안의 검색 광고 노출 위치와 노출율을 알고 싶다면, 캠페인에서 열을 추가하면 됩니다. 구글 애즈 왼쪽 메뉴에서 [캠페인]을 선택하고 [열]을 클릭하면 '캠페인 열 수정' 화면이 나옵니다.

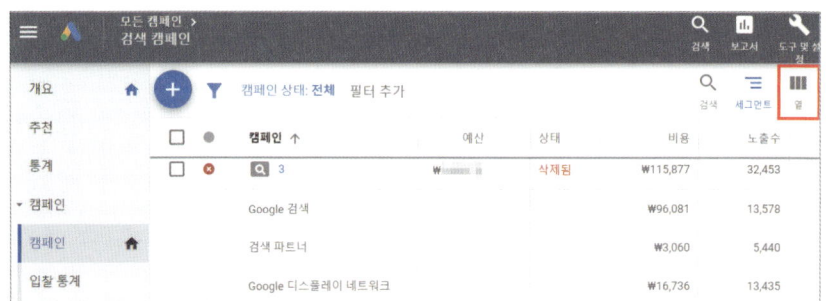

[그림 6.2_4] 캠페인 > 열 위치 참고

[그림 6.2_5]를 참고해 [실적] 그리고 [경쟁 통계] 그룹에서 관련 항목에 체크하고 적용하면, [그림 6.2_6]과 같이 특정 기간의 데이터를 볼 수 있습니다.

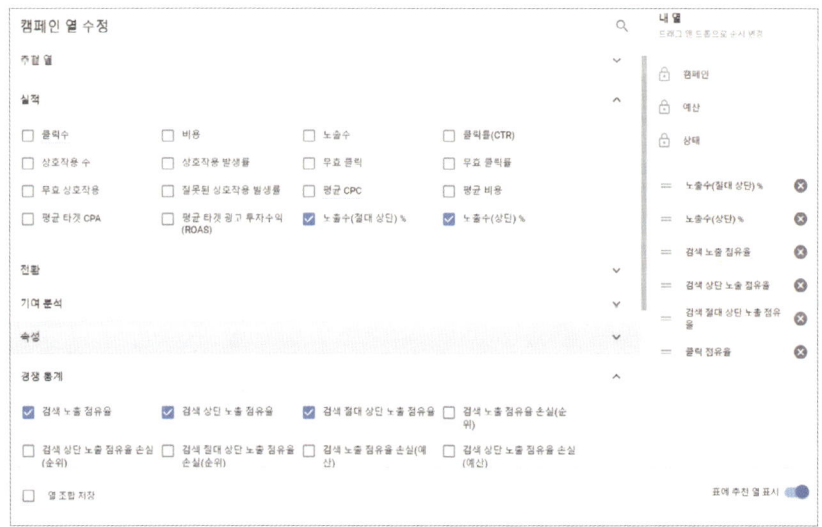

[그림 6.2_5] 캠페인 열 수정

Chapter 06 _ 광고 데이터 보기   217

다음은 앞에서 추가한 캠페인 열로, 광고 영역별 게재 비율을 확인할 수 있습니다.

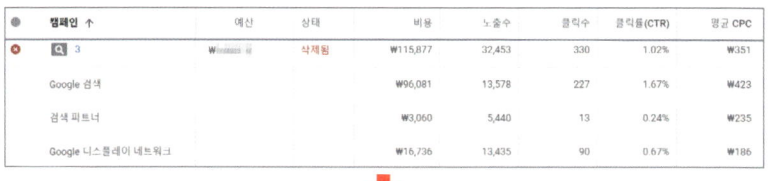

[그림 6.2_6] 캠페인 열 수정 결과

- **노출수(절대상단)%**: 상단 광고 영역 중 첫 번째(1위) 광고로 게재되는 비율
- **노출수(상단)%**: 상단 광고 영역 중 아무 곳(2~4위)에나 게재되는 비율
- **검색 노출 점유율**: 검색 네트워크에서 발생한 노출수를 발생 가능한 예상 노출수로 나눈 값

구글 검색 결과는 상단 최대 4개, 하단 최대 4개의 광고가 페이지가 넘어갈 때마다 반복해서 노출되기도 합니다. 검색 시 항상 나오기를 원한다면 방법은 하나입니다. 예산을 충분히 늘리세요.

 예산과 키워드 CPC를 늘리면 경쟁사보다 상위 노출할 수 있나요?

부동산 임대 서비스 개념에 가까운 네이버 검색 광고식의 발상입니다. 구글의 검색 광고 알고리즘은 매우 복잡해서 노출 순위는 사이트의 품질 순위로 봐도 무방합니다. 구글은 검색 광고로 키워드 장사를 한다고 생각하지 않고 사용자가 원하는 정보를 준다고 생각하기 때문에, 키워드 CPC를 높인다고 게재순위가 따라서 올라가지 않을 수 있습니다.

6.2.2 디스플레이 및 동영상 광고의 게재위치

■ 디스플레이 및 동영상 광고의 게재위치 확인

디스플레이와 동영상 캠페인의 광고가 게재된 위치는 [캠페인]을 선택한 후 [광고가 게재된 위치]를 눌러 확인할 수 있습니다(그림 6.2_7).

> **게재위치 제외는 추천하지 않습니다.**
>
> 각 게재위치 앞의 체크박스를 선택해서 게재위치 제외를 할 수 있지만 구글 광고할 때 이런 마이크로 컨트롤은 추천하지 않습니다. 왜 그런지는 다음 절(6.3)에서 다루겠습니다.

[그림 6.2_7] 동영상 캠페인이 게재된 위치

■ 동영상 캠페인의 네트워크 설정 시 데이터 확인 방법

만약 [그림 6.2_8]처럼 동영상 캠페인에 '디스플레이 네트워크'를 체크했다면, [그림 6.2_7]의 [노출수] 정렬을 [유형] 정렬로 바꿔 보세요. 유튜브 채널 외 광고가 게재된 사이트와 앱 정보를 편리하게 살펴볼 수 있습니다.

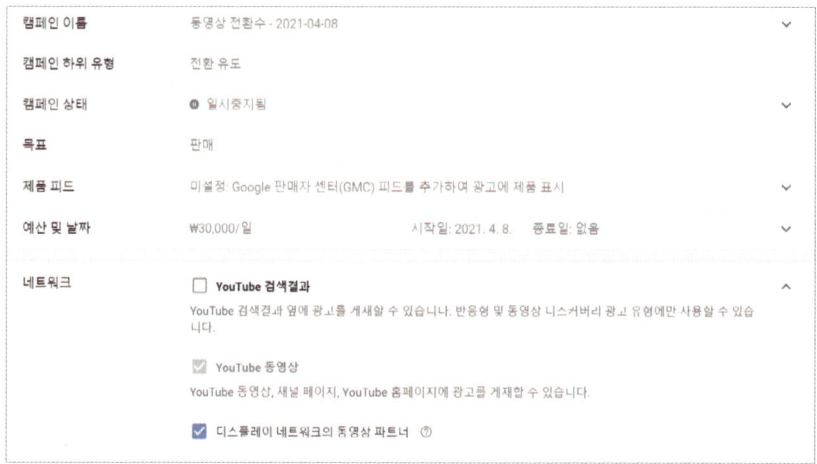

[그림 6.2_8] 동영상 캠페인의 네트워크 설정

한편, 인피드 동영상 광고를 키워드 타깃팅하고 네트워크 설정에서 'YouToube 검색결과'를 체크했다면, 광고가 게재된 위치뿐만 아니라 어떤 검색어로 유튜브 검색결과에 노출되었는지도 확인해 보세요(그림 6.2_9).

 인피드 동영상 광고의 검색어는 '보고서'를 통해 확인하세요

트루뷰 디스커버리 광고일 때는 키워드 타깃팅 시, 검색 광고의 검색어처럼 검색어 확인이 가능했습니다. 그러나, 2021년 하반기 대대적인 구글 애즈 개편 이후 인피드 동영상 광고의 경우, 검색어는 '맞춤 보고서'로만 확인할 수 있습니다. 구글 애즈 화면 우측 상단의 [보고서] > [보고서] 클릭 후, '+'를 눌러 새 보고서에서 '캠페인', '검색어', '노출수' 등의 열을 추가할 수 있습니다. 그리고 '캠페인' 열의 필터를 통해 원하시는 캠페인의 검색어 실적을 확인할 수 있게 되었습니다.

[그림 6.2_9] 인피드 동영상 광고 캠페인의 검색어

앞의 검색 광고만큼 비싼 디스플레이 CPC는 어떻게 된 일일까요? 자리값이 비싼 게재위치 때문이었습니다. 99.9% 확률로 거의 모든 광고주의 불만이 '내 광고가 이상한 데 (내가 모르는 데) 노출된다'인데, 이 경우는 모두가 아는 디시인사이드, 보배드림, 뽐뿌 이런 사이트에 게재된 것입니다. 이 사이트들을 유도하지 않았는데 저절로 그렇게 되더란 말입니다. 역시 유명한 사이트 자리값은 비싸더군요. 누군가 그토록 원하는 좋은 자리겠지만, 예산이 넉넉하지 않은 광고주 입장에서는 부담이 컸습니다. 이 광고의 목적은 스마트스토어의 유입을 늘리는 것이었기 때문에, 결국 CPC 상한가를 입력해서 자리값이 저렴한 게재위치로 유도했습니다. 아, 세상은 공평치 않네요!

6.3 원치 않는 노출은 제외하기

> 특정 게재위치를 제외하고 싶은 명확한 이유가 없다면, 이 절을 건너뛰셔도 좋습니다. 디테일은 광고 소재에서만 발휘하고, 광고 설정은 전적으로 AI에게 맡기는 연습이 광고주들에게 더욱 필요한 때라고 생각합니다.

Q 유튜브 특정 채널에는 광고 노출이 안 되게 할 수 있나요?
A 100%는 불가능하지만, 시도는 할 수 있습니다. 하지만 광고 게재위치 제외는 추천하지 않는 편이에요.
Q 극단적인 성향을 가진 정치 채널에는 내 광고가 안 나갔으면 좋겠어요.
A 아, OOO 이런 쪽과 거리를 두고 싶으신 거군요?
Q 네!
A 그러면, 그쪽 관련 채널 주소를 모아 주세요. 제외 등록 해드리겠습니다.
Q 네, 보내 드리겠습니다.

이미 게재된 데이터가 있다면, [그림 6.3_1]처럼 [광고가 게재된 위치]에서 게재위치를 하나하나 제외할 수도 있습니다. 하지만 앞절에서 잠깐 언급했듯이 이 방법은 추천하지 않습니다.

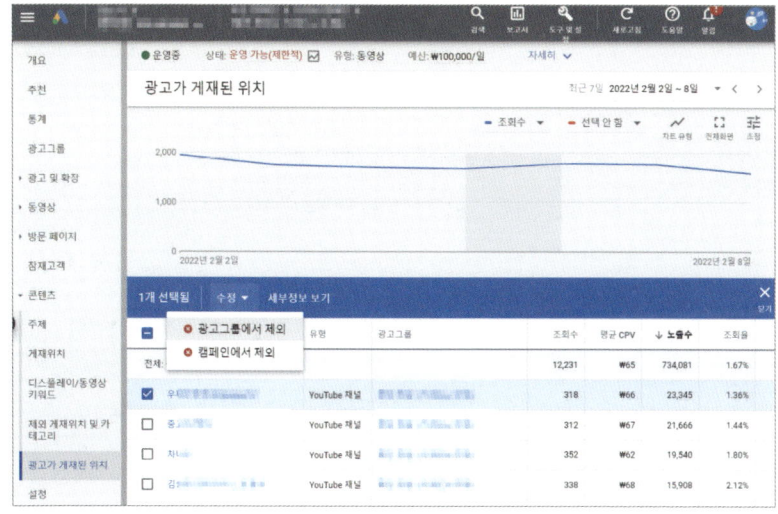

[그림 6.3_1] 게재위치 제외

광고 게재 전에 게재위치를 제외하는 여러 방법을 소개하겠습니다. 꼭 제외할 게재위치가 있다면 참고해 보세요.

- **URL 직접 입력 또는 카테고리 선택을 통해 제외**

광고가 게재되기 전에 게재위치를 제외할 수 있습니다. 지금부터는 2021년 구글 애즈 대개편 이전과 이후를 비교하며 설명하니 이 절(6.3) 끝까지 잘 읽어 보시길 바랍니다.

[그림 6.3_2] 제외 게재위치 및 카테고리(2021년 대개편 이전 화면)

[그림 6.3_3] 앱 내 게재위치 제외(2021년 대개편 이전 화면)

앱 내 광고 노출을 미리 제외하는 것도 가능합니다. 만약 모든 앱에서의 광고 노출을 원치 않으면 [그림 6.3_3]에서 접혀 있는 모든 카테고리를 열어서 모두 체크합니다. 하위 카테고리가 줄줄이 쏟아질 겁니다. 열고 또 열어 하위 앱 카테고리를 펼쳐 체크합니다(사실 이 방법으로 모든 앱 내 노출을 완벽 차단할 수는 없다고 합니다만, 웹사이트나 유튜브 채널을 제외시키기보다는 쉽게 앱 내 노출을 제외할 수 있습니다).

- **특정 주제 제외**

카테고리를 선택해 제외할 수도 있는데, 이는 특히 스마트 디스플레이에서 타깃팅할 수 있는 유일한 방법이기도 합니다. [그림 6.3_4]와 같이 접혀 있는 모든 카테고리를 열어서 하위 주제를 확인하고 체크합니다.

[그림 6.3_4] 주제별 제외(2021년 대개편 이전 화면)

개편 전에는 이랬던 제외 게재위치가 개편 후에는 주로 스마트 디스플레이에서 제외하는 용도로 많이 쓰이는 주제 외에는 제외하기가 무척 까다롭게 바뀌었습니다. 한 번에 갈 수 있던 제외 게재위치 화면이 개편 후에는 [그림 6.3_5]의 단계를 거쳐야 나오게 됩니다. 꼭꼭 숨어 버렸죠? 이 뜻인즉슨, 노출 위치를 고르지 말란 것입니다!

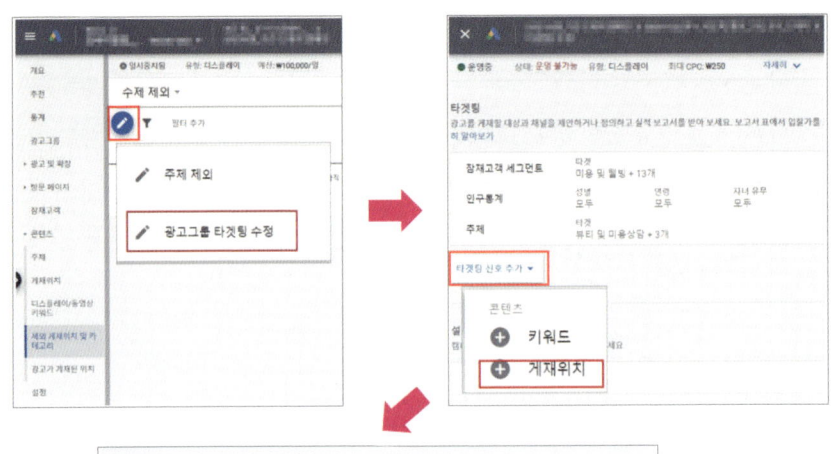

[그림 6.3_5] 제외 게재위치 추가하기(2021년 대개편 후 신버전)

일반적으로 구글 광고를 하면서 게재위치 제외는 권장하지 않습니다. 다만 앞의 광고주는 '아, 그럴 수도 있겠다!'라고 어느 정도 공감이 되더군요. 역시 예외 없는 규칙은 없는가 봅니다.

6.4 데이터 보따리를 풀어보자, 분류와 열 수정

구글 애즈 화면은 보여지는 것이 전부가 아닙니다. 내가 만들어서 보는 것입니다. 전환과 캠페인의 종류별로 열 속성을 수정해 세부 데이터를 소환해 봅시다.

(유튜브 채널 댓글)

Q 구글 유튜브 광고를 진행하는데 노출도 되지 않고, 예산도 집행되지 않고 일주일간 먹통이 되었습니다. 캠페인 중이라고 뜨는데, 광고는 한 번도 노출되지 않고 광고비도 그대로 있네요. 이 경우는 오류가 생겨서 그런가요?

6.2절에서 검색 광고의 게재위치를 확인하면서 분류와 열 수정을 잠깐 맛보았는데, 이 절에서 좀 더 유용한 쓰임새를 알아보겠습니다.

6.4.1 원하는 전환의 비용만 뽑기

분류에서 가장 많이 사용하는 것은 [세그먼트] 〉 [전환 액션]입니다. 전환 학습을 원활하게 해주기 위해서 작은 전환을 만들었을 때 전환당 비용은 실제보다 크게 저렴해져서 거의 쓸모가 없는 문제가 생깁니다.

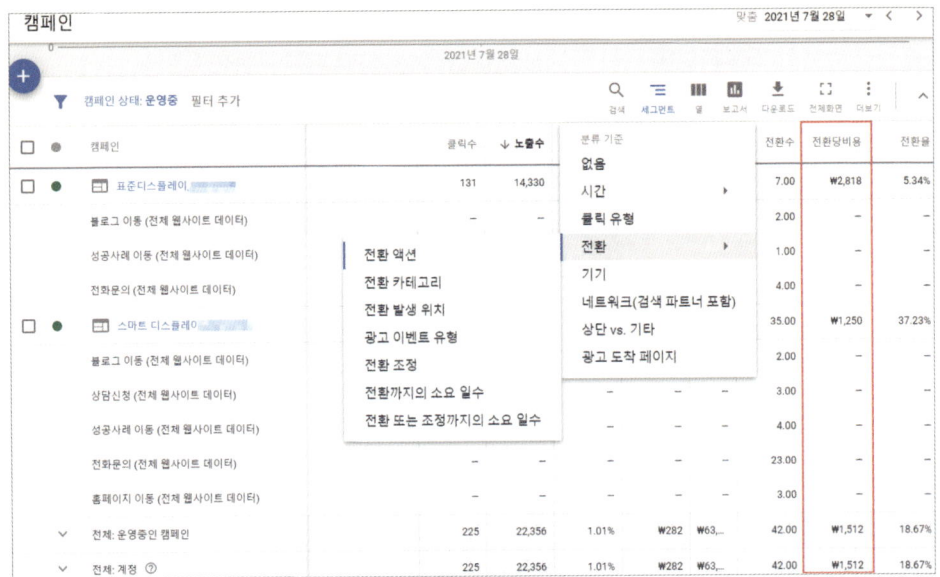

[그림 6.4_1] 전환 액션별 실적 보기

[그림 6.4_1]의 경우에는 상담 신청과 전화 문의가 큰 전환이고 나머지는 작은 전환입니다. 이때 전환당 비용은 큰 전환과 작은 전환을 모두 합한, 총 전환에 대한 비용입니다. 하지만 사실 우리가 관심 있는 것은 상담 신청과 전화 문의 1건당 비용입니다. 이 비용은 어떻게 뽑는지 예시를 한번 보여 드리니 참고해 보세요.

■ **전화 문의 1건당 비용 뽑기**

캠페인 열 수정을 이용해 전화 문의 1건당 비용 CPA, Cost Per Action 을 뽑아 보겠습니다.

캠페인 선택 후 [열] > [열 수정]을 클릭합니다. [맞춤 열] 그룹 하단의 파란색 플러스(+)를 클릭해서 새 맞춤 열을 만들어 봅시다.

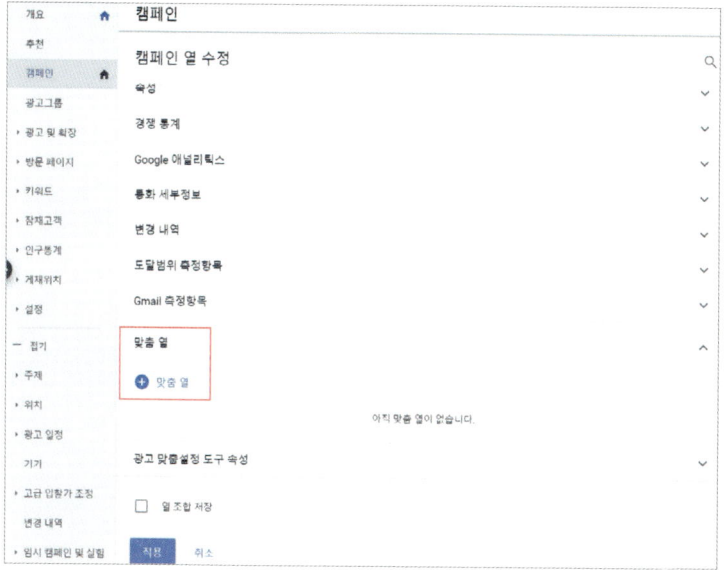

[그림 6.4_2] 맞춤 열 ①

앞에서 파란색 플러스(+), [맞춤 열]를 클릭하면 다음과 같은 화면이 나옵니다. 여기서 맞춤 열 이름을 '전화문의 CPA'로 입력하고 측정 항목에서 [전환수]를 클릭합니다.

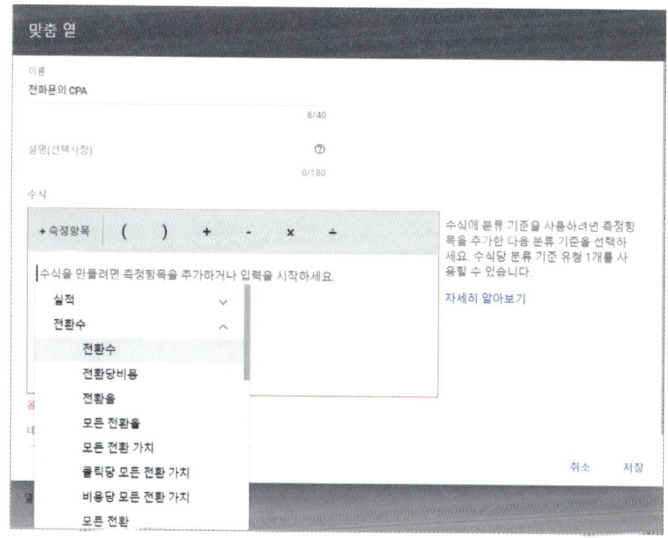

[그림 6.4_3] 맞춤 열 ②

측정 항목으로 [전환수]를 선택하면 [그림 6.4_4]와 같이 오른쪽에 세그먼트가 열립니다. 전환을 열고 [전화문의]에 체크합니다.

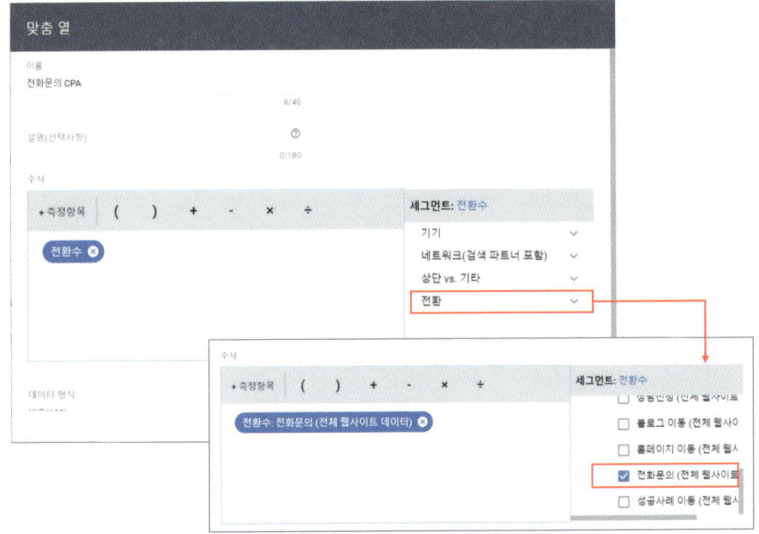

[그림 6.4_4] 맞춤 열 ③

[수식] 란의 커서를 맨 앞으로 이동하고 측정 항목에서 [비용]을 선택한 후 나누기 기호(÷)를 입력합니다(그림 6.4_5의 수식 참고). 이렇게 전화 상담만의 전환 비용 수식을 완성하고 저장합니다.

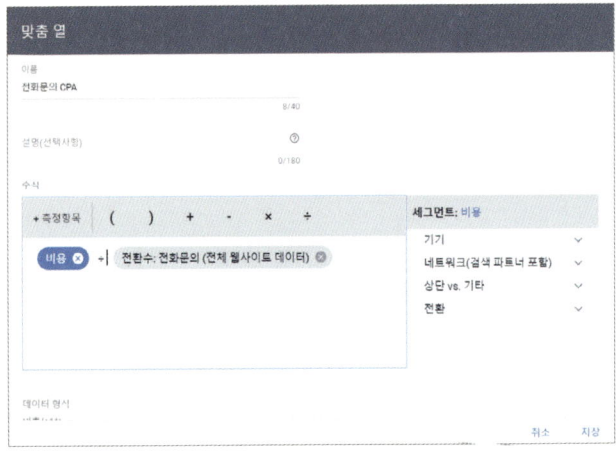

[그림 6.4_5] 맞춤 열 ④

[그림 6.4_6]과 같이 [맞춤 열] 그룹에서 '전화문의 CPA'를 체크하고 저장합니다.

[그림 6.4_6] 맞춤 열 ⑤

그러면 캠페인 화면 오른쪽 끝에 [전화문의 CPA] 열이 생깁니다. 열을 추가했으니 총 전환에 대한 CPA와 전화 문의 1건당 비용의 차이를 비교해 볼까요?

[그림 6.4_7]의 경우를 살펴보면 총 전환에 대한 CPA에 비해 전화 문의 1건당 비용이 다소 상승했음을 알 수 있습니다.

- 모든 전환에 대한 CPA: 표준 디스플레이 2,818원 / 스마트 디스플레이 1,250원
- 전화 문의 1건당 비용: 표준 디스플레이 4,932.28원 / 스마트 디스플레이 1,902.44원

[그림 6.4_7] 맞춤 열 ⑥

그런데 혹시 [그림 6.4_7]만 보고 '아! 스마트 디스플레이가 더 좋구나, 나는 스마트 디스플레이만 해야겠다!'는 생각한 분이 계신가요? 운영 기간, 총 비용, 광고 도착 페이지, 광고 소재도 알 수 없는 서로 다른 캠페인 둘을 딱 하루 데이터로 비교해서 판단하면 안 됩니다. 구글 광고가 그렇게 단순한 광고가 아닙니다.

그리고 오해할 수 있는 점이 두 가지 있습니다. 첫 번째는 방금 만든 '전화문의 CPA'는 실제 전화 통화당 비용이 아니라는 점입니다. 웹페이지에서 전화를 하려고 전화 아이콘(전화번호) 클릭한 데까지의 비용입니다. 웹 로그^{Web Log, 웹 서버가 수집하는 사이트 방문자 기록 정보}는 추적 코드가 들어간 웹사이트에서만 분석이 가능합니다. 웹사이트 이탈 후의 행동은 알 방법이 없습니다. 두 번째는 웹사이트에서 전화 아이콘을 클릭한다고 전화벨이 바로 울리지 않는다는 점입니다. 웹사이트에서 전화 아이콘을 클릭하면 전화 앱이 열리고, 여기서 통화를 클릭해야 진짜 전화벨이 울립니다. 그런데 이 과정에서 이탈이 많습니다.

실제 전화 상담 경로에 대한 모니터링을 해서 비용을 실통화 건수로 나눴을 때 진짜 CPA가 나옵니다. 이 진짜 CPA 값이 나와야 이제 제대로 광고 목표를 세우고 그에 따른 예산 계획이 가능합니다(이 단계까지 경험과 분석을 끌어 올리는 광고주는 몇 % 되지 않습니다).

6.4.2 캠페인 열 수정 활용 Tip

캠페인 열에서 알 수 있는 데이터의 종류는 [그림 6.4_2]와 같이 꽤나 다양합니다. 이 중에서 일반적으로 체크하는 몇 가지만 알아보겠습니다.

- **동영상 실적 관련**

첫 번째는 **동영상 실적 관련**입니다. 동영상 캠페인에서는 [실적] 그룹에서 열 속성을 체크해 추가할 수 있습니다(그림 6.4_8). 상호작용이 클릭뿐인 검색이나 디스플레이 광고와 달리 동영상 광고에는 조회(시청)라는 개념이 더 있어서 이들 속성을 추가해서 봐야 합니다.

[그림 6.4_8] 동영상 실적 관련 ①

조회수와 상호작용 수 위에 마우스 커서를 올리면 다음의 용어들을 볼 수 있는데, 개념을 정리하자면 아래와 같습니다.

- **조회수**: 조회수는 사용자가 동영상의 30초 지점까지(동영상 광고가 30초 미만인 경우 광고 전체를) 시청할 경우 또는 동영상 광고와 상호작용하는 경우 집계되며 형식에 따라 다릅니다.
- **상호작용 수**: 상호작용은 광고 형식과 관련된 기본 액션입니다. 여기에는 텍스트 및 쇼핑 광고 클릭, 동영상 광고 조회 등이 포함됩니다.

설명만 봐서는 쉽지 않죠? [그림 6.4_9]의 데이터와 함께 보면 이해하기 쉽습니다.

캠페인	조회수	상호작용 수	조회율	상호작용 발생률	평균 CPC	평균 CPV	클릭수	클릭률(CTR)
인스트림	22,391	43,002 참여수, 조회수	7.07%	13.58%	₩1,804	₩87	1,085	0.34%
디스커버리	8,580	8,866 참여수	1.91%	1.97%	-	₩77	0	0.00%

[그림 6.4_9] 동영상 실적 관련 ②

클릭수, 조회수, 상호작용 수 중 클릭수가 가장 작은데, 그 이유는 영상 광고는 기본적으로 클릭을 기대하지 않는 시청 광고이기 때문입니다. 영상 광고는 TV 광고 같은데 클릭도 가능할 뿐이지, 기본은 시청입니다. 다음은 조회수를 살펴볼까요?(여기서 조회는 30초 이상 시청을 의미합니다.) 건너뛸 수 있는 인스트림 광고는 30초 이상 시청할 경우(30초 미만 영상은 전체 시청) CPV 과금이 되고, 인피드 동영상 광고는 썸네일을 보고 클릭해서 시청하기 때문에 일반적으로 CPV가 건너뛸 수 있는 인스트림보다 높은 편입니다. 그런데 [그림 6.4_9]에서 인피드 동영상 광고(OOO 디스커버리)의 클릭수를 보면 0으로 나옵니다. 왜냐하면 인피드 동영상 광고에서는 클릭이 시청을 의미하기 때문입니다(클릭하면 사이트로 이동하는 건너뛸 수 있는 인스트림과는 다르게 말이죠). 그렇기 때문에 인피드 동영상 광고에서는 클릭률을 표시하지 않고 상호작용 발생률로 표시합니다.

상호작용에는 어떤 것들이 포함될까요?

상호작용에는 시청 외 행동들이 포함되는데, 그 예로는 영상 시청 후 채널을 구독하거나 좋아요, 공유 등을 하는 행동이 있습니다(그림 6.4_10의 'YouTube 전체 활동 수' 참고). 이러한 행동까지 하나하나 포함되니 클릭수보다는 조회수가, 조회수보다는 상호작용 수가 더 큽니다.

[그림 6.4_10] YouTube 관련

참고로 여기서 획득 조회수란 광고 영상을 본 후에 채널 내 다른 영상의 조회수로, 쉽게 말해 영상 광고로 인한 공짜 조회수입니다.

- **조회 후 전환**

두 번째는 조회 후 전환입니다. 다음 [그림 6.4_11]은 전환 관련 열 속성인데, 하단에 '조회 후 전환'이 있습니다('조회 후 전환'은 '조회 연결 전환'의 새 이름입니다).

```
캠페인 열 수정
조회가능성
전환
☑ 전환수            ☑ 전환당비용        ☑ 전환율           ☐ 전환 가치
☐ 비용당 전환 가치  ☐ 클릭당 전환 가치  ☐ 전환당 가치     ☐ 가치 조정
☐ 전환수(전환 시간별)  ☐ 전환 가치(전환 시간별)  ☐ 전환당 가치(전환 시간별)
☐ 모든 전환        ☐ 모든 전환당 비용  ☐ 모든 전환율     ☐ 모든 전환 가치
☐ 비용당 모든 전환 가치  ☐ 클릭당 모든 전환 가치  ☐ 모든 전환당 가치  ☐ 모든 가치 조정
☐ 모든 전환(전환 시간별)  ☐ 모든 전환 가치(전환 시간별)  ☐ 모든 전환당 가치(전환 시간별)
☐ 교차 기기 전환   ☐ 교차 기기 전환 가치   ☐ 교차 기기 전환 (전환 시간별)   ☐ 교차 기기 전환 가치(전환 시간별)
☑ 조회 후 전환
```

[그림 6.4_11] 전환 관련 ①

앞에서는 전환을 GA에서 만든 '이벤트'에서 가져오기 했습니다('2.3.1 구글 애널리틱스' 참고). **그런데 조회 후 전환은 GA에서 가져온 전환으로는 안 되고, 구글 애즈 태그로만 측정이 가능합니다.** 조회 후 전환과 비교할 수 있는 전환은 클릭연결 전환, 즉 일반 전환입니다. 일반 전환은 우리가 보통 생각하는 '내 광고를 클릭해서 발생한 전환'입니다. 조회 후 전환은 네이버나 페이스북 같은 다른 광고, 유기적 검색, 직접 유입, 구글 광고의 검색/디스플레이/동영상 캠페인 중 무엇이든 간에 전환 사용자가 내 구글 광고를 조회한 적, 즉 본 적이 있다는 것입니다. 한 사용자가 어떤 브랜드를 인지하는 데 필요한 광고 노출 횟수가 30회가

넘는다고 합니다. 하물며 전환까지야 어떻겠습니까. 구글 광고를 한다고 네이버나 페이스북, 카카오 등의 광고를 하지 않는 것은 아니므로 사용자는 여러 플랫폼에 게재된 내 광고에 복수로 노출됩니다.

동영상 광고 중에서 클릭하면 유튜브 채널로 이동하는 '인피드 동영상 광고'의 전환을 예로 들어 보겠습니다. 저는 이 영상 광고가 전환에 얼마나 기여를 했는지 궁금해서 조회 후 전환을 확인하는 편입니다(조회 후 전환이 인피드 동영상 광고 전용은 아닙니다). 구글 광고 배너나 구글 검색 결과에 노출되었던 사용자가 구글 애즈 내 타 캠페인이나 구글 광고가 아닌 경로(예: 네이버 검색이나 네이버 광고)로 전환이 일어나면 이 역시 조회 후 전환으로 표시됩니다.

실제 전환 데이터 예는 [그림 6.4_12]와 같습니다. 'Transactions'는 GA 향상된 전자상거래에서 잡은 전환이고, '구매'와 '구매_네이버페이'는 구글 애즈 태그입니다. 이 사이트에서 구매한 사용자 중 해당 구글 광고를 본 적 있는 사람은 총 14명이라는 뜻입니다.

	캠페인	평균 CPC	평균 비용	비용	전환수	조회연결 전환	전환당비용	전환율	입찰 전략 유형
	전체: 운영중인 캠페인				207.00	116			
	●				63.00	14			전환수 최대화
	구매	-	-	-	0.00	13	-	-	
	구매_네이버페이	-	-	-	0.00	1	-	-	
	Transactions (Default Google Ads Profile)	-	-	-	63.00	0	-	-	

[그림 6.4_12] 전환 관련 ②

GA의 이벤트와 구글 애즈 태그를 모두 전환 설정할 때

쇼핑몰에서 '향상된 전자상거래 구매 전환'과 '구글 애즈 구매 태그' 둘 다 전환 설정할 때는, GA의 이벤트나 구글 애즈 태그 중 하나만 선택해야 합니다. 그렇지 않으면 1개의 전환에 대해 GA는 GA대로, 구글 애즈 태그는 구글 애즈 태그대로 전환을 잡기 때문에 실 구매 전환은 1개인데 데이터상으로는 2개의 구매 전환이 기록됩니다.

둘 중 한 가지만 선택하는 방법은 다음과 같습니다. [도구] > [측정] > [전환] > [전환 액션]에서 설정 수정을 클릭하고 입찰 최적화에 사용되는 기본 액션과 보조 액션을 선택 후 저장합니다. **GA 이벤트와 구글 애즈 태그 둘 중에 하나를 선택해야 경우에는 구글 애즈 태그를 기본 액션으로 추천합니다.**

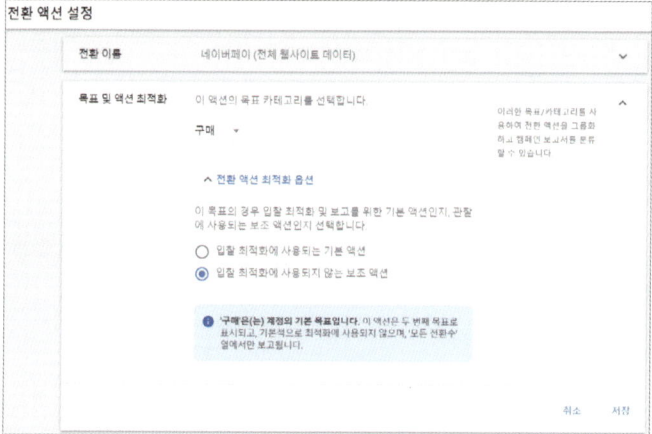

[그림 6.4_13] 전환 액션 설정 관련 ①

그러면 [그림 6.4_14]와 같이 '액션 최적화' 항목에서 '보조'로 표시된 것을 확인할 수 있습니다.

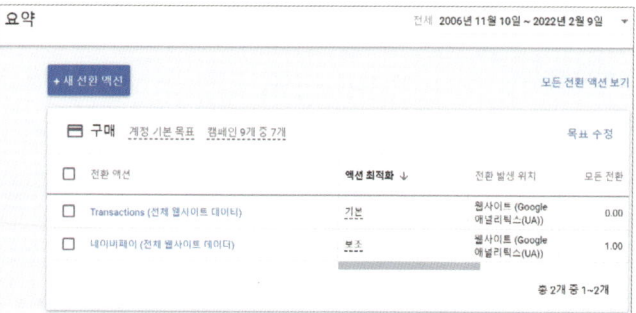

[그림 6.4_14] 전환 액션 설정 관련 ②

기여 분석 모델을 알아봅시다!

바로 앞에서 보조 액션을 설정해본 김에, 기여 분석 모델에 대해서도 알아보겠습니다.

한 가지 예시를 만들어 보겠습니다. 쇼핑몰에서 주문 1건이면 전환이 1개, 보험에서 상담 신청 1건이면 전환이 1개여야 할 것 같죠? 그런데 말입니다. 앞에서 사용자는 여러 플랫폼에서 다양한 광고를 접한다고 했습니다. 구매 사용자가 한 번은 구글 검색 광고로 들어왔다가, 구글 리마케팅 배너를 보고 다시 들어와서 전환했다면 이때의 전환 1은 어느 광고에 찍혀야 할까요? 검색? 리마케팅(디스플레이)?

기여 분석 모델은 위와 같은 상황에서 전환에 기여한 광고를 정할 때 쓰입니다. [그림 6.4_15]에 보이는 바와 같이 기여 분석 모델은 총 5가지가 있으며(데이터 기반은 제외), 보통은 [마지막 클릭]이 기본으로 설정되어 있습니다.

[그림 6.4_15] 기여 분석 모델

위 예와 같은 상황일 때, 기여 모델별 전환 판단 기준을 정리해보면 다음과 같습니다.

- **마지막 클릭**: 리마케팅 광고에 전환 1이 찍힙니다.
- **첫 번째 클릭**: 검색 광고에 전환 1이 찍힙니다.
- **선형**: 클릭한 광고 수마다 기여를 똑같이 분배합니다. 위 예는 검색과 리마케팅 광고로, 총 두 개의 광고를 클릭했으니 각각에 0.5의 전환이 찍힙니다.
- **시간 가치 하락**: 클릭한 광고 수만큼 1/n 하는데, 오래 전에 클릭한 광고보다 마지막에 클릭한 광고일수록 가중치를 줍니다. 위 예의 경우 리마케팅 광고에 가중치를 주게 됩니다.

- **게재순위 기반**: 선형 기여 모델처럼 1/n을 하는데, 첫 번째와 마지막에 클릭한 광고에 가중치를 줍니다.

참고로, 데이터 기반 기여 모델은 GA에서 제공하는 기여 모델입니다. 위에 소개한 5가지 모델들은 무엇을 선택하든 모두 구글 광고에 한하는 반면, 데이터 기반 기여 모델은 사이트의 모든 정보를 다루는 GA에서 만들어지기 때문에 모든 유입 경로를 종합합니다. 구글 광고뿐 아니라 직접 유입, 유기적 검색, 페이스북, 네이버, 카카오 외 모든 경로의 기여도를 분석합니다. 선택할 수만 있다면 데이터 기반 기여 모델을 사용하고 싶지만, 대부분의 경우 [그림 6.4_15]처럼 비활성화되어 있을 것입니다. 데이터 기반 기여 모델은 전환수가 월 300 이상(과거 1,000)이어야 작동합니다. GA가 연결되어 있고 전환수가 월 300을 넘으면 데이터 기반 기여 모델이 활성화됩니다. 물론 기여 모델 변경은 수동으로 해주어야 합니다.

새삼 느끼셨겠지만 구글 애즈와 구글 애널리틱스로 할 수 있는 기술적인 모든 것을 활용하려면 일단 사이즈가 되어야 합니다. 예산도 사이즈! 타깃팅도 사이즈! 데이터도 사이즈!!

■ 검색어 관련

마지막으로 알아볼 것은 **검색어 관련 열**입니다. 혹시 구글 검색 광고를 할 때 검색어를 보며 이런 검색어는 어떤 키워드가 확장된 것인지 궁금한 적 없나요? [캠페인] 〉 [키워드] 〉 [검색어]에서 열 수정을 클릭하고 [속성] 그룹을 열어 '키워드'에 체크하면 이 궁금증을 풀 수 있습니다.

[그림 6.4_16] 검색어 관련 열 수정

눈치가 빠르신 분이라면 이전까지의 캠페인 열 수정 경로(그림 6.4_2 ~ 그림 6.4_12)와 검색어 열 수정의 경로(그림 6.4_16)가 다르다는 점에서, 캠페인 열 수정은 캠페인 단, 검색어 열 수정은 [키워드] 〉 [검색어] 단에 적용됨을 파악하셨을 겁니다(검색어가 어떤 키워드에서 확장된 건지 알 수 있는 [그림 6.4_16]의 열 속성은 캠페인 단과 광고 그룹 단에서는 활성화되지 않습니다).

캠페인 단에서 열을 맞춰 두었다고 그것이 광고 그룹 단과 광고 단에도 적용되지 않습니다. 구글 애즈 계정 사용자 모두에게 적용되지도 않습니다. 광고 그룹 단에서는 또 열 수정해야 하고, 광고 단에서는 또 열 수정을 해야 합니다. 또 사용자 각각이 보고 싶은 화면은 각자 만들어 보아야 합니다.

구글 애즈에서 찾아 볼 수 있는 데이터가 참 많지요? 하지만 이러한 데이터에 접근하려면 계정에 액세스할 수 있어야 합니다. 제 유튜브 채널에 이런 것을 댓글로 문의하시는 분들이 꽤 있는데, 보통은 "개별 광고 상태는 접속해 보지 않으면 알 수 없습니다. 구글 애즈 화면 우측 상단에서 도움말(물음표 모양)을 클릭해서 구글 애즈 고객센터에 문의하시면 문제를 해결해 드릴 겁니다"라고 답글을 달다가 한 번은 제가 "삼성이나 LG 가전제품 사용 중에 이상이 생기면 유튜버보다는 해당 회사 서비스 센터에 문의하셔야 하지 않을까요? 구글 애즈 고객센터에 문의하셔야 합니다"라고 한 적이 있습니다. 그랬더니 "죄송합니다"라는 대댓글이 달려서 내가 무안을 드렸나 싶어서 새가슴이 되었답니다. "그렇네요" 정도로 응답해 주셨으면 좋았을 텐데, 화를 내거나 무안을 드리려던 건 아닙니다. 저도 죄송합니다.

아무튼 이 절 도입부에 실은 댓글 문의에 대해서는 "일단 계정 액세스 권한이 없어서 마땅한 의견을 드릴 수 없습니다"가 저의 공식 입장이 되겠지만, 오지랖을 발휘해 답을 드리자면 아마 십중팔구 입찰과 예산 문제일 겁니다. 입찰 변경이나 예산 증액으로 해결될 가능성이 높습니다. 그런데 구글 애즈 고객센터에 문의하면 더 풍부한 안내를 받을 수 있습니다(물론, 추가적인 안내까지 풍부한 상담을 받을 수 있을지는 상담 매니저마다 다릅니다. 제가 그래서 코로나 이전에 전화 문의를 2~3번 했던 것입니다). 구글 애즈 고객센터 직원 분의 권한이 더 크기 때문에 우리는 확인할 수 없는 구체적인 상황을 안내 받을 수 있습니다. 예를 들어 "노출은 되고 있지 않지만 입찰은 계속 참여하고 있다. 그런데 입찰 설정상, 비딩에서 계속 지고 있기 때문에 노출이 이루어지지 않고 있는 것이다"라고 설명해 준다면, 광고주 계정으로는 입찰 참여 상황은 알 수 없기 때문에 이런 부연 설명은 서비스 제공자만 가능하고, 이런 서비스 제공자의 친절 응대에서 보이지 않는 것에 대한 인사이트가 생깁니다. 이게 다 제 경험담입니다.

그리고 위의 유튜브 문의 댓글에서 선무당 놀이를 좀 더 하자면, 이 댓글에 문의를 주신 분은 유튜브 광고라고 하셨지만 유튜버는 아닙니다. 사용하는 용어와 체크할 것을 체크하는 정황 설명으로 보아 이 분은 광고 전문가입니다. 다만 구글 광고는 아직 서툰 분이죠.

여러분, 냉정히 유튜브로 제가 제공하는 콘텐츠가 무료라고 저라는 사람이 공공재는 아닙니다. 저에게 궁금하신 점은 060-300-8717 유료 상담 서비스를 이용해 주시기 바랍니다.

참고로 구글 애즈 고객센터는 무료입니다. 왜 무료일까요? 광고비로 그만큼 비용을 지불했으니까요. 우리 모두는 이미 돈을 구글 애즈에 충분히 지불했고, 앞으로 더 많이 쓸 겁니다. 궁금하거나 이상한 점은 구글 애즈에 당당히 문의하세요.

Chapter 07
구글 광고 성과가 안 나올 때

광고 데이터 보기 어떠셨나요? 규모가 아주 큰 회사라서 담당하는 부서가 따로 있는 경우가 아니라면, 대체로 광고 데이터는 광고 성과가 안 나올 때 더 많이 보고 더 많이 이야기를 합니다. 이 장에서는 광고 성과가 안 나올 때 광고 데이터 외에 점검해야 하는 것들을 알아봅니다.

7.1 구글 광고 내가 해봤는데 효과 없어
7.2 0과 1, 광고가 할 수 있는 것과 없는 것
7.3 왜 전환은 네이버에서만 날까? 플랫폼끼리 줄 세우기
7.4 구글 광고 예산 얼마로 할까?
7.5 구글 광고 할 때 나쁜 습관 Top 5

구글 광고 내가 해봤는데 효과 없어

 광고 성과가 기대에 미치지 못할 때 생각해 보아야 할 여러 가지를 알아봅니다.

(결혼정보 회사 가상 상담 대화)
Q1 저는 월수입 1,000만원 아래는 싫어요.
A   네, 고객님은 월 수입이 얼마나 되시죠?
Q2 250~300 정도예요.

"구글 광고 내가 해봤는데 효과 없어!" 과연 구글 광고를 얼만큼 해보고 하는 얘기일까요? 다음의 '구글 광고 체크 포인트'를 짚어 보면서 구글 광고 성과가 안 나오는 원인을 스스로 진단해 봅시다!

 구글 광고 체크 포인트

Point 1. 광고를 얼마나 오래 해보았는지 다시 물어 보세요.
Point 2. 광고 운영 기간 동안 광고 비용은 얼마나 소진해 보았는지 다시 물어 보세요.
Point 3. 입찰은 어떻게 했는지, AI가 전환 학습할 만큼 전환수는 충분했는지 다시 물어 보세요.
Point 4. 어떤 종류의 광고를 해보았는지 다시 물어 보세요.
Point 5. 광고 소재는 몇 개나 만들어 보았는지 다시 물어 보세요.
Point 6. 광고 기간 동안 도착 페이지를 몇 번이나 수정해 보았는지 다시 물어 보세요.
Point 7. 효과가 없다는 근거는 무엇인지 다시 물어 보세요.

- **[Point 1~2] 광고를 얼마나 오래 해보았고, 광고 운영 기간 동안 광고 비용은 얼마나 소진해 보았는지 다시 물어 보세요**

머신러닝 기간인 2~4주 정도만 광고를 해본 것은 아닌지 다시 물어 보세요. 광고는 노출입니다. 일단 노출이 많아야 성과를 낼 수 있습니다. 같은 예산이라도 CPC가 낮아야 노출이 많아집니다. 2.4에서 디스플레이 광고의 머신러닝 전후 CPC를 비교했었죠? 광고를 일주일만 해보고 효과 없다고 하는지, 구글 광고의 머신러닝 기간을 알고 있는지 다시 물어 보세요.

같은 기간을 두고 광고한다 해도 예산의 사이즈에 따라 머신러닝이 빨리 완료되기도 하고 시간이 더 필요하기도 합니다. 이때 예산의 사이즈는 총 예산이 아니라 캠페인별 예산입니다. 예를 들어 5만원의 일 예산이 있다고 했을 때, 검색에만 5만원을 모두 썼다면 왜 효과가 없었는지 더 분석해 봐야 알 것입니다. 하지만 검색, 표준 디스플레이, 스마트 디스플레이, 쇼핑, 동영상에 1만원씩 나눠 썼다면 이야기는 달라집니다. 이 역시 구글 광고를 잘 모르는 사람입니다(왜 그런지는 4.1 그리고 5.3.2를 참고하세요).

저예산으로 운영하는 광고여도, 오래할수록 AI는 꾸준히 학습을 거듭해 성숙해지고 실력이 늘게 됩니다. 다음 [그림 7.1_1]은 같은 광고를 시간차를 두고 성과를 비교한 것입니다. 위에서 평탄하던 전환수의 빨간 선 그래프가 아래에서는 완만하지만 우상향이 되었습니다.

(참고로 캠페인의 맨 마지막 열인 '입찰 전략 유형'에서, 모두 전환수 최대화 입찰인데 하나만 전환 가치 극대화 입찰인 이유는 가장 실력이 안 느는 캠페인으로 입찰 실험을 한 것이기 때문입니다.)

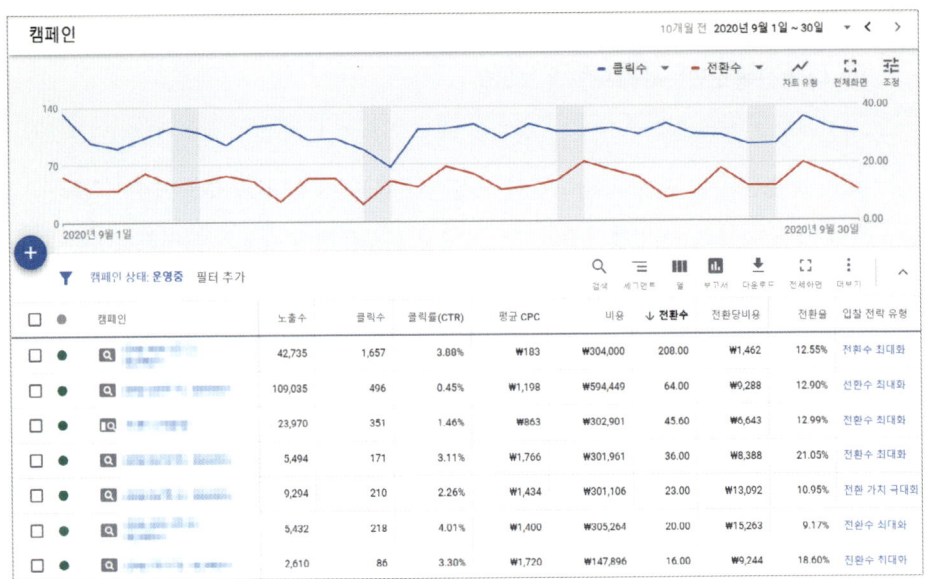

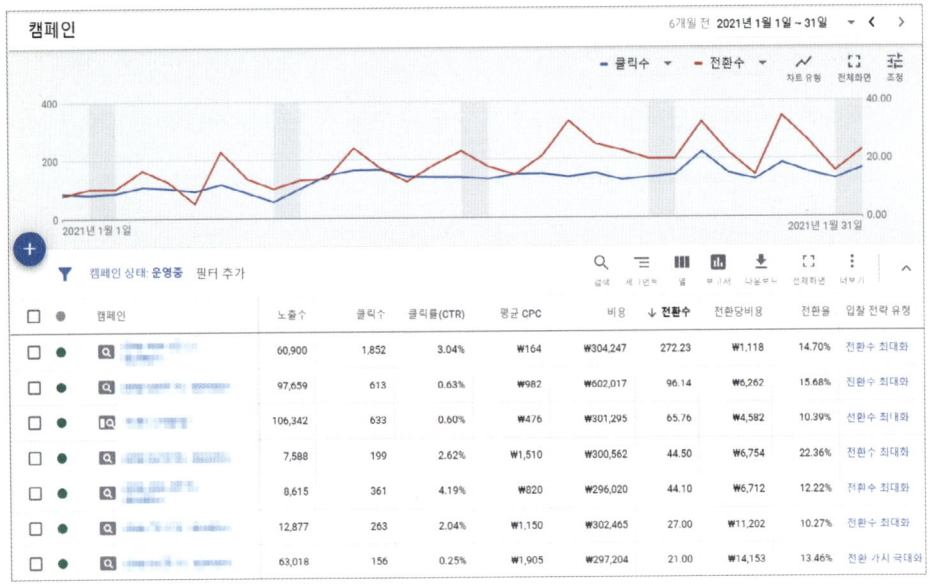

[그림 7.1_1] 오래하면 실력이 느는 구글 광고- 광고 운영 기간 비교(상, 하)

잘 되는 광고의 수정은 신중하게 결정하세요

중요한 대목이니 다시 한번 강조하겠습니다. 캠페인 수정은 한 번 하면 되돌리기가 안 됩니다. 성과가 좋은 광고일수록 수정은 신중하게 해야 합니다.

- **[Point 3] 입찰은 어떻게 했는지, AI 전환 학습에 대해 아는지 다시 물어 보십시오**

구글 애즈가 가장 권장하는 입찰 방식임에도, 네이버로 광고를 배우신 분들은 보통 전환수 최대화 입찰을 잘 하지 않습니다. 전환 입찰이 얼마나 중요한지 [그림 7.1_2]와 [그림 7.1_3]으로 보여 드리겠습니다.

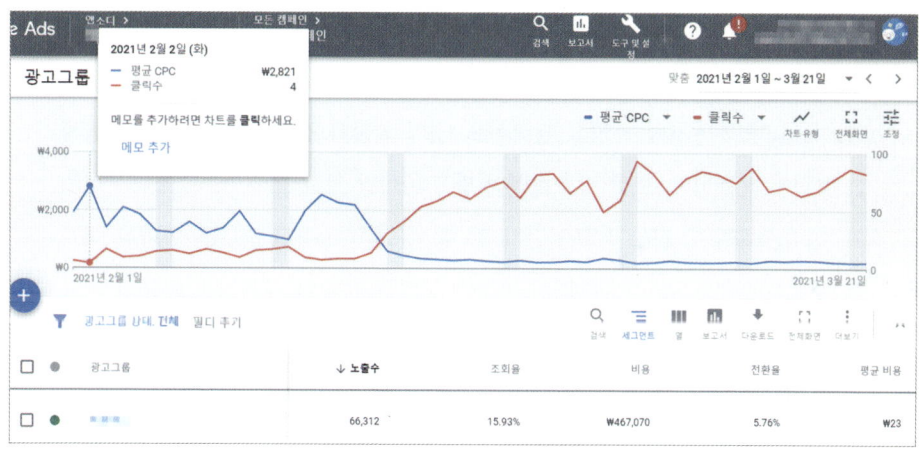

[그림 7.1_2] 동영상 광고의 전환 학습 ①

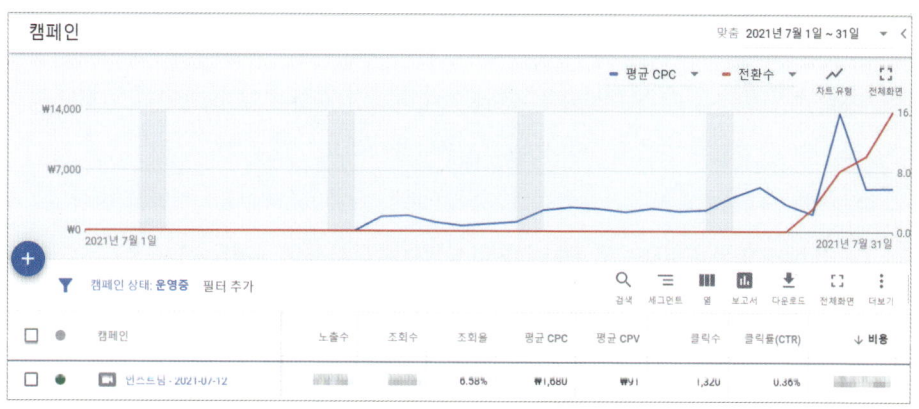

[그림 7.1_3] 동영상 광고의 전환 학습 ②

[그림 7.1_2]는 설정상 문제가 없지만, [그림 7.1_3]은 전환 측정에 오류가 있는 사례입니다. 건너뛸 수 있는 인스트림 광고로 전환 입찰을 하면 대체로 1주일, 2주일 간격으로 CPC가 낮아집니다. 그런데 [그림 7.1_3]의 경우는 2주일이 지나도 CPC가 떨어지지 않고 상승하는 모습을 보입니다. 결과가 이상해서 원인을 확인해 보니 전환이 0이었고, 태그 오류가 있었습니다. 전환 측정 오류를 수정한 후 전환이 잡히자 일시적으로 CPC가 크게 상승했습니다. 구글 애즈 데이터는 하루치만 보고 어떤 판단을 하고 사람의 뜻대로 조종하려고 하면 안 된다는 점 기억하세요.

- **[Point 4] 어떤 종류의 광고를 해 보았는지 다시 물어 보세요**

검색 광고를 해보았다, 디스플레이 광고를 해보았다 정도로는 충분하지 않습니다. Point 3의 예처럼 동영상 광고라도 CPV 입찰과 전환 입찰은 학습 방향과 그 실적이 다릅니다. 또한 디스플레이 광고 배너만 보고 표준/스마트 중 무엇인지, 리마케팅인지, 입찰은 무엇인지 알 수 없습니다. 어떤 광고를 얼마나 해보고 효과가 없다는 것인지 정확히 말하지 못하는 사람의 말을 귀담아듣지 마세요. 다 잠재적 입찰 경쟁자들입니다. 광고주마다 사업은 다를지언정 광고로 돈을 써주기 바라는 잠재고객은 상당수 겹치기 마련이니까요. 앞에서 구글 애즈의 타깃팅 맛집은 잠재고객이라고 한 것 기억나시죠? 내가 아파트를 분양 받길 원하는 잠재고객에게 다른 광고주는 외제차를 팔고 싶고 또 다른 광고주는 팔자주름을 펴주고 싶은 것입니다. 이처럼 구글 광고는 업계를 불문하고 어떤 광고든 경쟁자가 될 수 있습니다. 그러니 정확한 근거 없이 구글 광고가 효과 없다고 하는 사람들의 말은 대꾸하지 말고, 흘려 들으세요.

- **[Point 5] 광고 소재는 몇 개나 만들어 보았는지 다시 물어 보세요**

많은 광고주들이 광고 소재를 빈 칸을 몇 칸 채우면 할 일 다 했다 생각하고는, 광고 실적이 좋지 않으면 타깃팅을 탓하는 경우가 많습니다. 2.3에서 '구글 애즈보다 GA가 훨씬 어려워서, 구글 애즈가 MS Office의 파워포인트나 워드 수준이라면 GA는 엑셀'이라고 했습니다. 구글 애즈가 친절하지 않아서 어려워 보이고 AI의 퍼포먼스가 들쑥날쑥해서 어려운 것이지, 구글 애즈로 할 수 있는 것은 알고 보면 손바닥만합니다. 이 손바닥만한 구글 애즈에서 차이를 낼 수 있는 방법은 대략 3가지 정도입니다.

1) 돈을 많이 쓴다
2) 오랜 시간을 기다린다
3) 광고 소재를 열심히 만든다

첫 번째 방법은 대체로 한계가 정해져 있고, 두 번째는 아무것도 안 하고 기다리는 것이 정말 힘들다는 점에서 가장 어려운 방법입니다. 그렇다면 3번 광고 소재를 열심히 만드십시오. 구글 광고는 AI로 시작해서 광고 소재로 끝난다고 해도 과언이 아닙니다. 건너뛸 수 있는 인스트림 광고였던 5.1의 [그림 5.1_1]과 5.6의 [그림 5.6_3]의 예도 좋았지만, [그림 7.1_4]의 인피드 동영상 광고의 사례를 꼭 보여드리고 싶습니다.

광고 ↑		비용	노출수	조회수	조회율	동영상 재생 진행률			
						25%	50%	75%	100%
광고 #1		₩208,172	178,730	3,344	1.87%	10.49%	6.79%	4.47%	1.62%
광고 #2		₩28,814	22,636	416	1.84%	4.49%	2.24%	1.75%	0.00%

[그림 7.1_4] 같은 영상 다른 재생 진행률

'광고 #1'과 '광고 #2'는 썸네일만 다를 뿐 사실 똑같은 영상입니다. 하지만 같은 영상이어도 썸네일을 통해 어떤 정보를 갖고 시청을 시작했느냐에 따라 시청 품질이 확연히 달라지기도 합니다. [그림 7.1_4]의 동영상 재생 진행률을 비교해 보면 두 광고의 시청 품질의 차이가 2배 이상 납니다. 저의 예전 페이스북 앱 광고 설치 전환율이 93%였다는 얘기, 기억 나시나요? 페이스북 카드뉴스 광고였습니다. 한 장 한 장 넘겨보는 카드뉴스는 배너 이미지 한 장보다 좀 더 깊은 맥락을 만들 수 있어서 요즘의 동영상과 기능이 같다고 볼 수 있습니다. 설치율이 93%였다는 것은 카드뉴스를 보고 링크를 클릭할 때 이미 설치를 결심한 것이고, 썸네일을 보고 동영상을 클릭할 때는 이미 무엇을 볼지 결심한 것입니다. 즉, 무엇(광고 소재)을 보고 클릭했는가가 그 다음 행동을 결정하는 것입니다. 제대로 만든 광고 소재는 오래 기다리지 않아도 큰 돈을 쓰지 않아도 표가 나기 마련입니다. '이거다!' 싶을 때까지 계속 만드세요.

- **[Point 6] 광고 기간 동안 도착 페이지를 몇 번이나 수정해 보았는지 다시 물어 보세요**

광고 소재를 만드는 것은 힘들지만 그만큼 중요합니다. 그런데 광고 도착 페이지, 즉 홈페이지나 쇼핑몰 상세 페이지, 랜딩 페이지를 만드는 것은 어렵고도 광고 소재 만큼이나 아니 그 이상 중요합니다. 제 페이스북 카드뉴스의 앱 설치율 93%은 카드뉴스만 좋아서 이뤄낸 성과가 아닙니다. 광고 도착 페이지인 플레이 스토어의 앱 설치 페이지가 헛발질을 해대면 광고 소재가 아무리 좋아도 다 된 밥에 코 빠뜨린 꼴입니다. 앱 광고 소재만큼 플레이 스토어의 설명과 스크린샷에도 그만큼 공을 들여야 합니다.

제가 겪은 광고 중에 가장 안타까웠던 사례가 있습니다. 신규 방문자 7,254명 중 최종 전환인 예약상담 완료 건수가 771건이었습니다. 거의 10% 가까운 전환율이니 꽤 높은 전환율이라고 할 수 있죠. 그런데 최종 전환의 직전 전환수는 1,747건으로, 쇼핑몰로 치면 주문서 작성 중 이탈과 같은데 그 수치가 너무 높았습니다. 그래서 도착 페이지를 살펴보니 [그림 7.1_5] 같은 문제가 있었습니다.

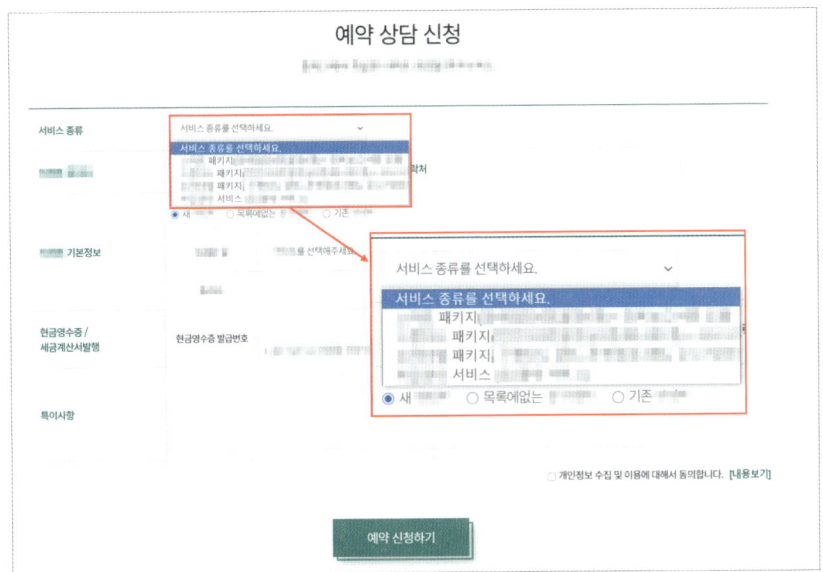

[그림 7.1_5] 광고 도착 페이지에서 전환율 높이기

'서비스 종류'의 차이를 알아야 선택을 할 텐데, 고객 입장에선 이 문구만 봐서는 뭔지 도무지 알 수 없다는 겁니다. 상담 편의보다는 고객 편의를 생각해 봤어야 했습니다. 이 점만 해결해 봤어도 전환율이 폭발적으로 늘어났을 겁니다. 서비스 종류 선택부터 상담을 해주면 정말 좋을 것 같은데, 필수가 아닌 선택이기만 해도 달라질 것 같은데… 하지만 끝내 서비스 종류 필수 선택을 절대 바꾸지 않으셨죠. 이렇게 콕 집어 한 군데를 어떻게 고쳐보자 해주면 당장 고칠 광고주도 많을 텐데, 이 사례는 정말 안타깝습니다.

■ [Point 7] 효과가 없다는 근거는 무엇인지 다시 물어 보세요

팔리지가 않아서라고요? 그렇다면 다른 광고로는 잘 팔리는지 물어 보세요. 사실 많이 팔아본 광고주는 구글 광고가 부진할 때 구글 광고가 효과 없다는 말을 하지 않습니다. 다른 광고도 처음에는 그랬다고 합니다.

혹시 "제로 투 원"*이라는 마케팅 책을 읽어 보셨나요? 이 책에서는 사업의 단계를 0과 1로 구분하는데, 저는 이 책의 0과 1이 어디에나 통용된다고 생각합니다. 그 예로, 국내 피겨 스케이팅을 0과 1의 관점에서 볼까요? 피겨 스케이팅 0의 불모지에서 김연아 선수 같은 신이 내린 1의 선수가 나오고 나니 김연아 키즈들이 쑥쑥 자랍니다.

사업이 0의 단계인지 1의 단계인지 구분하기는 어렵습니다. 0과 1은 사업의 영역이지 광고가 어찌할 수 있는 영역이 아니지만, 광고를 해보면 더 빨리 이 문제를 눈치채고 빨리 해결할 수 있습니다. 이에 대해서는 다음 절 '7.2 0과 1, 광고가 할 수 있는 것과 없는 것'에서 두 가지 사례로 좀 더 자세히 이야기해 보겠습니다.

> 어느 방송 프로그램에서, 우리나라 1호 프로파일러 권일용 님이 정남규 사건을 맡고 범인처럼 생각하려고 사건 현장을 3개월 동안 답습했다는 이야기를 들었습니다. 이러한 프로파일링 기법을 쉐도우 체이싱(Shadow Chasing)이라 한다는군요. 그런데 웹 기획에서도 위와 똑같은 용어가 있습니다. 고객의 입장에서 그들의 자취를 분석해보는 기획 방법론인데, 프로파일링과 웹 기획, 세상 일은 제각각이지만 이치는 같다는 점을 새삼 깨닫고 깜짝 놀랐습니다.
>
> 이 절 도입부의 대화 이후, 의뢰 여성은 아마 결혼정보회사에 돈만 날렸다고 하지 않을까요? 왜 실패했는지, 나만 모르고 남들은 다 압니다. 구글 광고가 효과 없다고 여기는 것도 이와 같은 이치라고 생각합니다. 구글 광고가 효과 없다고 생각할 때는 먼저 자신을 객관화해 보시기 바랍니다.
>
> 구글 광고는 한번 별로였다고 계속 별로일 것이라고 할 수도 없고, 한번 효과가 있었다고 항상 효과가 있으리라 보장할 수도 없습니다. 왜 그런지는 제가 만난 한 광고주의 사례를 통해 알려 드리겠습니다.
>
> 부동산 분양 광고주 중에 꾸준히 저와 협업을 하시는 분이 있습니다. 여러 차례 광고를 맡아봤는데 첫 번째는 오피스텔 분양 광고였고, 두 번째와 세 번째는 아파트 분양 광고

였습니다. 첫 번째 오피스텔 분양은 나쁘지 않았습니다. 오피스텔과 아파트의 차이 때문일 수 있지만, 두 번째 아파트 분양은 효과가 꽤 좋았습니다. 그래서 세 번째 아파트 분양 광고도 어렵지 않으리라 예상했지만 보기 좋게 빗나갔습니다. 클릭수가 두 번째 때보다 훨씬 많음에도 전환은 확 줄었습니다. 이상하지요? 그래서 제가 찬찬히 광고 소재를 살펴봤는데, 아파트의 입지 정보가 약했습니다.

세 번째 광고 소재는 분명히 두 번째와 같은 스타일인데 왜 이런 차이가 생겼을까요? 두 번째 분양 아파트 이름에는 산 이름이 들어가 있었습니다. 산 이름을 아는 사람이고 아파트에 관심 있으면 클릭하겠지만, 아파트에 관심이 있어도 산 이름이 낯설면 패스하겠죠? 그런데 세 번째 아파트 광고 소재에서는 아파트 이름만으로 지역을 유추하기가 어려워진 것입니다. 지역 설정은 했지만 그건 광고를 만든 사람만 아는 것이고, 광고를 보는 사람은 어느 지역 사람이 보라고 만든 광고인지 모릅니다. 클릭은 늘고 전환은 감소한 것이 설명이 됩니다. 그리고 광고 소재 외에도 광고 환경상 의미 있는 차이가 하나 더 있습니다. 광고주가 웹사이트 개발 업체를 바꿨다는 점입니다. 첫 번째, 두 번째 광고의 도착 페이지는 네이버 블로그처럼 글과 사진을 번갈아 올리는 형식의 웹사이트였는데, 세 번째 광고의 도착 페이지는 온통 이미지로만 만들어졌습니다. 당연히 이미지 위주의 사이트보다 블로그 형태의 사이트가 AI가 인식하기 좋아서 품질이 좋다고 합니다(다만 이 광고 도착 페이지의 차이가 얼마나 광고 효과를 저해하게 할지는 아직 알 수 없습니다).

이처럼 똑같은 광고 같아도 이렇게 다 다릅니다. 그런데도 한 마디로 구글 광고가 효과가 있다, 없다 할 수 있겠습니까? 구글 광고 성과를 부르는 방법은 효과 있을 때까지 꾸준히 하는 것뿐입니다.

※　피터 틸, 블레이크 매스버스, "제로 투 원(ZERO to ONE)", 이지연 역, 한국경제신문사(한경비피), 2014

7.2
0과 1, 광고가 할 수 있는 것과 없는 것

지금 알고 있는 것을 그때 알았더라면 결과가 어떻게 달라졌을지 생각해 봅시다.

(광고 대행사 교육 중)
A 앱 출시 사전 예약 신청이 몇 개 들어왔나요?
Q 약 1,000개요.
A 사전 예약 캠페인 해보길 정말 잘했죠? 광고주도 만족스러워 하시죠?
Q 암요!
A 부디 앱이 잘 나와야 할 텐데요.
Q 그러게요…

■ **원인 분석은 가능, 근본적인 문제 해결은 우리의 몫**

2018년, 기록적인 폭염이 쓸고 간 후의 일입니다. 이미 반년 가까이 쇼핑몰을 준비하고 이제 처음 광고를 시작하는 광고주의 엄마옷 쇼핑몰 광고를 맡았습니다. 이 쇼핑몰의 사장님은 로드숍을 다수 운영했는데, 매해 로드숍 매출이 감소해서 처음으로 인터넷 쇼핑몰로 변경 중이라고 했습니다. 그런데 인터넷 쇼핑몰 운영 방식이 좀 색달랐습니다. '인터넷 쇼핑몰만을 위한 재고는 없다, 주 매장에 사이즈나 색상이 없으면 다른 매장에서 배송한다' 였습니다. 그때는 저도 앱 비즈니스, 스타트업 외의 다른 업계를 잘 몰랐기 때문에 그래도 될 것 같았습니다. 그런 줄 알고 쇼핑몰에 GA 향상된 전자상거래 세팅도 하고 구글 광고를 시작해서 사이트 유입을 만들었습니다. 그런데 누가 봐도 이상한 데이터가 나왔습니다. 이탈률이 95~97%나 되는 것입니다. 패션몰인데?! 이 옷 저 옷 클릭해 상세 페이지를 봄직도 한데 죄다 홈페이지만 보고 이탈해 버리는 것입니다. 제가 보기에 옷도 이쁘고 사진도 고급진데, 사지는 않는다 쳐도 구경도 하지 않다니….

이 문제를 GA 데이터를 열어 보이며 사장님과 공유했습니다. 그런데 사장님은 GA 이탈률에는 관심이 없고, GA보다 지인들에게 의존해서 "우리 쇼핑몰 옷 이쁘지 않아? 왜 안 팔리지?"라고 묻기를 반복했습니다. 혼자 서핑하다 우연히 이 쇼핑몰에 쓱 들어왔으면 그렇게 하지 않았을 테지만, (사실 이것이 문제인데) 이 분들은 사장님에게는 특별한 사람들이기 때문에 과하게 열심히 쇼핑몰 여기저기를 찾아봅니다. 그리고 피드백을 던지죠. "엄마옷이잖아, 무조건 편해야 해. 바지가 쭉쭉 늘어나는 게 보이게 신축성이 좋아 보이는 사진을 올려봐." 그늘이 한마디, 한마디 할 때마다 상세 페이지가 길어집니다. 상세 페이지 직전 경로인 홈페이지에 원인이 있고, 이 때문에 홈페이지에서 상세 페이지로 이동해 보지를 않고 이탈한 문제인데, 상세 페이지를 길게 한다고 해결이 될까요?

제가 나중에야 안 사실입니다만, 로드숍 매장 옷의 종류는 45~50벌을 넘으면 안 된답니다. 그 이상으로 옷이 많으면 손님들에게 결정 장애가 와서 선택을 못 하고 이 옷 저 옷 입어보다 지쳐서 그냥 나가 버린답니다. 그런데 인터넷 쇼핑몰의 옷은 최소 200벌은 되어야 스크롤을 내리며 옷 구경할 마음이 든답니다. 무엇이 문제였는지 이제 아시겠죠? '인터넷 쇼핑몰만을 위한 재고는 없다'는 정책상 0의 문제를 GA가 이탈률로 잡아낸 것이었습니다. 매장 내 45~50벌의 옷 가짓수로는 쇼핑몰 홈만 쓱 봐도 더 볼 게 없는 것이었습니다. 사실 이 문제를 사장님 스스로도 느끼기는 해서 계절이 지난 옷들도 품절 상태로 계속 진열하는 중이었습니다. 이 엄마옷 쇼핑몰에서 제가 배우고 느낀 게 많습니다.

'내 분야를 나만 알아서 되는 게 아니고 광고주도 알아야 한다. 내가 미리 교육을 했어야 했구나. 그리고 나도 그 업을 배워야 하고 그 회사만의 상황도 알아야 한다. 문제가 발생하기 전에 서로의 지식을 공유했더라면 문제 의식을 가지고 해결책을 함께 찾아갈 수 있지 않았을까? 옷이 안 팔리는 문제를 직면하고 나서야 해결하려니, 원인 분석이 아니라 변명과 핑계로 듣게 되는구나!'

■ 상품이 1이냐, 판매 자리가 1이냐

앞서 큰 깨달음을 얻은 후, 2019년 말에는 종합 쇼핑몰 광고를 맡았습니다. 홈쇼핑을 비롯해서 유통 경력이 많은 대표님들이 모여 종합 쇼핑몰 사업을 시작하신 건데, 몇 십 만 개씩 팔렸다는 히트 상품을 몇몇 개 골라서 먼저 구글 광고를 하길 원했습니다. 왠지 좋은 결과가 나왔을 것 같은 느낌이 드셨죠? 저도 잘 팔리던 상품을 내걸었으니 결과는 1이 나오리라 예상했지만, 뜻밖에도 처참한 실패를 맛보았습니다. '팔리는 상품이구나!' 하고 제가 안일하게 생각했었죠. 이후에도 글로벌 브랜드, 대기업 이름이 들어간다면 '이번에는 좀 쉽지 않을까?'라는 안일한 마음이 살짝 살짝 들 때가 있었습니다. 하지만 이제는 시작하는 쇼핑몰이나 사업이나 상품은 어떤 경우에도 꽃길을 기대하지 않기로 했습니다.

시작하는 사업, 상품의 광고는 다 어렵습니다. 0인지 1인지 갈 데까지 가보지 않으면 아무도 모릅니다. 대기업도 끝내 1을 못 만든 상품들이 많습니다. 1이 된 상품들만 기억을 해서 그렇지… 혹시 LOOK이라는 음료 기억 나시나요? 소녀시대가 광고한 다이어트 음료입니다. 당시 카카오스토리가 유행할 때여서 제가 이 음료를 마셔보고 스킨(화장품) 맛이라고 카카오스토리 포스팅한 기억이 있습니다(야쿠르트, 미안). 천하의 소녀시대가 등판해도 못 팔았습니다.

자, 그러면 이 쇼핑몰의 대표님들이 말한 '몇 십만 개가 팔린'이란 건 무엇 때문에 가능했던 걸까요? 그 상품이 1이었던 게 아니라 판매 자리가 1이었던 것입니다. 그 1의 자리는 홈쇼핑일 수도 있고, 인플루언서일 수도 있습니다. 제가 컨설팅한 업체의 GA를 보니 어느 날 매출이 어마어마해서 그 회사 대표님께 어떻게 하신 건지 물어 보았습니다. 알고 보니 어느 유튜버에게 앞광고를 한 것이었더군요. 구글 쇼핑 광고로는 예산 소진도 힘든데, 그 크리에이터는 3~4만원짜리 상품을 하루만에 1억원이 넘게 팔았습니다! '구독자 5만명이 이 정도구나' 하고 저와 개발자는 입을 다물지 못했습니다.

구글 애즈를 제외한 많은 광고 플랫폼들은 저렇게 노출하면 팔리는 자리를 팝니다. 장사 측면에서는 자리값을 내고도 남는 장사가 되면 그것도 나쁘진 않습니다. 하지만 현실은 녹록치 않습니다. 자리값은 비싸고 가격 경쟁도 심해서 팔아도 별로 안 남으니까, 브랜딩을 해야겠다 하고 자사몰 만들고 구글 광고하려는 것 아니겠습니까? 다만 어느 분야에서는 0에서 시작했을 때, 1이 되기는 쉽지 않습니다. 광고비 몇 푼 가지고 내 쇼핑몰이 뭘 팔아도 팔리는 사이트가 되는 것이 아닙니다.

구글 광고를 하는 것은 유튜브를 하는 것과 참 많이 닮았습니다. 유튜버들이 타는 유튜브 알고리즘은 사업자들 입장에서는 구글 애즈의 AI와 같습니다. 유튜브는 누구나 다 하는 것 같지만 쉬워서 하는 것은 아닙니다. 어렵습니다. 어렵지만 해내는 사람들도 꽤 많습니다. 구독자 5만명의 유튜버는 자신의 채널을 0에서 1로 만드는 데 얼마나 시간을 들이고 어떤 노력을 했을까요? 한번 이 점을 상기해 보시면 좋겠습니다.

앞 대화의 앱은 기대와 달리 출시 후 광고 성과가 매우 저조했습니다. 출시된 앱의 품질과 광고 데이터를 보며 '아, 이 앱 서비스는 컨셉이 다 였구나!' 싶었습니다. 광고 대행사 담당자가 광고 계획이 아니라 앱 기획을 하고 있을 정도로 품질에 문제가 많았습니다. 광고 대행사 담당자가 앱 기획을 설명하면 광고주는 받아 적고… 그 와중에 광고주는 품질이 엉망이어도 광고를 잘 하면 다운로드 전환이 잘 나오지 않았겠냐고 광고 대행사를 질책하고… 광고가 무슨 마술이나 사기도 아니고! 여러분의 생각은 어떠십니까?

7.3 왜 전환은 네이버에서만 날까? 플랫폼끼리 줄 세우기

 인공지능에 대한 리더십을 생각해 봅시다.

> Q 같이 광고를 시작했는데, 페이스북 광고는 DB가 들어오는데 구글 광고는 DB가 없습니다.
> A 구글 광고 성과가 구글 광고 전환으로만 확인되는 것은 아닙니다. 구글 광고를 함으로써 페이스북이나 네이버 전환수가 늘어날 수 있으니 시간을 두고 그쪽 DB가 증가하는지도 관찰해 보시죠.
> Q 그게, 광고 플랫폼마다 랜딩이 다 달라서 구글 광고 랜딩에서 DB가 들어와야만 합니다.

■ 어설픈 데이터 만능주의보단 편견 없는 데이터맹이 낫다

간혹 데이터의 객관성에 의존하기보다는 사람의 주관과 직감을 따랐을 때 좋은 결과가 나오기도 합니다. 구글 애즈로는 확인이 안 되는데 광고주가 구글 광고 효과가 있다고 하는 경우가 있습니다. 그럴 때는 추가적으로 구글 애즈 태그로 조회 후 전환을 추적하면 광고주의 느낌에 맞는 데이터가 확인됩니다. 그래서 저는 광고주의 느낌적인 느낌은 흘려 듣지 않습니다.

다음 [그림 7.3_1]은 유튜브 채널을 운영하는 한 회사의 인피드 동영상 광고입니다. 보통은 측정하기 쉬운 이유로 인피드보다는 건너뛸 수 있는 인스트림 광고 운영을 추천하는데, 광고주가 특정 영상으로 인피드 광고를 할 때 효과가 월등하다고 하여 '조회 후 전환'을 추적해 보았습니다. 추적 기간을 1일로 했을 때는 조회 후 전환이 없었는데, 추적 기간을 일주일로 하자 광고주의 체감과 일치하는 조회 후 전환수를 확인할 수 있었습니다. 이 기간 동안 그 특정 영상을 본 시청자 52만여 명 중에 591명이 일주일 내에 다른 경로로 전환한 것입니다.

캠페인	↓노출수	상호작용 수	상호작용 발생률	평균 비용	비용	전환당비용	전환수	모든 전환	조회연결 전환
ⓘ		736,006 클릭수, 참여수, 조회수					516.00	1,242.00	658
▶		525,083 참여수, 조회수					299.00	935.00	591

[그림 7.3_1] 조회 후 전환 ①

다른 사례도 한번 살펴보겠습니다. 아래 [그림 7.3_2]는 리마케팅 디스플레이 광고입니다. 광고주는 이 광고를 시작하고 매출이 늘었다고 했는데 GA 향상된 전자상거래를 확인해보니 광고 실적이 저조했습니다. 그런데 GA의 '구매(transaction)' 데이터만 보다가 '구매 버튼 클릭(구글 애즈 태그)' 데이터를 열에 추가해 보니 광고주의 느낌이 또 맞았습니다.

캠페인	↓클릭수	노출수	클릭률(CTR)	평균 CPC	비용	전환수	조회연결 전환
리마케팅 디스플레이						8,091.00	32
	-	-	-	-	-	100.00	0
	-	-	-	-	-	3,973.00	0
	-	-	-	-	-	2,650.00	0
	-	-	-	-	-	1,352.00	0
구매	-	-	-	-	-	3.00	0
구매버튼 클릭	-	-	-	-	-	13.00	32

[그림 7.3_2] 조회 후 전환 ②

> **[그림 7.3_2]를 좀 더 살펴볼까요?**
>
> 데이터를 볼 줄 아시는 분들이라면 [그림 7.3_2]에서 갸웃하실 부분이 있을 겁니다. 그래서 부연 설명을 하자면, '구매(GA transaction)'와 '구매 버튼(구글 애즈 태그)' 클릭의 전환수 차이가 큽니다. 이 광고주는 저와 월 1회 정도 유료 전화 상담을 하는 관계입니다. 저와 함께 하기 이전에 전환 관련 작업이 완전하지 않은 채 완료된 상태였지만(아무래도 전자상거래에서 네이버페이가 누락된 것 같습니다), 리마케팅 디스플레이 배너를 본 사람들 중 32명이 다른 경로를 통해 구매한 것을 아는 정도로 맥락을 파악할 수 있었습니다.
>
> 참고로 6.4.2에서 소개한 기여 분석 모델 중에는 GA에서 제공하는 '데이터 기반' 분석 모델이 있습니다. 이 모델은 구글 광고뿐 아니라 모든 유입 경로에 대한 전환 기여도를 정확하게 판단할 수 있는데요. 만약 [그림 7.3.2]의 전환 데이터가 월 300 이상이라 데이터 기반 모델이 작동했더라면 '구매 버튼 클릭'의 전환수는 훨씬 커졌을 것입니다.

- **어떤 경로에서 전환이 일어났을까?**

GA에서 '조회 후 전환'은 주로 어떤 경로에서 전환이 일어났다고 표시될까요? 아마도 직접 유입이나 네이버가 대부분일 겁니다. 우리나라 사람들은 유튜브에서 본 듯한, 페이스북에서 본 듯한 그 무엇을 찾을 때 주로 네이버 검색으로 확인하는 경향이 있습니다. 저의 홈페이지 appsody.zone의 유기적 검색어만 봐도 확연합니다. [그림 7.3_3]과 [그림 7.3_4]는 같은 기간에 확인한 구글 서치 콘솔Search Console과 네이버의 검색어입니다. 자, 여기서 문제를 내보겠습니다. [그림 7.3_3]의 '구글 광고 종류'를 검색하는 사람과 [그림 7.3_4]의 '앱소디존'과 '구글 광고하는 여자'를 검색하는 사람 중에 전환에 가까운 사람은 누구일까요?

획득	검색어 ?	클릭수 ? ↓
개요		12
▶ 전체 트래픽		전체 대비 비율(%): 11.21% (107)
▶ Google Ads	1. 구글 광고 종류	4 (33.33%)
▼ Search Console	2. 광고 종류	2 (16.67%)
방문 페이지	3. 구글애즈 노출	2 (16.67%)
국가	4. 구글 광고 효과	1 (8.33%)
기기	5. 구글 애즈 관리자 계정	1 (8.33%)
검색어	6. 구글 애즈 종류	1 (8.33%)
▶ 소셜	7. 구글애즈 관리자 추가	1 (8.33%)
기여 분석 베타	8. 060 전화	0 (0.00%)
탐색	9. 060전화상담	0 (0.00%)
관리	10. 가요 앱	0 (0.00%)

[그림 7.3_3] appsody.zone의 구글 검색어

보고서		키워드 ?	획득			동작		세션당 페이지수 ?
			사용자 ?	신규 방문자 ?	세션 ?	이탈율 ?		
▶ 실시간			318	307	384	66.15%		2.61
▶ 잠재고객			전체 대비 비율(%): 100.00% (318)	전체 대비 비율(%): 100.00% (307)	전체 대비 비율(%): 100.00% (384)	평균 조회: 66.15% (0.00%)		평균 조회: 2.61 (0.00%)
▼ 획득								
개요		1. (not set)	158 (48.77%)	150 (48.86%)	196 (51.04%)	57.65%		3.37
▼ 전체 트래픽		2. (not provided)	149 (45.99%)	144 (46.91%)	170 (44.27%)	80.59%		1.62
채널		3. 앱소디존	9 (2.78%)	7 (2.28%)	10 (2.60%)	10.00%		4.30
트리맵		4. 앱소디 구글	2 (0.62%)	1 (0.33%)	2 (0.52%)	0.00%		4.00
소스/매체		5. 구글 광고하는 여자	1 (0.31%)	1 (0.33%)	1 (0.26%)	0.00%		6.00
추천		6. 구글 애즈 하는앱	1 (0.31%)	1 (0.33%)	1 (0.26%)	100.00%		1.00
▶ Google Ads		7. 구글광고하는여자	1 (0.31%)	1 (0.33%)	1 (0.26%)	0.00%		3.00
▶ Search Console		8. 앱소디존	1 (0.31%)	0 (0.00%)	1 (0.26%)	100.00%		1.00
▶ 소셜		9. 주식회사 앱소	1 (0.31%)	1 (0.33%)	1 (0.26%)	100.00%		1.00
기여 분석 베타		10. appsody	1 (0.31%)	1 (0.33%)	1 (0.26%)	0.00%		3.00
탐색								
관리								

[그림 7.3_4] appsody.zone의 네이버 검색어

■ **광고 플랫폼들의 유기적 팀플레이**

저는 광고 플랫폼들을 농구팀으로 비유하는 걸 좋아합니다. 광고주는 농구 감독이고 구글, 유튜브, 네이버, 카카오, 페이스북은 농구 선수들이라고 한다면, 다섯 농구 선수들 중에 네이버가 골게터입니다. 네이버가 골대 근처에서 볼 패

스를 기다리다가 숱한 볼이 튕겨 나오면 구글이 리마케팅으로 다시 슛 찬스를 만들어 줍니다. 실제로 [그림 7.3_2]의 광고주는 느낌이 좋았던 리마케팅 광고의 실적이 1~2개월 후 저조해졌고, 저와 구글 애즈 계정 전문가 모두 신규 고객을 타깃팅한 디스플레이 광고를 추천했습니다. 구글 애즈 계정 전문가는 스마트 디스플레이 캠페인을 만들고, 저는 실적이 저조한 이미지 디스커버리 캠페인을 끄고 그만큼 스마트 디스플레이 캠페인의 예산을 늘려 주었습니다. 신규 고객 부족 즉, 리마케팅할 모수 중에 살 사람은 이제 다 샀는데 구매를 고려할 만한 신규고객 유입은 부족하다고 판단했기 때문입니다. 이렇게 비유하고 보니 광고 플랫폼끼리 팀플레이 하는 그림이 그려지나요?

반면, 어떤 플랫폼이 전환을 많이 내는지 플랫폼끼리 줄을 세우는 어설픈 데이터 만능주의 광고주도 있습니다. 나의 페이스북 광고, 네이버 광고, 구글 광고, 카카오 광고, 유튜브 광고 선수들(내가 이용하는 모든 광고 플랫폼들)이 똘똘 뭉쳐서 경쟁자와 플레이하기도 힘든데, 경쟁자는 없는 듯이 플랫폼끼리 줄을 세워서 골을 많이 넣는 순서대로만 성과를 평가하려고 합니다. 심지어 정확하게 분석하겠다고 특정 플랫폼 전용 랜딩 페이지를 따로 만듭니다. 이것은 광고주가 플랫폼 간의 시너지를 차단하는 꼴입니다. 5.3.8에서도 언급했듯이 구글 애즈는 풀 퍼널 Full Funnel 에 능한 플랫폼으로써 특히 업 퍼널 Up Funnel, 깔때기의 넓은 입구에서는 단연 최고인데, 주특기를 광고주가 차단하다니요….

구글 애즈를 제가 만든 것도 아니고 저는 구글 주식 하나 가지고 있지 않지만, 구글 광고는 참 괜찮은 녀석입니다. 그 동안 수년간 네이버, 인스타그램에서는 방치되었던 뒷광고, 어디서 앞광고가 되었습니까? 아래의 제 유튜브 영상에서도 언급하지만, 구글 광고 트래픽에는 진정성이 있고 광기가 없습니다. 해야할 일을 진심으로 해서 만든 구글 광고 트래픽은 결국 나의 실력이 됩니다. 광고주에게 충분한 끈기만 있다면요!

[그림 7.3_5] 착한 트래픽을 만드는 구글 광고

플랫폼끼리 줄 세우기의 최초 목격담은 순한 맛이었습니다. 그 광고주 분은 네이버 광고, 페이스북 광고, 구글 광고 성과를 분석하고자 했습니다. 그런데 구글 애널리틱스(GA)를 몰라서 네이버 사이트, 페이스북 사이트, 구글 사이트를 모두 따로 만드셨더군요. 그래서 제가 GA에서 전환을 만들면서 '구글 애널리틱스 로그 분석이면 사이트를 몇 개씩 만들 필요가 없다'는 것을 알려 드렸고, 그 분은 매우 기뻐하셨습니다.

그런데 위와는 이유만 다를 뿐, 지금도 사이트를 여러 개 만드는 광고주 분들이 있습니다. 스마트스토어나 네이버 광고에 익숙하신 분들이 네이버 키워드 스타일로 분류해서 키워드 전용 사이트를 만드시더군요. 다이아 키워드 쇼핑몰 따로, 골드 키워드 쇼핑몰 따로 이런 식으로 말입니다. 구글 광고를 잘하려고 스마트스토어에서 자사몰을 만드셨다는데… 이런 경우를 보면 안타깝습니다.

구글 광고는 사이즈가 큰 게 좋고, 사이즈를 키우려면 분산되었던 것도 합치는 게 바람직합니다. 지금 스마트스토어에서 자사몰 준비하시는 분이라면, 가능한 하나의 사이트로 기획하시길 바랍니다.

7.4 구글 광고 예산 얼마로 할까?

현실과 직면하는 가장 고통스러운 순간입니다. 그래서 남들은 얼마나 쓰는지 자꾸 두리번 거리게 되고, 광고 효과가 좋으면 광고비는 얼마든지 늘릴 수 있다고 허세도 부립니다. 여러분이라면 아무 소득 없이 매월 광고 예산을 얼마나 쓸 수 있습니까?

Q 쇼핑몰 광고 대행 문의 드립니다.
A 네, 월 대행의 경우 필요한 최소 광고 예산은 월 300만원입니다.
Q 네? 유튜브에서는 광고 예산을 작게 시작하라고 하셨잖아요!

'광고 예산은 얼마 정도 해야 하는가'라는 질문을 정말 많이 받습니다. 이런 질문을 하는 광고주에게 저는 초저예산을 제안합니다. 초저예산이 어느 정도냐 하면, 6개월 정도는 광고 효과(매출)가 전혀 없어도 광고비 지출이 힘들지 않을 만큼입니다. 이 책을 꼼꼼히 읽어 주신 분들이라면 "어? 예산도 사이즈가 중요하다더니, 얘기가 다르잖아?"라고 하실 겁니다. 예산만 보면 그렇습니다. 광고주의 입장을 전혀 고려하지 않으면 구글 애즈 예산은 사이즈가 클수록 좋습니다. 그런데 예산 사이즈만큼 중요한 것이 시간입니다(굳이 예산과 시간 중 무엇이 중요하냐 한다면 저는 시간이라고 하겠습니다). 천문학적인 금액을 반짝 태우는 것보다 저예산이라도 꾸준히 오래 운영하는 것이 더 중요합니다.

광고 운영에 있어 예산보다 더 중요한 것

글로벌 브랜드도 대기업 브랜드도 막 오픈한 쇼핑몰이나 사업의 광고는 쉽지 않다고 했습니다. 그래도 이 기업들은 어쨌거나 풍부한 자본과 경험을 바탕으로 시간의 터널을 통과합니다. 자본도 경험도 없는 자영업자나 중소기업의 경우는 어떨까요? TV 광고 한 번 하면 돈이 얼마이고, 그 효과는 인터넷만큼 제대로 측정이나 될지 생각하면 막막해질 겁니다. 이들에게 회수 기약 없는 비용은 공포입니다. 그렇다면 자본도 경험도 없는 이들은 광고를 어떻게 끌고 가야 할까요?

광고를 다이어트라고 비유해 보겠습니다. 다이어트할 때 달리는 것이 걷는 것보다 칼로리 소모에 좋지만, 체력이나 신체 기능이 약해서 달리기를 견디지 못한다면 걸어야 죠! 그것도 관절이 여의치 않아 어려우면 수영을 추천하죠. 어떻게 가든 목적지까지 가기만 하면 됩니다. 때때로 경로를 바꿔도 됩니다. 남들은 광고비를 얼마만큼 쓰는지, 클릭율, 전환율, 전환당 비용이 얼마나 되는지 끊임없이 비교하는 광고주들이 있는데요. 상대의 성별, 연령, 경력에 상관 없이 운동 능력을 비교하는 것과 같습니다. 이런 광고주들은 자존감 낮은 광고주라고 할 수 있습니다. 제발 이러지 마세요. 낮은 자존감으로 남의 뒷담화나 아첨을 강요하는 광고주는 굉장히 매력 없습니다. 광고 대행사가 매력 없어 하는데, 고객들에게 매력을 200% 전달할 수 있을까요? 광고는 사람이 하는 일입니다. 대행사 담당자부터 감탄하게 하세요. 그 사람부터 팬이 되어야 그 사람이 다른 팬들을 불러 모읍니다. 데이터나 숫자가 하찮다는 말은 아닙니다. 데이터와 숫자가 다는 아니다, 어쩌면 더 중요한 것이 있다는 말입니다.

광고 운영에 있어 상대적으로 중요한 것이 무엇인지 논하긴 했지만, 그래도 예산의 사이즈가 광고에 미치는 영향은 큽니다. 예산 사이즈에 대한 흔한 착각은 이것입니다.

'(쥐꼬리만큼) 써 보고 (광고) 효과가 있으면 예산은 얼마든지 늘릴 수 있다'

초보 광고주들 입장에서는, 구글 광고가 단돈 1만원도 소진하고 그 성과도 분석하니 TV, 신문, 잡지 광고에 비해 꽤나 친절해 보여서 이런 착각을 많이 합니다. 지금까지 이 책을 읽으신 분들이라면 '1만원의 광고 효과가 10만원의 1/10, 100만원의 1/100이 안 될텐데'라는 생각을 하실 수 있을 겁니다. 초저예산이 1만원인 경우, 앞에서 이야기한 1을 만들지 못한 0 상태의 광고주입니다.

일단 0의 구간을 통과한 광고주의 초기 예산 사이즈는 대체로 10~20만원은 됩니다. 캐시 플로우Cash flow가 만들어졌으니까요. 0과 1의 차이는 캐시 플로우가 있고 없고의 차이라고 해도 과언이 아닙니다. 돈을 버니까 쓸 수 있는 것입니다. 부익부 빈익빈의 고리를 끊기가 불가능하지는 않지만 엄청나게 힘듭니다. 광고가 벌던 걸 더 많이 벌게 해주기보다 벌어 본 적이 없던 걸 벌게 해주기가 1,000만 배는 더 어렵습니다. 광고 상품이 처음부터 가치가 없을 수도 있고 말입니다. 이미 돈을 벌고 있는 상품은 그 가치가 인정된 상품입니다. 그래서 ==광고 일 예산 1만원의 실험은 광고의 전환 효과에 대한 실험이 아니라 내 비즈니스 가치에 대한 실험==이어야 합니다. 비즈니스 가치가 0일 때는 광고비를 쏟아부어도 0이 나옵니다. 내 비즈니스의 가치가 0인지 1인지에 대한 실험에 큰 돈을 써 볼 필요는 없습니다.

지금까지 300개 정도의 구글 애즈 계정을 관리했던 경험상, 일 예산 1만원 써 보고 광고비 증액을 결정한 광고주는 안타깝게도 없습니다. 0을 1로 만들기가 그렇게 어렵습니다. 그렇다고 일 예산이 그 10배, 20배가 되는 광고주의 광고 예산 증액은 흔하냐 하면 그것도 아닙니다. 레벨 업은 누구에게 나 어려운 일입니다. 우상향으로 쭉 뻗는 성장 그래프는 없습니다. 그래도 그중에서 0에서 1로 넘어가는 단계가 가장 어렵게 느껴지는 건 그 단계의 사람이 가장 많아서 공감이 크기 때문일 겁니다. 모두가 겪어 아는 고3 스트레스처럼….

그래서 일 예산 1만원의 실험으로 뭘 어떻게 하자는 거냐고요? 앞서 이 실험은 광고의 전환 효과에 대한 실험이 아니라 내 비즈니스 가치에 대한 실험이어야 한다고 했습니다. 가치를 평가할 수 있는 전환보다 좀 낮은 KPI를 설정하고 측정하세요. 사이트 유입 후 이탈률, 체류 시간, 핵심 페이지 조회 등을 예로 들 수 있겠군요. 예를 들어 이 실험이 이탈률을 측정하는 실험이라면 어제보다 오늘, 오늘보나 내일의 이탈률이 낮게 나와서 어느 수준에 이르렀더니 전환이 발생하는지를 발견하면 됩니다. 다만 이런 실험을 통해서 데이터를 끌어올리려면 긴 시간이 필요합니다. 이탈률을 낮추려면 웹페이지를 이렇게 저렇게 고쳐봐야 하는데 웹페이지 수정부터 쉽지 않고 시간이 걸리는데다, 수정 후에도 유의미한 데이터 사이즈를 만들려면 저예산 광고주는 꽤 오랜 시간을 기다려 봐야 합니다. 시간을 단축하고 싶으면 예산을 늘리는 방법 밖에는 없습니다. 혹시 이렇게 어려운 일을 명쾌하게 뚝딱 해결해 주겠다는 사람이나 회사가 있다면, 의심하십시오! 그 말은 큰 돈 벌게 해주겠다는 것과 똑같습니다.

앞의 대화 내용을 보면 제가 한 입으로 두 말을 했군요. 처음은 아닙니다. 예산 증액 관련해서도 한 입으로 두 말을 한 사례(4.4 마지막 박스)가 있습니다. 다시 앞의 대화로 돌아가겠습니다. 어느 날 저에게 대행 광고 의뢰 문의가 와서, 월 대행의 최소 광고 예산은 월 300만원이고, 300만원에 대한 효과가 전혀 없어도 6개월 지출 가능한지 확인했습니다. 그랬더니 그 분이 유튜브에서는 예산을 작게 하라고 하지 않았느냐, 얘기가 다르다 하셨습니다. 길게 이야기하지 않겠습니다. 아마추어와 프로의 플레이가 같을 수 없습니다. 프로 축구 선수가 시멘트 바닥에서 축구하는 것 보셨습니까? 제가 말하는 최소 광고비 월 300만원은 기존 광고 대행사의 대행 수수료 관행과는 다른 접근법입니다. 기존 광고 대행사는 월 광고비의 10~15%를 수수료로 받기 때문에 광고주가 광고비를 많이 써야 매출이 올라갑니다. 그래서 광고비는 많이 쓸수록 효과가 좋다고 말하며 영업합니다. 많이 쓸수록… 광고 예산이 1,000만원이면 좋고, 1억원이면 더 좋고… 월 광고비가 300만원이면 광고 대행 수수료는 고작 30~45만원입니다. 기존 광고 대행사는 기본 비용을 보장하고자 최소 광고비를 300만원으로 하는 건데, 제가 구글 광고 대행의 예산을 최소 월 300만원을 조건으로 하는 이유는 좀 다릅니다. 구글 애즈가 원활한 AI 전환 학습을 위해 제시하는 광고 예산이 CPA의 10~20배라고 했습니다. 이 권장 사항의 문턱이 너무 높기 때문에 CPA의 최소 2~3배까지 낮춰 가이드 한다고 했습니다. 러프하게 전환당 비용(CPA)이 3만원이라고 가정하고 일 예산의 3배인 약 10만원으로 월 300만원을 최소 비용으로 제시하는 것입니다. 사실, 월 최소 300만원 광고 예산에는 이외에도 여러 가지 함의가 있습니다. 그 비즈니스가 0인지 1인지, 업력이나 매출이 탄탄한 회사인지 아닌지, 숫자에 능한 회사인지 아닌지…

구글 광고 할 때 나쁜 습관 Top 5

 구글 광고 할 때 나쁜 습관과 좋은 습관을 정리해 봅니다.

[그림 7.5_1] 구글 광고 성과를 저해하는 나쁜 습관들

2019년 12월 영상에서는 구글 광고 성과를 저해하는 나쁜 습관 TOP 3를 다음과 같이 정리했었습니다.

1. 인공지능 학습을 방해한다.
2. 내 눈으로 봐야 한다.
3. 속전속결 스타일이다.

시간이 지나 2번을 뺀 5가지로 업데이트 했는데, 2021년 9월에 다음과 같은 댓글이 달렸습니다.

Q 2번 때문에 미칠 것 같습니다ㅠㅠ... 대표님께서 본인이 보는 사이트에 왜 우리 광고 안 나오냐고 엄청 닦달하셔서 .. 근데 또 경쟁사 광고는 한 번에 4~5개씩 나오니 어휴... ㅠㅠ

A 리마케팅을 해보세요 ^^;;

광고 대행 의뢰나 1:1 레슨 이후 광고주에게 저는 "아직 판단하기에 이르다", "일시적일 수 있다"라는 말을 많이 합니다. 이런 문제는 그 다음 날이면 저절로 해결되는 경우도 많습니다. 그래서 저는 어떻게 하라는 말보다 하지 말라는 말, 기다려 보자는 말을 훨씬 더 많이 합니다. 무언가 잘 안 된다고 급하게 행동하지 마시고, 가만 내버려 두세요. 구글 광고는 기다림이 미덕입니다.

이제 구글 광고 할 때 나쁜 습관 5가지를 정리해 보겠습니다.

■ [나쁜 습관 1] 구글 애즈 계정 아이디, 비밀번호 돌려 쓰기

아무리 강조해도 중요합니다. 꼭 [도구] > [액세스 및 보안]에서 사용자를 추가하세요.

■ [나쁜 습관 2] AI 학습 방해

잦은 광고 변경은 머신러닝을 방해하여 광고 성과를 저해합니다. 특히 구글 애즈 AI는 예산, 입찰 같이 돈에 관련한 수정에 민감하므로 주의해야 합니다. 타깃팅 수정이나 광고 소재 추가 및 삭제 등도 머신러닝에 전혀 영향이 없지 않습니다. 가능한 광고 변경은 이것 저것 모았다가 한 번에 하고, 최소 1~2주는 기다려 줍니다. ==구글 광고는 사람이 막 열심히 하는 광고가 아닙니다. AI가 열심히 합니다.==

■ [나쁜 습관3] 속전속결

공식적인 구글 애즈의 머신러닝 기간은 2~4주이고, CPC가 안정되려면 1주일 정도 걸립니다. 그렇기 때문에 1~2주 정도로 너무 짧게 광고 계획을 세우는 것은 좋지 않습니다. 피치 못할 경우에는 어쩔 수 없지만, 그래도 하루라도 돌려야지 하는 계획은 절대 하지 마십시오. 광고는 캠페인 생성 후 바로 노출되는 것이 아니라, 승인 절차도 필요한데 이 과정은 최대 24시간이 걸립니다. 다만 이건 광고가 승인되었을 경우입니다. 광고가 비승인이라도 나면 또 다시 24시간이…

AI의 학습 방해하는 무계획과 더불어 빨리빨리는 구글 광고를 빙자한 헛소동일 뿐입니다.

■ [나쁜 습관 4] 내 고집(입맛)대로 하기

검색 광고 하시는 분들에게서 많이 보이는 현상입니다. 네이버 주력 키워드가 구글에서는 잘 되지 않는다고 어떻게든 해결해야 하는 문제라고 생각하십니다. 만약에 다른 키워드로도 전환이 안 난다면 전환이 안 나는 문제는 인정합니다. 그런데 전환이 나기는 나는데 '내가 찜한 키워드가 아니라서 문제'라고요? 내가 원하는 키워드로만 전환이 나야 하는 법은 없습니다. 네이버는 네이버고 구글은 구글인데 네이버식 사고가 굳어져서 광고주들이 고집스러워 보일 때가 있습니다. 그리고 단지 키워드뿐만 아니라, 성과 좋은 광고의 종류가 있는데 광고주가 애정하는 종류의 광고를 고집하는 것 또한 나쁜 습관입니다.

이 습관에 관련해 제가 겪은 두 가지 사례를 들려 드리겠습니다. 첫 번째는 영상 광고를 고집한 경우입니다. 이 회사는 유튜브 채널도 있고, 사이트도 있고, 동영상 광고 성과도 좋고, 검색 광고의 성과도 좋았습니다. 그런데 검색 광고는 슬쩍 빼지고 새 영상 광고만 하는 경우를 봤습니다. 힘들게 만든 영상이니 본전을 뽑고 싶은 마음은 이해하지만, 검색 광고 CPA가 가장 저렴하다고 콕 찍어 보여 드려도 별 감흥이 없어 보였습니다. 일 예산이 적은 편도 아니었고 17,000원대면 남들에겐 꿈의 CPA인데 안중에 없었으니… 개인적으로 정말 아쉬운 케이스였습니다.

두 번째 사례는 기존의 검색 광고 예산을 고집하는 경우입니다. 검색 광고의 의존도가 높은 회사였는데, 저와 1:1 레슨을 하면서 동적 검색 광고를 만들어 보았습니다. 일 예산 2만원으로 이 광고를 시작했는데 기특하게도 구매 전환이 첫 달은 2개, 둘째 달은 4개, 셋째 달은 5개가 일어났습니다. 하지만 광고가 점점 성장하는 게 보임에도 이 회사는 동적 검색에 예산을 올리지 않았습니다. 총 12

만원 예산을 쓰는 다른 두 개의 검색 캠페인의 CPA는 동적 검색 광고의 두 배인데 말입니다. 나도 혹시 내가 보고 싶은 것만 보려고 하지 않나 잠깐 생각해 봅시다. **구글 광고 하는 좋은 태도**는 답정너(답은 정해져 있고 너는 대답만 하면 돼)가 아니라 **발견하는 것**입니다.

 [나쁜 습관 5] 광고 탓만 하기

7.1의 Point 6과 같은 내용입니다. 광고의 시작은 광고 소재이고 끝은 도착 페이지입니다. 구글 애즈는 광고 소재와 광고 도착 페이지의 중간에서 기능합니다. 구글 애즈는 하나이고 잠재고객에게 보여지는 건 광고 소재와 도착 페이지뿐인데 광고 성과는 다 다릅니다. 남들과 다른 광고를 하려면 남들도 다 쓰는 구글 애즈에서 승부가 나겠습니까, 내가 만드는 광고 소재와 광고 도착 페이지에서 승부가 나겠습니까. 광고가 흡족하지 않으시다고요? 그렇다면 애꿎은 구글 애즈 탓은 그만 하시고, 내 사이트를 열어보고 광고 소재를 하나 더 만드세요.

> ✅ **광고 성능을 높이는 광고 밖 노력**
>
> 7.2에서 광고가 할 수 있는 것과 없는 것이 있다고 했었죠? 광고 성능을 높이기 위한 노력도 마찬가지입니다. 광고 도착 페이지, 광고 소재 개선과 같이 광고 밖 영역에서의 일은 오로지 사람이 할 수 있습니다. 아래에 소개한 영상은 광고 도착 페이지 개선 후 데이터가 달라진 사례입니다. 참조해 보세요.
>
>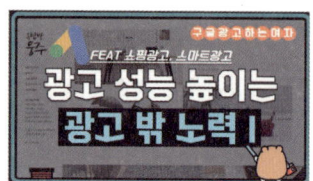
>
> [그림 7.5_2] 쇼핑몰 상품을 바꿨더니
>
>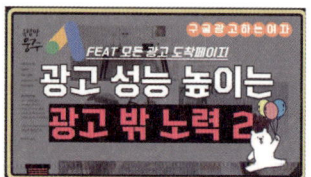
>
> [그림 7.5_3] 앱스토어 스크린샷을 바꿨더니

이렇게 구글 광고 할 때 나쁜 습관 5를 알아보았습니다. 나쁜 습관이 있다면 반대로 좋은 습관도 있겠죠? 이 절의 마지막으로 '구글 광고 할 때 좋은 습관 5'를 정리하면서, 이 책의 내용을 마무리하겠습니다.

■ [좋은 습관 1] 광고 소재 개발하기

시대가 바뀌고 기술이 발전해서 광고를 게재하는 지면이 달라지고 KPI가 달라져도 광고 소재 없는 광고는 없습니다. "이거(광고 상품 또는 서비스) 없어도 잘 살던 사람들이 왜 이걸 써야 하나요?"라는 질문에 제대로 답하실 수 있습니까? 광고 소재 개발은 이 질문에 대한 답을 찾는 과정입니다.

■ [좋은 습관 2] 머신러닝 기다리기

구글 광고의 주체는 AI입니다. 광고주는 AI에게 물심양면으로 지원하는 역할입니다. 물심양면이란 광고 예산, 광고 소재 그리고 시간입니다.

■ [좋은 습관 3] 사이즈 키우기

구글 애즈에서 사이즈는 매우 중요합니다. 머신러닝에 사이즈가 중요하기 때문입니다. 인공지능과 항상 따라다니는 말이 있습니다. 빅데이터입니다. 하나를 보고 열을 안다면 사람이지 AI가 아닙니다. AI에게는 뭐든지 커야 합니다. 나누고, 쪼개고, 분류하려는 습관을 버리세요. 예산도 사이즈가 크면 전환의 사이즈가 커져서 좋고, 전환의 사이즈가 크면 전환을 학습해서 전환을 더 잘하게 되고, 그러면 광고주는 신이 나서 광고 예산을 더 키우고... 이런 선순환을 타야 합니다.

■ [좋은 습관 4] 풀 퍼널 활용하기

구글 애즈는 풀 퍼널^{Full Funnel} 마케팅에 독보적입니다. 많은 광고주가 전환에 근접한 로우 퍼널^{Low Funnel}만 중시하는데, 업 퍼널^{Up Funnel}도 그만큼 중요합니다.

- **[좋은 습관 5] 발견하기**

혹시 구글 광고를 편견과 취향과 고집으로 하지 않으시나요? 사람은 AI가 뭘 잘하는지 발견하는 것이 일입니다. 발견을 했으면 AI에게 무엇을 더 지원해 줄지 결정하고 그것을 실행합니다. 그뿐입니다.

에필로그

이상으로, 저의 회사 앱소디에서 시그니처 서비스였던 구글 광고 1:1 레슨 약 3~4시간 동안의 내용을 모두 마쳤습니다. 꽤나 고가의 레슨(원격 77만원)이었는데 책으로 접해 보니 어떠셨나요? 돈 벌었다는 느낌이 드셨길 바랍니다. 물론 내 사이트, 내 광고가 주인공인 1:1 레슨과 몰입도나 만족도를 직접 비교하기는 힘들겠지만, 대신 책에서는 정말 상황에 꼭 맞는 예시를 실었습니다.

제가 1:1 레슨을 기획한 의도는 구글 광고는 AI가 다 알아서 하니 소액 광고주는 대행사 없이 직접 하시라는 것이었습니다. 배우면 직접 할 수 있는 광고주도 있고 배워도 못하는(그래도 배움은 유효) 광고주도 있지만, 대행사 없이 구글 광고를 직접 하는 경우에도 시간을 두고 여러 가지 문제가 있었습니다.

우선, 구글 광고만 하는 분들이 아니기 때문에 시간이 지나면 잊어버립니다. 똑같은 광고 설정이라도 경쟁 환경은 계속 변하기 때문에 그때는 맞고 지금은 틀릴 수 있습니다. 잘 될 때는 문제가 없다가, 뭔가 틀어지기 시작하면 당시에는 견고했던 학습이 한순간에 와르르 무너지곤 합니다.

또 가끔은 구글 애즈 전문가 서비스를 잘 활용하는 광고주 중에는 저와 구글 애즈 전문가의 솔루션이 왜 다른지 의아해 하는 분들도 있었습니다. '5.3.8 디스플레이'에서 언급한 광고주들의 후속 전략 8가지처럼 한 사람은 맞고, 한 사람은 틀리고의 문제가 아닌데 자꾸만 누구 말이 맞는지를 혼란스러워 합니다. 구글 애즈 전문가나 저나 알 만큼 아는 사람들이 틀린 말, 근거 없는 말을 할 리는 없습니다. 구글 광고는 답정너(답은 정해져 있고 너는 대답만 하면 돼)가 아니기 때문에, 같은 문제를 놓고 사람마다 판단과 의견이 다른 것이지 누구는 정답, 누구는 오답이 아닙니다. 제3의 의견을 광고주가 내놓는다면, 아마 구글 애즈 전문가나 저나 머신러닝을 저해하는 요소만 체크하고 OK 할 것입니다. 182p 하단 박스에서 언급한 광고주들의 후속 전략 8가지 중에는 머신러닝을 저해하는 한 가지가 있습니다. 몇 번일까요?

광고는 스포츠와 같습니다. 같은 감독, 같은 선수 구성이어도 경기는 해봐야 압니다. 이렇게도 할 수 있고, 저렇게도 할 수 있습니다. 스포츠 TV 중계에서 해설자가 이래야 한다 저래야 한다 할 때는 경기가 잘 안 풀릴 때입니다. 똑같은 작전의 플레이었어도 결과가 좋으면 다음에도 그렇게 하기를 기대할 것입니다. 스포츠 해설가나 구글 애즈 전문가나 그들의 판단과 의견의 배경에는 각자의 성공 경험이 크게 작용합니다. 성공을 바라는 선의의 제안이고, 선택의 문제입니다.

이럴 때 어떤 제안이 현재 자사 사정에 더 적합한지 판단이 가능하려면, 광고주도 어느 정도 구글 광고에 대한 지식이 있어야 합니다. 그러니 광고 대행사 유무와 상관없이 이 책은 구글 광고를 하는 모든 분, 실무를 하는 분들뿐 아니라 사내 의사결정권을 쥐고 있는 분들까지 꼭 읽어 보시기를 권장합니다. 담당자 권한 밖의 회사 결정 사항(예산과 기간 등)에 따라서, 똑같은 광고를 실행해도 결과는 천차만별이 될 수 있습니다.

기억하십시오. 그 누구의 솔루션도 결과를 담보하지 못합니다. 원하는 결과가 나오지 않는 것은 누구의 말이 틀려서가 아닙니다. 지피지기 백전백승에서 구글 애즈를 잘 아는 것보다 자신을 잘 아는 것이 더 어렵습니다. 축구 경기를 하는데, 혹시 우리 팀은 선수가 11명이 안 되는 건 아닌지부터 확인하십시오. 이 책을 다 읽은 이 시점이니 이제 납득할 수 있을 것입니다. 광고 소재 말입니다.

광고 대행을 하면서 가장 재미있었던 것이 제가 스타트업 출신이라 과거 스타트업계에서 듣기만 하던 투자자의 관점으로 광고주를 보는 것이었습니다. 세상에는 성공하는 사업 아이템이 정해져 있지 않습니다. 똑같은 사업 아이템이라도 10명 중 8~9명이 실패할 때, 성공시키는 1~2명이 있을 뿐이죠. 그래서 투자자들은 아이디어가 아니라 팀과 팀의 실행력을 봅니다. 정답만 골라서 실행하려고 시간 끌지 말고, 여러 가지를 시도해서 최선을 발견하세요.

광고 대행의 미래

대행사 없이 구글 광고를 하면서 갖은 문제를 꿋꿋하게 헤쳐 나아간다 해도, 인간이기 때문에 발생하는 문제가 하나 있습니다. 구글 애즈 AI가 아직 말을 못합니다! AI가 불규칙한 특징을 알아도 내 뜻대로 안 되면 광고주는 속이 상하고 답답합니다. 이럴 때 "우리 AI는 왜 이래? 옆집 AI도 그래?" 하고 푸념도 늘어 놓고, 가볍게 수다 떨 수 있는 광고 대행 서비스가 있다면 어떨까요? 제가 생각하는 구글 광고 대행의 미래는 이런 모습이 아닐까 장난스럽게 상상해 봅니다.

광고 대행의 정말 큰 이슈는 광고 소재입니다. 지금까지의 인터넷 광고는 노출 위치를 파는 검색 광고 수준이라, 소액 광고주의 구글 디스플레이 광고 소재에 대한 태도와 마인드가 허술합니다. 빈 칸만 채우면 되는 수준입니다. 인터넷 광고도 광고입니다. 역사가 오래된 TV, 라디오, 잡지 광고를 보십시오. 내 광고 시간, 내 광고 자리를 사는 것은 돈만 있으면 누구나 다 할 수 있는 일입니다. 같은 돈으로도 광고 소재를 만드는 길은 여러 갈래입니다. 같은 시간, 같은 자리를 사서 주목 받고, 회자되는 광고가 되느냐 마느냐! 그 시간과 자리를 어떻게 채울지에 대한 진짜 치열한 고민의 결과물이 광고 소재입니다.

제일기획, 오길비 같은 유력, 유명 광고 회사들이 그러한 과정과 결과물에 대한 신뢰의 상징이었습니다. 인터넷 광고, 특히 6만여 디스플레이 네트워크를 갖추고 소액 광고주에게도 문이 활짝 열린 **구글 광고에서는 대기업의 전유물이 아닌 작은 제일기획, 작은 오길비가 필요합니다.**

그런데 지금 인터넷 광고 대행사 대부분의 최대 이슈는 퍼포먼스입니다. 한 광고주가 제게 이런 문의를 했습니다. "CPM이 너무 높다. 어떻게 하면 CPM을 낮출 수 있는가" 그래서 "지금의 CPM은 광고 소재의 성적표일뿐이니 새로운 광고 소재를 개발해서 새로운 성적표를 받아 보시라" 하고 말씀을 드렸는데, 수긍하지 못하는 눈치였습니다. 분명히 퍼포먼스를 올리는 복잡한 테크닉이나 치트키가 있다고 생각하시는 것 같았습니다(검색마케터 시험 문제를 보니 그럴 만도 합니다). 입찰, 타깃팅 수정으로 광고 성과를 몇 % 개선시킬 수도 있겠지만, 개선 전 데이터의 사이즈가 컸을 때 의미가 있습니다. 개선 전 전환율이 10%였으면 50% 개선으로 전환율이 15%가 되지만, 개선 전 전환율이 1%였으면 50% 개선이라 해봐야 1.5%입니다. 씨름 상대를 제대로 고르십시오.

Google First

퍼포먼스 마케팅 유행의 끝은 인터넷 광고가 없던 시절 제일기획이 하던 일, 크리에이티브일 것입니다. 숫자로 보는 데이터, 퍼포먼스도 좋습니다만, 그 시작 값을 만드는 것은 크리에이티브입니다. 프롤로그에서처럼 뛰어난 광고 소재는 데이터를 분석하기보단 관람하게 만듭니다. 구글 광고에서는 광고 소재 수가 기존 네이버 블로그, 인스타그램 광고할 때와 달리 일시에 다량이 필요합니다. 하던 대로 하면 광고 소재 대식가인 구글 광고는 언제나 광고 소재에 허기집니다. 구글 광고 소재부터 먼저 만들고 순차적으로 네이버 블로그, 인스타그램에 포스팅 하십시오. 그러면 모두가 풍족합니다.

그러면 여기서 프롤로그에서 소개했던 앱 설치 전환율 93% 광고 소재를 살펴보겠습니다. 페이스북 게시물 광고 소재여서 배너 한 장에 담기에는 크고 복잡한 콘텐츠지만, 구글 광고라면 요즘 대세인 동영상 광고로 살릴 수 있겠습니다.

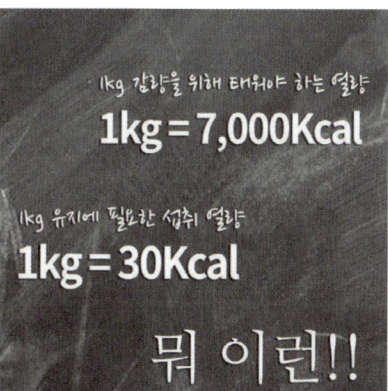
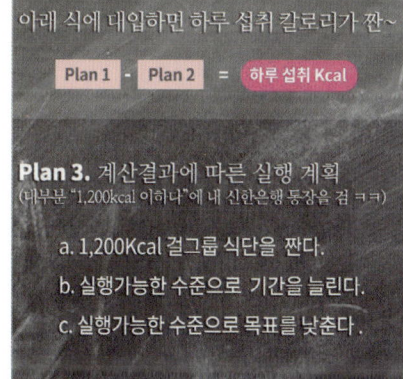

[그림 8_1] 광고 소재 좋은 예 – 다이어트 앱 ①

[그림 8_2] 광고 소재 좋은 예 – 다이어트 앱 ②

이 광고 소재의 앱 설치 전환율이 93%인 것을 가리면 '이렇게 복잡한 걸 누가 보겠나' 이런 식으로 광고 마케팅 좀 한다 하는 사람들이 엄청난 공격을 퍼부을 것입니다. 하지만 여기엔 맹점이 있습니다. 10대, 20대 초반을 타깃팅한 콘텐츠인데 30대 이상 아저씨, 아줌마의 눈으로 평가한 것이죠. 내 눈에는 들어오지 않는다거나 내 취향이 아니라는 이유로 기회를 차단하지 마시고, AI가 선택하도록 하세요. 그것이 가장 정확합니다.

이 광고 소재가 실패를 했다면 위의 엄청난 공격에 힘이 실리겠지만, 성공하면 성공할 수밖에 없는 이유가 그때 나옵니다. 사실 저는 이 광고 소재를 만들 때 20대 초반 젊은 여성을 타깃으로 하였는데, 내가 그 시절 매거진을 고를 때 표지에서 어떤 기사를 보고 싶었던 것인지, 내가 다이어트 할 때 어떠했는지 등을 주로 회상했습니다. 즉, 이 광고 소재가 성공한 이유는 타깃의 관심사와 경험에 주목하는 것! 그것뿐이었습니다.

그런데 누군가가 이 광고 소재의 성공을 좀 있어 보이게 분석해 달라고 요청하거나, 어딘가에 제안을 한다면 저도 이렇게 쓸 수 있습니다.

"게임 심리학이다. 내가 끌어 들이고 싶은 게임에 초대하기 위해 그들이 혼자서 깨기 힘든 게임 1라운드를 대신 깨주고 2라운드로 내 게임을 제안하였다. 그 결과 93%가 수락하였다. (제안이라면, 1라운드를 대신 깨주면 2라운드로 내 게임을 제안했을 때 수락할 가능성이 높다.)"

다 하는 말입니다. <mark>정답만 실행하려고 하지 마시고, 정답은 AI가 찾아내게 하세요.</mark> 그리고 정답을 찾아내면 그것을 복제하세요. 다음은 앞서 보여드린 케이스를 복제한 것입니다.

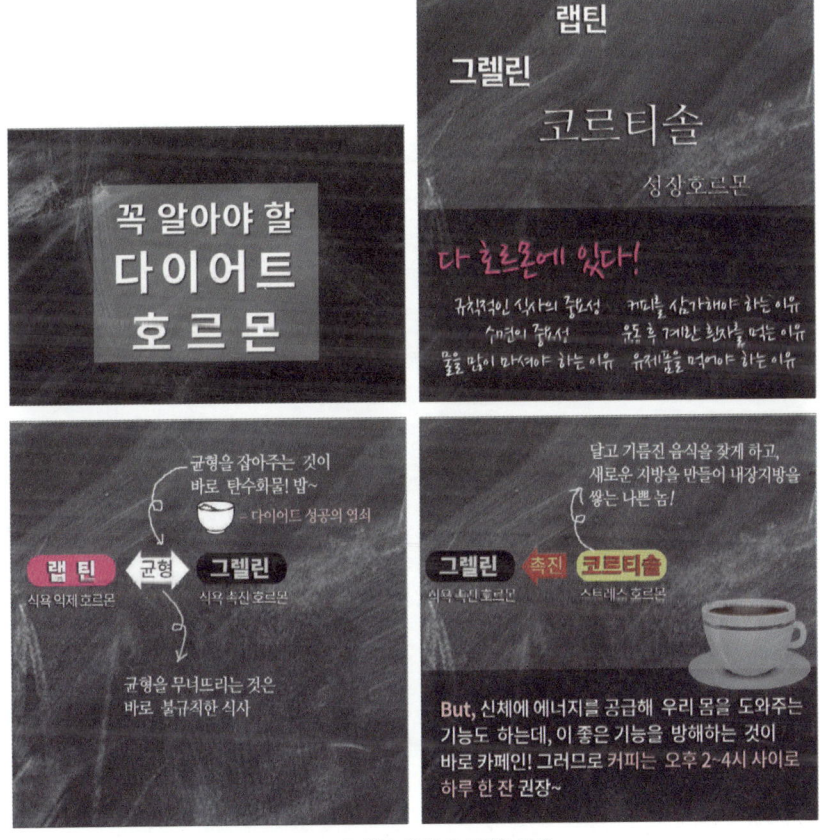

[그림 8_3] 성공 케이스를 복제한 예 ①

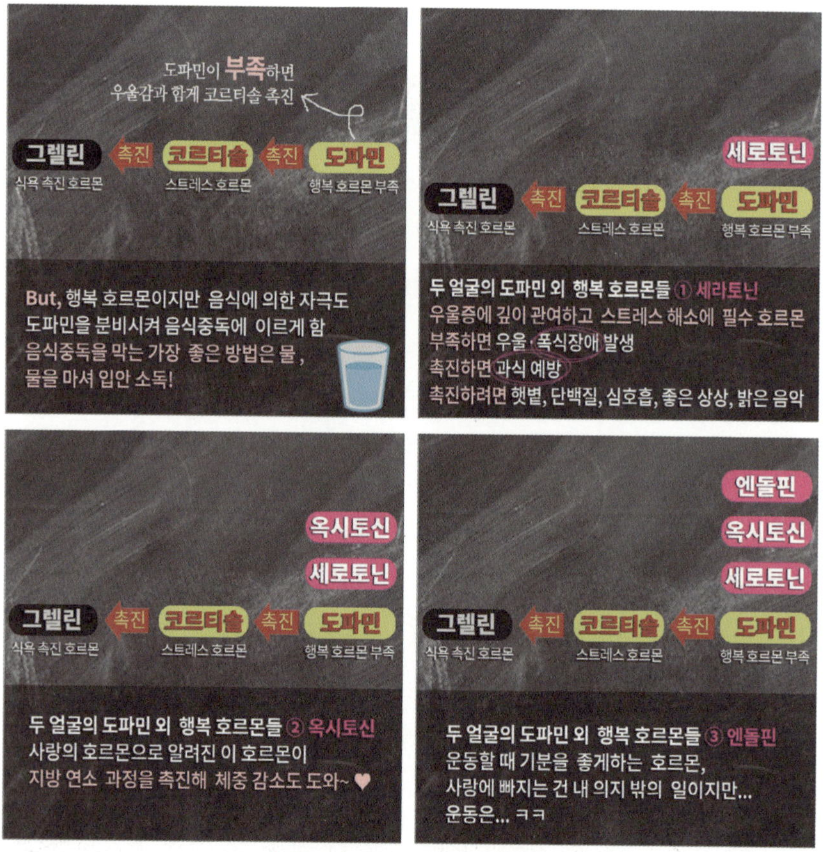

도파민이 **부족**하면 우울감과 함께 코르티솔 촉진

그렐린 (식욕 촉진 호르몬) → 촉진 → **코르티솔** (스트레스 호르몬) → 촉진 → **도파민** (행복 호르몬 부족)

But, 행복 호르몬이지만 음식에 의한 자극도 도파민을 분비시켜 음식중독에 이르게 함
음식중독을 막는 가장 좋은 방법은 물,
물을 마셔서 입안 소독!

세로토닌

그렐린 (식욕 촉진 호르몬) → 촉진 → **코르티솔** (스트레스 호르몬) → 촉진 → **도파민** (행복 호르몬 부족)

두 얼굴의 도파민 외 행복 호르몬들 ① 세로토닌
우울증에 깊이 관여하고 스트레스 해소에 필수 호르몬
부족하면 우울·폭식장애 발생
촉진하면 과식 예방
촉진하려면 햇볕, 단백질, 심호흡, 좋은 상상, 밝은 음악

옥시토신
세로토닌

그렐린 (식욕 촉진 호르몬) → 촉진 → **코르티솔** (스트레스 호르몬) → 촉진 → **도파민** (행복 호르몬 부족)

두 얼굴의 도파민 외 행복 호르몬들 ② 옥시토신
사랑의 호르몬으로 알려진 이 호르몬이
지방 연소 과정을 촉진해 체중 감소도 도와~ ♥

엔돌핀
옥시토신
세로토닌

그렐린 (식욕 촉진 호르몬) → 촉진 → **코르티솔** (스트레스 호르몬) → 촉진 → **도파민** (행복 호르몬 부족)

두 얼굴의 도파민 외 행복 호르몬들 ③ 엔돌핀
운동할 때 기분을 좋게하는 호르몬,
사랑에 빠지는 건 내 의지 밖의 일이지만...
운동은... ㅋㅋ

[그림 8_4] 성공 케이스를 복제한 예 ②

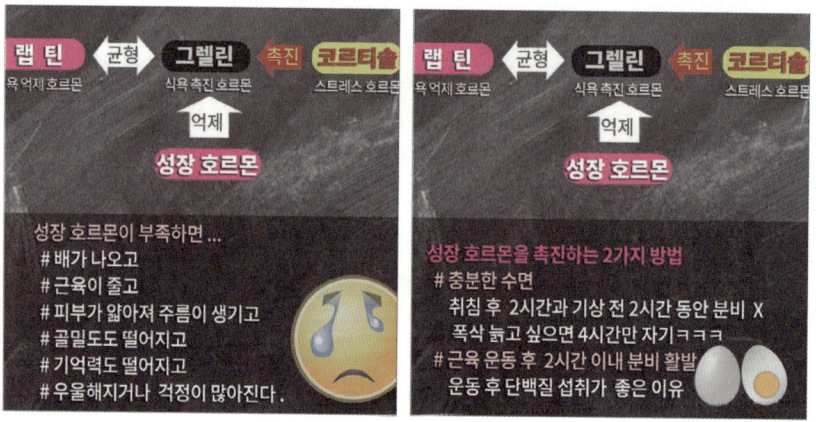

랩틴 (욕 억제 호르몬) ↔ 균형 ↔ **그렐린** (식욕 촉진 호르몬) → 촉진 → **코르티솔** (스트레스 호르몬)

↑ 억제

성장 호르몬

성장 호르몬이 부족하면 ...
배가 나오고
근육이 줄고
피부가 얇아져 주름이 생기고
골밀도도 떨어지고
기억력도 떨어지고
우울해지거나 걱정이 많아진다.

랩틴 (욕 억제 호르몬) ↔ 균형 ↔ **그렐린** (식욕 촉진 호르몬) → 촉진 → **코르티솔** (스트레스 호르몬)

↑ 억제

성장 호르몬

성장 호르몬을 촉진하는 2가지 방법
충분한 수면
  취침 후 2시간과 기상 전 2시간 동안 분비 X
  폭삭 늙고 싶으면 4시간만 자기ㅋㅋㅋㅋ
근육 운동 후 2시간 이내 분비 활발
  운동 후 단백질 섭취가 좋은 이유

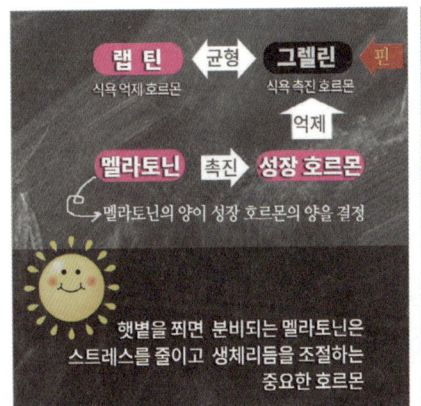
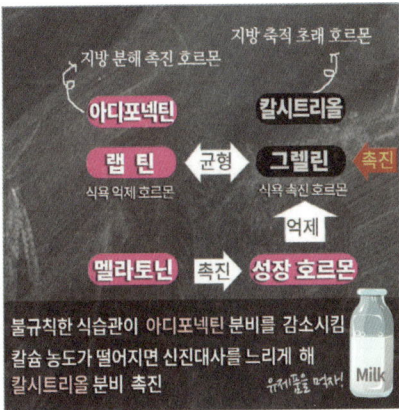

[그림 8_5] 성공 케이스를 복제한 예 ③

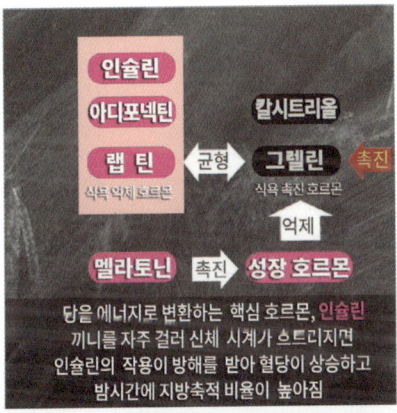

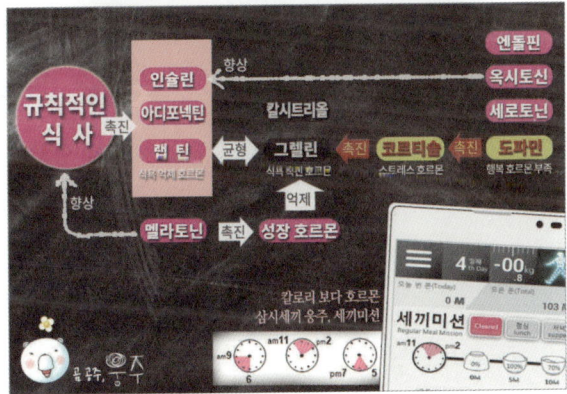

[그림 8_6] 성공 케이스를 복제한 예 ④

첫 번째만 못했지만, 첫 번째가 워낙 말도 안 되는 데이터였던 것이지 두 번째도 대단한 반응이었습니다.

광고 소재가 대박이어도 후속이 없으면 1회성으로 끝납니다. 두 번째부터는 브랜딩입니다. 콘텐츠 하나보다는 둘, 둘 보다는 셋! 콘텐츠는 많을수록 좋습니다. 소액 광고주들을 위한 작은 제일기획 같은 회사야말로 광고 대행사의 미래일 것입니다. 진짜 제일기획과 다른 점은 진짜 제일기획은 정답을 딱 하나 찍지만, 작은 제일기획은 후보를 많이 배출해야 하는 것입니다. 이제는 **질보다 양적으로 우세해야 하는 게임**이 도래한 게 아닐까 싶습니다.

맺음말

2019년 겨울, 광고 승인까지 3주 이상이 걸릴 때가 있었습니다. 그때가 아마 구글 애즈 새 광고 러시였을 겁니다. 유튜브의 급부상과 시기를 같이 하는 것 같습니다. 이제 구글 광고는 얼리 어답터의 전유물인 시절은 확실히 지나고 네이버 광고처럼 모두가 하는 광고가 되었습니다. 다만, 아직 네이버만큼 매출과 성장의 승부수가 되지는 못 한 것 같습니다. 2021년 상반기 기준으로 국내 한 패션 TOP 쇼핑몰 매출 건수 중 구글 광고의 비중은 1/15 밖에 되지 않습니다. 하지만 구글 광고의 영향력이 1/15에 머물 것이라 생각하는 사람은 별로 없을 겁니다. 구글 광고의 전성시대는 아직 오지 않았습니다. 이 책의 독자들은 그 시대를 뒤쫓지 않고 앞에서 기다리는 그룹이 되기를 바랍니다. 그리고 언젠가 기회가 된다면 농담 같은 진담, AI 뒷담화를 주제로 한 저의 두 번째 책이 출판되기를 소망합니다.

이 책의 후기는 구매처에 별점과 함께 해주시고, 다음의 독자 커뮤니티를 이용해 더 활발한 정보와 경험들을 공유하셨으면 좋겠습니다.

https://appsody.zone/book

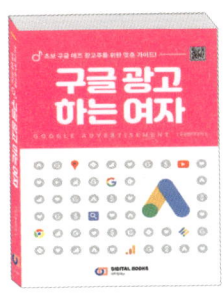

저자협의
인지생략

1판 1쇄 인쇄 2022년 3월 25일   1판 1쇄 발행 2022년 3월 30일
1판 2쇄 인쇄 2023년 4월 25일   1판 2쇄 발행 2023년 4월 30일

지 은 이 유수정(디디)
발 행 인 이미옥
발 행 처 디지털북스
정   가 17,000원
등 록 일 1999년 9월 3일
등록번호 220-90-18139
주   소 (03979) 서울 마포구 성미산로 23길 72 (연남동)
전화번호 (02) 447-3157~8
팩스번호 (02) 447-3159

ISBN 978-89-6088-395-6 (03320)
D-22-05
Copyright ⓒ 2023 Digital Books Publishing Co., Ltd